Biography of
Zhang Zuolin

张作霖全传

李洪文 著

团结出版社

图书在版编目（CIP）数据

张作霖全传 / 李洪文著 . -- 北京：团结出版社，2019.3（2023.12 重印）

ISBN 978-7-5126-6686-3

Ⅰ.①张… Ⅱ.①李… Ⅲ.①张作霖（1875-1928）－传记 Ⅳ.① K827=6

中国版本图书馆 CIP 数据核字（2018）第 233555 号

出　版：团结出版社
　　　　（北京市东城区东皇城根南街 84 号 邮编：100006）
电　话：（010）65228880　65244790（出版社）
　　　　（010）65238766　85113874　65133603（发行部）
　　　　（010）65133603（邮购）
网　址：http://www.tjpress.com
E-mail：zb65244790@vip.163.com
　　　　tjcbsfxb@163.com（发行部邮购）
经　销：全国新华书店
印　装：三河市东方印刷有限公司

开　本：170mm×240mm　　16 开
印　张：24
字　数：336 千字
版　次：2019 年 3 月　第 1 版
印　次：2023 年 12 月　第 4 次印刷

书　号：978-7-5126-6686-3
定　价：64.80 元
　　　　（版权所属，盗版必究）

CONTENTS · 目 录

- 引言　　　　　　　　　　　　　　　　　　　　　　　1

一、"赌博"教我去战斗

- 1. 小赌能让你债台高筑，大赌可让你家破人亡　　　6
- 2. 没爹的孩子像棵草，张老疙瘩连草籽都不是　　　12
- 3. 野百合也有春天，但张兽医的春天却很操蛋　　　19
- 4. 让我流泪的坏人，我一定会让你不停地流血　　　26

二、"热血"让我去成功

- 5. 春光灿烂的小青年，惜败主动献身的女妖精　　　36
- 6. 扛枪出来混，但好走的路上总是布满了地雷　　　45
- 7. 任性入伙当胡子，最后却成为十万个冷笑话　　　54
- 8. 谢天谢地你来了，沙海子你来了就别想走了　　　64
- 9. 我是大团团练长，可我的团队却穷得直掉渣　　　70
- 10. 好计策总是被模仿，但却从来也没有被超越　　　78

三、"剿匪"蒙古大草原

- 11. 打铁还需自身硬，请你当好风光的昂立一号　　　88
- 12. 请不要将我的容忍，当成胡子不要脸的资本　　　96
- 13. 忽悠算是一种手段，但谁的青春也糟蹋不起　　　106
- 14. 悍匪名叫杜立三，黄泉路上有你一定更欢乐　　　116
- 15. 剿匪这块硬骨头，差点崩掉兄弟们的大门牙　　　124

- 16．小心能驶万年船，可是这艘船已经烂了船帮　　　132

四、"争权"就在老奉天

- 17．没有暴力的革命，纯属是吓唬幼儿园的小孩　　　144
- 18．努力踮起脚尖，是不是就更接近权利的阳光　　　150
- 19．自己选的督军，哪怕一路都是黑也要走到底　　　160
- 20．丁巳复辟的歪风，请你不要迷住了我的双眼　　　168

五、"夺势"成为东北王

- 21．兄弟下雪不打伞，我们是否能一路走到白头　　　180
- 22．既然选择远方，没有什么能阻挡我风雨兼程　　　188
- 23．冲动是魔鬼，但没有冲动事业也就不会成功　　　196
- 24．拿下黑龙江，剽悍的人生根本就不需要解释　　　204
- 25．谁能告诉我，天上掉下来的是馅饼还是陷阱　　　212

六、"直奉"战争显威风

- 26．你不是去打仗，就一定是行走在打仗的路上　　　222
- 27．人生像愤怒的小鸟，而军人更像愤怒的老鹰　　　230
- 28．吉林终在手，有野心的人是不是一定有未来　　　235
- 29．进京调停，权利中心的阳光更适合大树成长　　　239
- 30．每一场战争，都可看做是成长和成熟的阶梯　　　244
- 31．命运负责洗牌，而玩牌的人从来是我们自己　　　249

七、"大师"不是好惹的

- 32．人生不可避免的战争，那就风风火火搞起来　　　254
- 33．黑夜给了我黑色的眼睛，可我却看不到未来　　　258
- 34．没有人可以帮到你，能帮你的人只有你自己　　　265
- 35．发展才是硬道理，只有强大才不会被人践踏　　　272
- 36．军人办学不容易，铁打的肩膀才能扛起更多　　　279
- 37．妖魔鬼怪伸舌头，那就将它们的舌头打死结　　　286

八、"斗法"龙虎会京师

- 38．直奉爆发二战，就让战火来得更猛烈一些吧　　296
- 39．面对战争硬骨头，牙口的利比不上内心的强　　303
- 40．曹锟玩假币战，最熟悉你的人才能伤你最深　　309
- 41．国家处在十字路口，走错一步就全都是眼泪　　317
- 42．郭松龄反奉，没有雨伞的孩子必须努力奔跑　　324
- 43．兄弟情永不谢幕，而放手也是爱的一种方式　　331

九、"爆炸"魂归天国去

- 44．我可以控制战争开始，但却无法主导它结束　　340
- 45．如果拿明天当赌注，注定天下人谁都输不起　　347
- 46．让一个人害怕不难，难得是让所有人都害怕　　355
- 47．在希望的田野上狂奔，也有可能被失望绊倒　　361
- 48．皇姑屯一声爆炸，让张大帅的名字定格永恒　　370

张作霖全传
Biography of Zhang zuolin

引言

民国乱世，枭雄辈出。这是一个盛产军阀的时代。他们拥兵自重，割据一方，他们如流星，蓦然划过纷乱的天空，在时间的幕布上，留下了自己独特的印痕；他们好像野火，在历史的草原上，熊熊燃烧，照亮了那段草莽的人生。

民国军阀在派系上，可分为北洋系、皖系、直系、奉系和西北系等等，这些军阀从1911年辛亥革命推翻了清王朝开始，便在民国的大舞台上熙熙攘攘地出现，他们无一不是手握重兵，割据为王，向世人展现着自己手中野蛮的武力。可是靠武力得来的地盘，注定会在硝烟弥漫之中消散，军阀们你方唱罢我登场，各领风骚三五年。

张作霖幼名张老疙瘩，其父张有财是一个嗜赌如命的赌徒。张有财并没有在呼卢喝雉中发财，却因狂博滥赌而丧命，留下的烂摊子，压得张作霖几乎直不起腰来。张作霖本是一个无钱、无背景、无学历的三无青年，可是他有勇气、义气和胆气，他如何凭着自己人生的三气，在当时天寒地冻、灾荒不断、兵燹四起的东北，任性地生长，最后终于拥有了自己的一片天空。

像普通人一样谋生，虽然可得温饱，但张作霖却无法实现自己"摸天"的理想。1894年，他投清军宋庆所部当兵，后升任哨长。甲午战争之后，军队解散，张作霖为求自保，成立大团，因对老百姓秋毫无犯，众口赞誉，故此，他很快便拥有了盛名。

张作霖为了自己和手下弟兄们的前途，他毅然接受了清政府的招安，张作霖随后领兵，开始在东北剿匪，随着杜立三、陶克陶胡、白音大赉等匪患被肃清，张作霖的官职，也得到了不断的升迁。

张作霖先后担任奉天督军、东三省巡阅使等职务，号称"东北王"，成为北洋军奉系的首领。张作霖为了争权夺势，他不惜发动了第一和第二次直奉大战，虽然战争，致使哀鸿遍野，让百姓生灵涂炭，但张作霖的谋略和武功，还是让他的对手，感到深深的战栗，他那颗不羁的权利野心，也得到了最大的释放。1927年6月18日，张作霖就任北洋政府陆海军总司令，他终于步入了权利的巅峰。

权利只是一件瘆人的老虎皮，在岁月的秋风里，会烟消云散。而一个人物头顶上永不褪色的光环，便是他取得的不菲政绩。

张作霖在治理东北期间，建东北大学，修兵工厂，振兴东北地区的经济，使关外成为"闯关东"的首选活命之地，他不仅多次抵制日方的拉拢，拒绝签订卖国条约，而且还与日方做了针锋相对的斗争。不管他做过什么不好的事情，也不管时光如何变迁，人们在茶余饭后提及他，都喜欢敬称他一句——张大帅。

一夜之间红起来的货色，断定会在一夜之间暗下去。张作霖的威名，却是一次次的浴血拼杀，一次次的枪林弹雨闯出来的"钛金招牌"，这样厚实的名牌标志，断不会随着岁月的洪流，湮灭在历史的大潮中；反而会随着光阴的沉淀，越来越重，并伴着时间的冲刷，熠熠生光。

枪杆子里面出政权的道理，张作霖深深懂得，可是他因为太过执迷武力，以至于妄起刀兵，连年的战端，几乎耗尽了东北的财力。为国为民的主义，绝对没有，有的全是"仁义礼智勇"这些封建家长似的领兵驭将之道。

可是张作霖就是凭着李逵的勇敢、关羽的义气、胡子的凶悍、农民似的狡黠，使他游走于朝廷政府，列强环伺和军阀的倾轧之中，乱世枭雄张作霖，如鱼得水、巧于应对、逆势而强、造就成功。

《国闻周报》曾刊过这样一篇文章："张作霖之为人，机警果敢，非无过之处，即其宽厚待下，侠义结友，亦尚不失豪杰本色。彼在东省，对日人有时非常强硬，决不如南中所传之媚日亲日……平情而论，张作霖以前在东北经过之事业，均足表现一种爱国真诚，对外敢云尚无屈辱，此自不可磨灭之事实……吾知千百年后，知人论世，定多同情于其悲境者"。

一千个人的眼中，就有一千个张作霖，张作霖虽然生前拥有了一片事业，死后也拥有了偌大的名声。但黑夜给了张作霖黑色的眼睛，可是他却只看到自己的一亩三分地，并没有用这双眼睛寻找光明。

日方用炸药结束了张作霖的生命，可是他不屈的精神，剽悍的勇气，执著的信念，却不会在爆炸声中随风而散。

一个人，就好像一盘老磁带，都有着不尽相同的AB两面，让我们抹去历史的迷雾，让我们卸去张作霖身上被以讹传讹的血色披风，就会看到一个个重情重义，为家庭为自己，为兄弟为手下，为民众也为民族的热血汉子的形象，让我们打开《大帅的那些事儿》这本书，让我们重温这段极富传奇色彩的民国史，认清张作霖的另一面吧！

张作霖 全传
Biography of Zhang zuolin

一

"赌博"教我去战斗

1．小赌能让你债台高筑，大赌可让你家破人亡

东北这疙瘩（东北土语这地方）一到冬天，天冷得特别邪乎（厉害）。1875年，农历乙亥年，也就是传说中肥嘟嘟的猪年。有个七十岁配眼镜的——老话（花），生在猪年的娃儿，一辈子有吃有喝，应该是个安逸之命。

可是张作霖的童年，却一星半点也瞧不出好运跟他有什么关系。1875年3月19日，张作霖出生于奉天（辽宁）省海城县驾掌寺乡马家房村西小洼屯（今盘锦市大洼县东风镇叶家村张家窝棚屯），在村头放个炮仗，村后都能听到响的巴掌大的村子里，张作霖首先用哭声，向满村子穷飕飕的乡亲们宣告，我来了。

既然来了，就回不去了，即使不愿意都不成，因为每个来这世界的人，手里都攥着单程车票。张作霖的父亲大号张有财。有财，这是一个多么动听的好名字。可是张作霖降生的土屋子，灶台上那些破头烂齿的餐具，和张爹的名字，实在有些不挨边。

张有财出生在小地主的家庭，在《中华民国陆海军大元帅张公雨亭神道碑》写道：公讳作霖，字雨亭。其先为直隶（河北大成县）人，清末先祖张永贵迁奉天海城。张永贵之子张发的一代，其从事农耕，称"素封"。素封，即出身低微，无法做官，而通过经商或其它路子，取得成功后，弄到的特有称谓。

张家的祖上名叫张发，不敢说能隔三差五地吃块豆腐，但天天总能在菜里见到逗人馋虫的小油花儿。张有财的父亲死后，四个兄弟张有福、张有庆、张有财和张有旺就觉得树大分叉，人多分家，纷纷闹起了单干。张有财行三，他不仅分到了土地，而且得到了房子和骡马，可是他却有点好吃懒做不着调（不靠谱），有地也不会种，有骡马也不会使。别人种地，一亩地能打200斤粮（20世纪初叶中国北方粮食的平均产量），他种的地，遍地长蒿子，成了野兔和黄

皮子的安乐窝，他一亩地能打50斤虫嗑鼠咬的口粮就算烧高香了。

张有财的原配姓邵，因闹病，早早地去世了，只留下一个闺女，随后也夭折而亡。张有财点子太背，中年丧妻，没办法，只得与本村的一个王姓寡妇结婚，生下了张作泰、张作孚和张作霖三个儿子，还有一个女儿张秀英。张有财娶妻王氏后，他为了让小日子过得滋润点，就把地租了出去，他在离家8里之外的驾掌寺乡开了一间小杂货铺，开始进军日用商品的零售业。据不完全准确的统计，张有财开杂货铺，整整比美国山姆·沃尔顿先生，1962年在阿肯色州，创立沃尔玛百货有限公司，早了大约100年左右。

张有财一直有个愿望，那就是数钱数到手抽筋，睡觉睡到自然醒！

但他这个杂货铺，确实是螺蛳壳里做道场——小了那么一点点儿。

张有财小小的杂货铺，确实无法让自己远到了火星的愿望，变成地球上"活蹦乱跳"的现实。

杂货铺小点就小点吧，蚂蚱腿也是肉，张有财即使不能发财，守住祖传的家底，解决温饱还是没有问题的，可张有财却有一样要了亲命的爱好——耍钱。

张有财为了弥补小杂货铺赚钱养家的不足，他就在铺子中设立一个赌局。开创了一个澳门赌场+沃尔玛零售的新商业模式。可是实验证明"农场偷多了，总会遇到狗"，他这种商业模式，对改善张家的生活状态，也不是十分的给力。

张有财别看钱褡裢子不鼓，但他却很有孟尝君之风，那就是出手大方，不管谁求到自己，他总会要钱出钱，求力出力，讨饽饽不给饼子，要鸡不给蛋。故此，别看小杂货铺生意不佳，放赌抽利的油水不大，但张有财的名声却不错。也就是说，张有财在驾掌寺乡一带，绝对是面上人，换句更直接的话讲，就是死要面子活受罪的一种人。

张有财在赌局中抽来的钱，有很多一转手便被赌徒们借走，最后都成了死账和烂账。

张有财开杂货铺卖货之余，他那酷爱耍钱的小手时常犯痒，憋得受不了，他就赤膊上阵，经常吆五呼六地和赌徒们大干一场，久赌无赢家，这是谁说的？讲这句话的人，一定是个好赌的哥们。张有财耍了几年钱，只要得地也卖了，房子也漏了，那个小杂货铺，甚至连上货的钱都拿不出来了。

王氏眼看着张家就要吹灯拔蜡了，她找来了三叔二大爷们，本想开个"批斗会"，劝说丈夫金盆洗手，可是输红了眼睛的张有财却很粗野地赏了王氏一顿老拳，然后气呼呼地道："老娘们，你懂啥，等哪天赢回一座金山，我让你在家里当娘娘！"

一旦学会破罐子破摔，你会发现世界豁然开朗。张有财的心大得和城门楼子一样。

有一段专门讲四大没脸的顺口溜：喝酒的嘴，跳舞的腿，耍钱的爪子，抽大烟的鬼。张有财有幸名列第三。

王氏有当娘娘的心，也没有当娘娘的命。她正在怨恨自己命孬的时候，张作霖哭着闹着，就降生到了张家。张作霖的降生，可是添人进口的大喜事，张发财一天守在家里，没有去驾掌寺开自己的零售+赌博的连锁店，他"吧嗒吧嗒"地抽了好几袋旱烟，终于给儿子憋出了一个土得掉渣的乳名——张老疙瘩。当然，张老疙瘩的出生，并不能阻挡张有财输钱败家的节奏。

东风吹，战鼓擂，在赌场上，张有财谁都不怕。在张有财的脑袋瓜子里，男人赌钱，这和地上生谷，母马下驹是一个道道儿，这本是天经地义的事情，他一不偷，二不抢，也没有在外面搞破鞋（地下情），故此，他赌钱不算磕碜（出丑）。

张作霖的母亲，每天除了带娃娃，还得洗刷刷，做饭饭，忙得人都跟天使一样，快飞了起来，故此，张作霖童年时代，每天就成了父亲的小尾巴，出超市、入赌场，经过一段时间"免费培训班"的操练，张作霖也就把牌九、色子和纸牌都耍得滴流转（厉害），有时候哪位赌徒玩累了，张作霖就上场来几把。一来二去，张作霖也就成了"赌神小马哥"。

生活就是个大染缸，而想把自己染成什么颜色，这都是悄默声儿的事。人都说龙生龙，凤生凤，赌徒的儿子不爱耍钱，那可就是狗长犄角——纯属羊事儿了。

张作霖一晃眼，就长到了七八岁，到了该入学发蒙的年龄。但目前的情况不容乐观，老张家穷得连老鼠都被饿跑了，哪有闲钱交学费？张作霖虽然不怎么爱学习，但却非常有心眼儿，将来要是一个大字不认识，连男女厕所都分不清，那就是睁眼瞎，上学被先生管有点夏天穿棉袍——不舒服，但没文化却做梦跟判官抢猪尾巴——更可怕。

张作霖没有自学成才的条件，但他也知道几段励志读书的例子，比如为了学习，将自家的墙都砸出窟窿的匡衡；还有为了读书，满世界去抓萤火虫的车胤等等。张作霖去学堂念个书，一不用搞拆迁，二不用破坏生态平衡，他准备一个大子不花，到学堂免费去蹭读。

不久之后，在本乡杨景镇的私塾外面，就多了一个体格瘦弱的小男孩。这个躲在窗外偷偷听课，有时候还会将窗户纸捅个小洞，向老师的黑板窥视的小男孩，就是已经13岁，但明显是营养跟不上发育，以至于身材矮小的张作霖。

杨景镇可是前清的秀才，用句时髦点的形容词，他满肚子都是墨水（章鱼才满肚子墨水，有冒犯之嫌疑，老先生莫怪、莫怪）。杨景镇早就发现了张作霖，这天，他走出私塾的门口，对站在窗下VIP位置上蹭课的张作霖，笑模滋儿地问："你叫啥名，躲在这里干什么？"

张作霖不是VIP，胜似大客户地说："我叫张作霖，因为家穷，上不起私塾，躲在私塾外的窗口下偷听，好像不犯法吧？"

杨景镇不仅学问很大，还富有同情心，他当即免了张作霖的学费，并自己掏腰包，买来纸笔，给乳名叫张老疙瘩的男孩子使用。

张作霖只读了三个月的私塾，便辍学了，关于他辍学的原因，有多种说法，其中，有两个原因，流传得最广。

1. 家庭贫困说。可信度60个百分点。原因是：张作霖虽然瘦弱，但13岁的男孩子，总能打点猪草，拣点柴禾，抓个野鸡，采点蘑菇是吧？现代京剧《红灯记》中，李师傅的丫头小铁梅就曾经很励志地唱道——穷人的孩子早当家。人之初，性本善，不学习，闲扯蛋……能多学点知识是不错，但肚子"咕咕"叫，谁都得先解决"善不善，先吃饭，没有粮，准完蛋"的现实问题。

2. 被老师开除说。可信度30个百分点。在张家后辈的一本回忆录中说，张作霖在到私塾读书的时候，肩头扛着一把磨得雪亮的红缨枪。杨景镇就诧异地问：读书上学，为何要带家伙？

张作霖胸脯一挺，这样回答：先生敢拿戒尺打我一下，我就用缨枪狠狠地戳他两下……杨景镇听到如此恐怖的答案，只觉得头顶飞过了一大片的乌鸦，当即眼前金星乱冒，这样的学生他教不了，即使教好了将来也是个古惑仔，他当即拿起毛笔，就把张作霖在学簿中给"咔嚓"了。

张作霖当时在私塾中蹭读，是处在吃人家嘴短，拿人家手软的状态，他即使生猛古惑，青瓜蛋子一个，估计也说不出将杨景镇刺个透心凉的话，所以，第二个原因，可信度不是很高，应将其归为一家之谈。

接下来，还有两点佐证，证明张作霖不是被私塾开除：张作霖成为民国陆军第二十七师师长后，他不忘师恩，曾将杨景镇请到奉天（沈阳）来，在他家里，设立学堂，让张学良等一干张家的子嗣，捧经受教，认真读书。

1914年，杨家年仅19岁的女婿栾贵田，便受到张家的提携，开始到张作霖在营口大高坎镇开的"三畲当"粮号做事，随后，职务得到不断的飙升，最终成为"东北王"的财务总管和军需总监。

从这两件事，可以看出张作霖始终对杨景镇心存感激，拿红缨枪刺先生一个透心凉的可怕提法，绝对两条腿的板凳——根本站不住脚。

张作霖如果没有接下来的变故，那么他也就是生于这疙瘩（这里），老于这疙瘩（这里）的石蛋土坷垃，绝对和以后的张大帅，东北王一点都不挨边，这三个变故，全都充满了少儿不宜的暴力，以及管杀不管埋似的血腥。

第一件暴力血腥事件，发生在张作泰身上。张作泰因为生得盘儿亮（相貌英俊），被界壁儿（邻居）家的一个风骚的小媳妇勾引，两个人发生了关系，结果小媳妇的男人头顶绿帽子找上门来索赔。张有财被骂得恼羞成怒，他抡起棍子"咔"的一声，正削在张作泰的腰上，正在吃饭的张作泰声都没吭，就这样僻拉哈嗒儿地（糊涂）被打死了。

小媳妇的风骚、家长的面子、无情的棍棒，就这样毁了张作泰一个做好人的机会！

张作霖没了一个本来应该最有出息的大哥。张作泰之死，也成了他心中永远的痛。因毙杀的工具为棍子，故此，其暴力等级为3颗星。

第二件暴力血腥事件，发生在张有财的身上。张有财开赌场抽取管理费，干得是刀头舔血的买卖，他有一次揭穿了赌徒"王小鬼"出老千的丑事，令王小鬼怀恨在心，在一天夜里，王小鬼手持镰刀，将张有财杀死在从驾掌寺回家经过的树林中。没有投保寿险的，天黑后不要见义勇为，这句话张有财一定要牢记。

张作霖父亲被杀，凶手王小鬼随后便被当作嫌疑犯抓了起来，但王家有钱，买通了官府，故此，只是被关了几天，王小鬼便因证据不足，而逍遥法外了。这件事，让张作霖第一次感到了法律的不公，社会的不平。因王小鬼杀人的工具是镰刀，故此，其暴力等级为4颗星。

第三件暴力血腥事件，自然是张作孚手持火枪，他领着张作霖去找王小鬼寻仇。寻仇的结果是，张作孚的火枪走火，杀了王家的一个女人，而王小鬼却白捡了一条性命。

张作孚因过失杀人，被判入狱，押往奉天坐牢，此次血腥事件，因为动用了火枪，故此，其暴力等级为5颗星。

说句实话，那时候没有110，要是有110，警车的四个轱辘，都得为老张家跑飞了。

一根凶戾的棍子，穿起了一串血腥的山楂，这种悲惨的糖葫芦，真是让人无法下咽。

为了装殓张有财，以及营救张作孚，张家的杂货铺、旧房子还有名下的土地，就都被王氏三瓜俩枣地处理掉，张家的家底一下子就被淘干了。

一个家庭，失去了男人，就等于塌了整根的房梁。为了寻条活路，也是为了躲避王小鬼的迫害，张家孤儿寡母目前最需要干的就是两件事，一是给张有财麻利地选择吉地下葬，另外就是急拉暴跳地搬家。

可是这两件事按照难度来说，前者的难度是五星加，而后者的难度却是一星减。

在民国年间，如果一个人遭受横死，是不能彪乎（傻）地下葬的，而是先要"厝葬"。有钱人会暂时将亡人的灵柩，放在家庙，或者临时搭建的草棚里，周围用砖石砌盖起来，"厝葬"的时间，从数月到数年都有，甚至有极个别的永不入土。

而与"厝葬"相对的，通常被称作"血葬"，就是死后立即埋葬。张有财惨遭横死，按照民国之前的规矩，是不准葬入祖坟的，是要久"厝"棺腐木朽，白骨抛野，警示族人"奉公守法"。

"厝葬"规矩可以有，但白骨抛野，警示族人这规矩却不能有！张作霖就在张有财的薄皮棺材四周，围上不花钱的秫秸，然后糊上黄泥，张有财的棺材，就这样被暂时"厝葬"了起来……

张作霖的母亲，领着张作霖和他的一个妹妹，准备回娘家居住，给张有财下葬，成了重中之重的任务，可是冷手抓热馒头，坟茔地在哪里？

2. 没爹的孩子像棵草，张老疙瘩连草籽都不是

民国时代，土地私有，张家想要给张有财买一块坟茔地的想法不错，但他家的钱褡裢里，真的连一个铜子都掏不出来了。

张作霖在此时，可以说问地地不语，求亲亲不灵，就在张作霖墙上画窗户——连门都找不到的时刻，老天爷睁开了眼睛，帮了他一个大忙。这天晚

上，乌云翻滚，电闪得就恰似癫子照相，雷鸣得就像是傻子敲锣，雨下得就好比疯子泼水。

辽河之水"咕嘟嘟"地暴涨，将张有财的薄皮棺材，从"厝葬"的土堆中冲了出来。雨停水撤之后，张作霖沿河一路跫摸（寻找），终于在一片无主的荒地之上，找到了张有财的薄皮棺材——真是奇了怪了，但见这口棺材的大部分，深深陷入到了黄泥之中，只露出了一角棺材盖，看样子这是老天帮忙，将张有财葬了。

张有财的下葬之地，是一片因为辽河发水，经常会被淹没的荒地，故此，才让张作霖白捡了一个便宜，这块没人敢要的凶地，就这样归了老张家，后来，张作霖摇身一变，成了张大帅，有一些前知一两天，后知半小时的风水先生们，就开始嚼舌根——张有财的那片没人要的葬地，那风水，啧啧，好得鼻涕都冒泡了！

那么好的风水，请问各位风水大师们，你们以前都干啥去了，请不要天天"斗地主"，总玩"连连看"好不好，你们真有那个二五眼（天眼）干啥不将自己先人的遗骸，埋在这片没人要的"吉地"上"每受天真地秀，日精月华，感之既久，遂有灵通之意，内育仙胎……"然后孕育出大帅，中帅，小帅等一堆"帅帅"来？

张作霖发迹后，因军务在身，便将建设张家墓园的事儿，委托给一个外号叫程二秧子的远亲打理，程二秧子用张作霖给他的十万大洋，砌墙栽柳，草建了一个简单的张氏墓园。剩下的大部分钱财，都被程二秧子贪污腐败挥霍掉了，凭张作霖的精明，程二秧子干的事儿岂能瞒得过他，但张作霖却始终也没有动程二秧子，这种大度，估计没有几个手握枪杆子的"军领"大佬能够做到。

"九一八"事变后，张学良领兵去了关里，墓园日趋颓废。直到解放后，张氏墓园先后被列为县、市级文物保护单位，才得以大规模的修缮和扩建，现在的墓区门口，立有张学良将军亲笔题写的"张氏墓园"大字石碑，左右两侧，还刻着一副对联：前人卧一方瑞地，后世出千古功臣。

而将张作霖搬家的难度，比喻成一星减，是因为，他们已经家财散尽，别无长物，即使跳井自杀，也没有挂下巴的地方了。当时，至少有两个原因，非得逼迫着王氏急哄哄地搬家不可。

一是海城最近连降暴雨，庄稼颗粒无收，小洼屯的老百姓即使想要饭，都找不到地儿。不想被饿死，只能早些开路开路地干活。

二是王氏怕心狠手辣的王小鬼前来报，同时她也想离开这个伤心之地。

张作霖的母亲领着张作霖和他的妹妹，就开始筹划着搬家了。

老话讲：穷搬家，富挪坟。张作霖如果不离开小洼屯，他一百年都是一个穷娃子，他三百年都将无出头之日，靠在赌场上耍钱出头？那永远都是上坟烧报纸——糊弄鬼的瞎话。

树挪死、人挪活，这本是一句至理名言，可是放在当时的张作霖身上却有点不合适。张作霖的母亲，带着两个孩子，赶奔镇安县（即黑山县）小黑山二道沟，去投奔娘家。可是娘家也不见得是有吃有喝有得玩的避风塘。

张作霖的姥爷名叫王文礼，是一个淳朴的农民，缺点有一样，那就是有点小气。要说家境，那也是出门不坐车——绝对不（步）行。

家境不行，不代表骨肉亲情可以割舍。王文礼瞧着瘦成了豆芽菜似的女儿，以及饿得连连打晃的外孙子和外孙女，他的两点老泪，沿着腮边，还是缓缓地滴落了下来。

如果放在现如今，一家多了三口人，按照一天一人一斤粮（吃饱）算账，一年的费用，三口人也就一千多斤粮，这点小费用算个毛毛雨，可是在民国时候的东北二道沟，一千斤粮，那可是一笔塌了天的大数目。

根据《中国作物栽培史稿》有载：高粱，别名蜀黍，粗粮。抗旱耐涝、耐盐碱，抗旱超过玉米，唯产量不高，宜于新辟地，盛行于华北、东北低洼或盐碱地栽培。每亩播籽半升或一升，常田亩产六七斗，每棵投炕洞土一碗，亩可产粮二石（240斤）。

一千斤粮，几乎是一个小中农全家（家有五亩地）的年总产量，虽然那个时代，粮食全都是纯绿色无污染的有机食品，但再绿再有机再无污染的食品，一斤粮食，也不当二斤粮食吃。至少，王文礼紧巴巴的家里，就没有张作霖娘三个人，能够填饱肚子的嚼谷（口粮）。

靠山山倒，靠娘娘老，靠人靠天靠祖先，都不算好汉。为了不被饿死，只有一个办法——自己动手，丰衣足食，多快好省地建设不饿肚子主义了。

张作霖娘三个，在王文礼的英明领导下，受到了这样一番安排：让女儿为地主家洗洗涮涮，打个零工，赚点生活费；张作霖的妹妹年纪小，不能添斤，那就添两，挖点野菜，拣点树枝，烧火做饭，干点力所能及的家务；张作霖现在已经十四岁了，更不能闲着，做生意，卖烧饼，进军餐饮业，没准将来也能出一个肯德基老板哈兰德·大卫·桑德斯那样传奇的人物……

卖烧饼可是个大有前途的好买卖，当年山东阳谷县的武大，不就是因为卖烧饼，住进了一座跃层的小别墅，还娶了一房漂亮媳妇吗。这卖烧饼确实没有什么技术含量，只要把烧饼烙好，然后吆喝的声音大一点——我的饼，真叫正，皮滑馅靓就像我老婆——搞窜了，此叫卖声应该是《水浒笑传》中，吴孟达扮演武大郎时，招揽顾客所唱的艳情卖烧饼之歌。

张作霖别看个子小，可是心眼多，他大力发扬张爹有财遗传给自己的做生意的基因，张作霖在黑山县的集镇上，哪人多往哪钻，哪热闹往哪凑乎。再加上他滑抹掉嘴（能说）地一阵忽悠："大爷，大叔、大婶、大姐，大妹子……我的饼，可是山东潍坊风筝牌的精白面粉，里面是江西信丰最甜的蔗糖，吃一块三天不饿，吃两块六天不饥，你要吃了十块，嘿嘿……估计也差不多撑死了！"

张作霖的烧饼卖得不错，看着每天赚回来的铜钱，不仅王文礼的嘴巴笑成了月牙，给地主家做零工的张作霖的老娘，心里也好像打开了两扇小窗户，里面亮堂堂的。这儿子要有出息了，将来，她这个当娘的，也能跟着享点福不是？

可是张娘期盼的笑容，还没在脸上挂几天，张作霖就犯了赌瘾，他贩卖烧饼的集镇上，便有一家悦来赌场，张作霖总觉得自己是个做大事的人，这俩大子一个烧饼，卖上五百年，他也难发财？再说他也没有向天再借五百岁的本领。

张作霖是个孝子，当然每一个人对于"孝"字的理解是不同的。这就好像电影《黄飞鸿》中，梁宽对十三姨说的一句经典台词，每个人爱狗的方式是不同的。梁宽喜欢狗的方式就是，将狗吃到肚子里去。

张作霖每一次回家，发现在地主家做工的母亲，不是因为洗衣过多，手裂流血了，就是被干活所累，腰驼背弯了，每到这时候，张作霖的心中，就隐隐作痛。

我要马上发财，笑口常开，每一天都过得更精彩，张发财复制在张作霖DNA中的赌博基因，便开始蠢蠢欲动，一下下地刺激他急于奔小康的悸动心灵。

赢了钱，就可以不再寄人篱下。赢了钱，张作霖首先琢磨着，要给老娘盖个大宅子，接着弄死那个王小鬼，随后开始拾掇那些害自己二哥坐牢的狗官，将狗官发配到伊犁，让他和天山上的母猴子拜堂成亲去，然后生下一窝小猴崽儿……但这一切的一起，都得以能赢到钱为起点。

天上没有白掉的馅饼，倒有白掉的砖头。

张作霖下了"砸锅卖铁把地开"的老大决心，可是他一旦走进赌场，他这才发现，自己跟乡下老爹学的赌术，根本就鬼不灵了，他每天卖烧饼赚来的钱，流水一样"哗哗"地，全贡献到了赌场，他穿在身上飞边了的（衣边磨损）小棉袄，也进了镇子里的当铺。

张作霖孝敬老娘的方式，好比就着臭豆腐吃牛排，竟一下子变了味。

有一首《四大劝》的歌，曾唱得挺上道：一劝朋友听我言，千万不要去耍钱，赌博本是那无底深渊，妻离子散你后悔晚！……

张作霖虽然固执地认为——小赌可以强身健体，大赌可以发财致富，而糊里糊涂地上了贼船，其实他应该好好想想：自己的父亲是怎样死的，自己的二哥是如何蹲的笆篱子（监狱），当个好人不容易，但做一个赌徒却不难。难得是一辈子做赌徒，而且还没把命搭里头。

张作霖的老娘一见儿子要走张有财的老路，她心里的火"腾"地一下子就蹿上了脑门。张娘急忙去找父亲王文礼，两个人开了一个如何让身陷赌博恶习的青年，尽快回头是岸的"碰头会"，随后，一个具体的挽救计划，便火热的出炉了。即：让张作霖去学木匠，累得他晕头转向，他就没有心思再去赌钱了。

张作霖一听让他去学木匠，他急得差点从板凳上蹦起来，说："不去，不去，我可不想吭呲瘪肚（劳累的样子）地学那破手艺！"

王文礼吹胡子瞪眼睛地吼道："你小子得瑟啥，学木匠有什么不好，前屯的胡老六，不是因为当木匠发了财，买房子置地，每隔三天，还能吃上一块卤水大豆腐！"

在当时的清末民初的东北农村，如果谁家能隔三差五，吃上一块卤水大豆腐，那就跟现在，能到酒店猛撮一顿生猛海鲜的档次一样。张作霖可以拿王文礼的话当耳边风，但他老娘一落泪，他可就没辙了，当下只有举起白旗，乖乖地打起了行李卷，在王文礼的安排下，鸦没鹊净（无声无息）地拜了个师傅，然后一肚子憋屈地学了木匠。

当时东北有首儿歌这样唱道：拉大锯，扯大锯，姥姥家唱大戏，接闺女，请女婿，小外孙，也要去，一笤帚疙瘩打回去！

张作霖作为一个不受欢迎的人，就这样被王家用扫帚"哗啦"一声，给扫地出门了。

天还是天，雨还是雨，张作霖只觉得自己的人生多了一个冬季。他少了母亲的疼爱，每天拉大锯，扯大锯，推刨子，抡锛子，累得腰都直不起来，东北的冬天，他只觉得更冷，更寒，那呼呼的小北风，好像杀猪刀一样，直剜他的骨头缝。

赌钱，只能存在于张作霖的梦中。张作霖不想告别赌场，也只能暂时说狗头白（good-bye英语再见）了。

张作霖学木匠的那个年月里，东北大地上也是乱成了一锅粥。1840年，鸦片战争后，沙俄仗着自己的炮筒子粗，他们决定趁火打劫，便用手指库页岛等地方，对清政府说："这地方，这地方都姓沙，它的真名叫沙俄！"

清政府在当时，只能算是一个晃了水肿的病人，虚火攻心、五劳七伤，外带痰喘咳嗽，总之是很衰很背，在国际上，混成了一个小瘪三的模样。清政府用武力和沙俄掰手腕，前者不是对手，没有办法，清政府只得和沙俄签订了《瑷珲条约》和《北京条约》，相当于将一百多万平方公里的土地，完全拱手送给了俄国。

沙俄挖坑下套，接着一闷棍，干得清政府一时间找不到北，接着跑马占地，大发横财的消息，就好像生了翅膀一样，迅速传遍了世界的各个角落，日本国得到如此霹雳的消息后，他们再也坐不住了。

吃生鱼片，蘸山葵泥，外带闷一口小清酒，确实是很爽，但哪有到东北抢地盘，分银子来得嗨皮。日方随后派遣大量间谍和特务，开始深入到东北，并秘密培养亲日的势力，为他们即将发动的侵略战争，做着劲劲儿（积极）的准备工作。

东北地区，各方势力都想分这碗鸡蛋糕，加上清政府的官僚高举着大耙子，一阵阵刮地三尺的狠搂，老百姓的日子，真是王小二过年，一年不如一年，那凄苦的滋味，就好像蘸着黄连素吃苦瓜片，真是没法下咽。

人穷难道就得受苦，受累，受欺负，甘当三孙子（低贱）吗？张有财活着的时候，张家的日子虽然不算宽绰，但事事有张有财张罗，张作霖还算过得无忧无虑，自从张有财被杀身亡，王小鬼因为对官府使钱，得以逍遥法外，张作霖对当时那个人吃人的社会，便有了刻骨铭心的认识。

我一定要有钱有势，只有这样，才能不受欺负，才能替爹报仇，才能救二哥出狱，才能让老娘过上好日子。可是张作霖的这些愿望，在当时定得确实是高了点，换句话说，张作霖即使当一辈子木匠，都不可能将其一一实现。

我该怎么办，我该怎么办？……张作霖可不想农妇，山泉，有点田地过一辈子，他最后狠下心来，做出了一个决定，那就是脚底板抹油——溜之乎也。

3．野百合也有春天，但张兽医的春天却很操蛋

张作霖一口气逃回到二道沟，让他没想到的是，他娘和一个姓张的兽医，已经组建了新的家庭。

"你，不好好学手艺，怎么回来了？"张娘问。

"我跟鲁班尿不到一个壶里！"作霖答，他同时也摊了底牌："我跟木匠彻底狗头白（good-bye）了！"

张作霖能够拜师学艺，凭得可是王守礼的面子，现在张作霖偷跑出来，竟办这秃噜扣（不牢靠）的事儿……可以想象，当时张作霖的娘一定很生气，后果很严重。

就在张母要削（打）张作霖的时候，张兽医急忙过来和稀泥："不干就不干吧，正好我缺个帮手，以后就跟我混吧！"

好，以后二道沟的兽医市场就归我们了！——如果当时有血酒，张作霖在撂下这样一句狠话，接着两个人击掌为誓，那么真有点黑帮电影《龙腾四海》的感觉。可惜当时张作霖就好像闷葫芦，嘴里半句磕（话）都没有，他不明白，张兽医能教给自己什么，当他拿起劁猪骟马用的柳叶刀的时候，他甚至还不知道，兽医这门手艺，真的在以后，还帮了他不少的忙。

张兽医人很本分，也很老实，有些像小品《相亲》中的老蔫大叔。除了每天强死巴活（费力）地赚钱养家，一点儿不良爱好都没有。他不管张作霖爱学不爱学兽医，也不管他喜不喜欢这刀刀见血的工作，反正张兽医填鸭似的，将自己半辈子的兽医心得都传给了张作霖。

如果张作霖能够"鼓足干劲，力争上游"地学好兽医，至少他这一辈子会

吃喝不愁，可是张作霖对这份工作的热爱程度，甚至比干木匠还要低。

有一位伟人曾经说过：人没有高低贵贱之分，只有社会分工不同！可那是在新社会，在万恶的旧社会，到处流传着下九流之说：一流戏子，二流推，三流王八，四流龟，五剃头，六擦背，七娼，八盗，九吹灰。也就是说，你要是指着这九样下贱的生意混饭吃，人们拿白眼都不瞧你。

张作霖人小鬼大，心里有七十二个窟窿眼，他认为，兽医连下九流都没算上，他学一辈子，也看不到自己的后脑勺（没长进）。时间就好像夹在筷子上的过桥米线，稍微不注意"吱溜"一声，就溜到碗外面去了。张作霖不想这样混下去。过了不多久，在一个漆黑不见五指的夜晚，张作霖背着行李卷，趿拉着鞋，跑出了二道沟的村口，他离开二道沟的时候，还不忘跪在地上，对着家的方向"咣咣"地叩了几个头，心里默默发誓——娘，混不出个人样，我张作霖绝不回来。

张作霖离开二道沟那年，他已经年满15岁了，也就是西历的1889年，国内的叫法是清光绪15年。

在张作霖咬牙发誓，一定要干出一份大事业的年份里，世界上确实是大事频发，比如本杰明·哈里森就任美国总统，埃菲尔铁塔正式落成。查理·卓别林和阿道夫·希特勒也都在这一年出生了。

让我们再回过头来，审视一下张作霖将要面对的主要政治对手，看看他们当年都在做什么吧。

蒋介石：1887年10月31日生于浙江奉化，张作霖立志出走的时候，3岁的蒋介石，开始坐在家里的门槛子上，正在背诵着——鹅鹅鹅，不是扑棱哥（东北的一种蛾子）。

吴佩孚：1874年4月22日生于山东蓬莱，张作霖高唱少年壮志不言愁，准备砸烂旧世界，建设一个新政权的时候，吴佩孚已经读完了四书五经，并取得了秀才的功名，1890年，吴父因病去世，吴佩孚家境渐寒，他任性地扛起了火枪，到蓬莱水师营，开始吃粮当兵。两个人比较起来，还是吴老哥牛狂，已经先走一步了。

土肥原贤二：1883年生于日本冈山县的一个武士之家，张作霖离家开始流浪之日，他刚刚七岁，也就是一个拖着鼻涕的小屁孩，可是后来，这高级特务，外加阴谋实践家，还是在皇姑屯，撺掇河本大作，为张作霖准备了一个用烈性炸药制作的大炮仗"轰"的一声，让张作霖乘坐的专列，彻底报废成一堆废铜烂铁，使张作霖不得不过早地在历史的舞台上匆匆谢幕。

张作霖离开了二道沟，他一路流浪，一路寻找能够成功的机会，可是机会他没有找到，病却找到了他。王八蛋似的生活，让张作霖混成为一个地道的小拉兹，他身穿乞丐装，手提打狗棒，终于可以大声地宣布——我最痛恨的就是夏天，因为我已经连西北风都喝不到了。

当张作霖一边唱着"到处流浪，命运牵着我奔向远方，到处流浪，没有好衣服也没有火腿肠……"一边来到奉天省营口县大高坎镇，当他走在寒风刺骨的街道上的时候，只觉得身子好像跳太空霹雳舞，脚下好比两根筷子在拌蒜，最后整个人"噗通"一声，栽倒在一家大车店的门口。

张作霖晕倒是因为他单薄的小身板，被挨冻、受饿、生病搞得比刚生出来的豆芽菜还脆弱。张作霖在冰天雪地的高坎镇，举目无亲，遇到上面一种情况，他的小命就会吹灯拔蜡，更何况三样要命的灾祸一起来？

现在的年轻人，对于挨冻、受饿和生病的可怕，早已经没有切身的体会，如果非得说通俗点，可以用玩魔兽世界，来举一个非常不靠谱的例子。

在玩魔兽世界的时候，你突然发现电脑中毒了，好不容易用杀毒软件处理完病毒，更囧的是自己的号，被黑客顺手盗了，装备丢得一干二净不说，账号又被网站永久封掉了……

玩魔兽世界的屁爆经历，谁摊上谁都会觉得天坍地陷，好像到了世界末日，但这种经历，只能算灶上的抹布，一夜之间——尝尽酸甜苦辣来形容，大不了，明天再起一个号，接着从头拼杀，也就顶破天皮了。而此时因挨冻受饿而生病的张作霖，却只能用外婆的崽得了虎烈拉——几乎没舅（没救）来形容。

张作霖这"惊世一跤"跌在高坎镇大车店的门口，目前已有三条大路摆在未来的张大帅面前。

1. 神路：张作霖启动自愈功能，满血复活。
2. 死路：被席子一卷，丢到乱葬岗喂野狗。
3. 活路：遇到好心人，善心爆发将其救下。

第一种成神之路，难度指数为最高，张作霖没有练过九命神功，实施几率绝对为零。第二条死路难度系数最低，被实施几率为最高。而第三条活路难度指数为次高，实施几率却不足1%。

那时的东北，灾荒多发的次数，比当今城市的离婚率还要高，地主家都难有余粮。换句话说，想要学雷锋，你总要摸一下自己的肚皮有没有"咕咕"叫吧？有时候一颗好心，会被"贫困"杀得片甲不回……但找来一领旧席子，将张作霖卷起丢到乱葬岗子，做这件积阴德的事儿，只需花几个大子，而办起来，就好像牛角上挂把草——捎带不费力。即使别人可以躲着走，但高坎镇大车店的刘老板却没地儿躲。

因为张作霖的脑袋是冲着刘掌柜的大车店倒下的。

未来的张大帅摔倒都有正确的方向。

刘掌柜此时坐在热烘烘的火炕上，正和三个赌友在打麻将。刘老板牌兴手顺，他一个杠上开花，便让其他三个麻友的脸，全都变成了菠菜叶子色。这时，大车店的厨子老何一撩门帘子，小心地进了屋，说："门口又来了一个死倒（冻饿而死的人）儿，掌柜的，咋办？"

"义"字当先，这是刘掌柜在高坎镇开大车店，招财待客的法宝之一。遇到死倒儿，施舍芦席的善事，刘掌柜不仅要做，而且还要高调地做。刘掌柜手里攥着刚刚赢来的3块大洋，顶着"嗖嗖"的小北风，来到了大车店的门口。老何两条腿紧捣腾，抢先来到了台阶下，并将匍匐在地，做"亲吻大地母亲"形状的张作霖，来了一个咸鱼大翻身。

刘掌柜从进冬开始算起，已经在大车店的门口，处理掉了四五个死倒儿，他不用上前，只用眼睛一扫，就知道死倒儿是否有救。

这里面的诀窍说起来并不复杂。救人首先要看死倒儿的四肢，是否冻成了直巴楞腾的冰棍，要是僵得跟木头人一样，这死倒儿绝对没救，只能施舍一条芦席，送乱葬岗子，犒劳野狗了。而死倒儿的四肢软成了八爪鱿鱼，说明人还没有死透，也就是说还有得救。

这时，张作霖的身边，已经围了几十个闲人，刘掌柜看着张作霖虽然戗毛奤翅（头发很乱、衣衫不整的样子），但是五官端正，眉宇间英气勃勃，并不像一个贫贱的花子（乞丐），不由得慈悲心大爆发，当即用命令式的口气说："老何，赶快找伙计们搭把手，热炕、热屋子、热米汤，杀楞（麻利）地把死倒儿救活！"

老何招呼来几名大车店的伙计，大伙螃蟹过河——七手八脚地搭起张作霖，将他抬到了后面的伙计房里，接下来，这些穷伙计们，烧火的烧火，盖被的盖被，老何从厨房，给倒在火炕上的张作霖，端来了一大碗高粱米饭的热米汤。

高粱是我国传统的五谷之一。中国的名酒如茅台、五粮液、泸州老窖、汾酒等都以红高粱为主要原料。高粱米不仅是东北老百姓最主要的嚼谷（吃食）之一，而且还可以治病。《本草纲目》曾载：温中，涩肠胃，止霍乱。

这一碗又黏又稠，又热又香的米汤，对于昏迷不醒的张作霖来说，比救命的仙汤妙药威力还大。老何将这一碗米汤，给昏迷的张作霖灌下去，张作霖的身上终于有了暖和气，他迷瞪地睁开眼睛，问："我是不是死了？"

"没！"老何回答："你被老何的一碗热米汤救活了！"

张作霖舔嘴巴舌（垂涎的样子）地说："再给我来一碗！"

老何皱着眉头，说："算你狠，我再给你来一碗岗尖的高粱米饭，让你小子当个饱死鬼！"

高坎镇大车店里有五六名伙计，大伙儿的午饭，就是一锅半稀不干的高梁米饭，老何给张作霖盛了一碗饭，就等于是众口夺食，但是为救张作霖的一命，他们谁都没有吭声。

那是善良的沉默。

他们即使不吃这一顿，谁也饿不死。

但张作霖不吃这顿饭，他就得嗝屁朝梁见阎王了。

张作霖连吃了三碗岗尖的高粱米饭，又喝了两碗热气腾腾的米汤，终于恢复了一半体力，他抹嘴下地，赤着两个脚丫子，便要给老何等人磕头谢恩，老何糙手一伸，拉他胳膊，说："你小子命大不死，得感谢咱大车店的刘掌柜，不是他大发菩萨心肠，嘿嘿，明年今日，就是你的周年了。"

张作霖正要问刘老板是谁，就见门口的旧门帘子一撩，走进一个身披老羊皮袄，下身穿着青色的棉裤，脚穿靰鞡鞋的老者，这老者凸目凹腮，他的脸怎么看，怎么像一只老山羊。他将头上的狗皮帽子往炕上一丢，便一屁股坐在炕头上，然后掏出烟袋，伙计们殷勤地帮他装烟点火，他吸了两口，这才有板眼地对张作霖说："谁都有个七灾八难，没死就得好好活着！"

岁月的坎坷就像一块磨刀石，他磨光了大部分人的锐气，使这些人的性格变得圆滑，而沉淀下来痛楚经验，却总能让一小部分人变成了哲学家。刘老板言简意赅，他随口说出来的话，包含的道理，即真实又深刻。

张作霖瞧这老者的牛派，觉得他就是刘老板，张作霖扭头一瞅老何，见老何冲他挤眼，便"噗通"一声，很有眼力见地跪在地上："我张作霖上跪天，下跪地，中间跪父母，除了父母，我还跪救命恩人。刘老板救我一命，张作霖今生当牛做马，也要报您的大恩大德！"

刘老板很世故地一摆手："别整这没用的，你小命没丢，那是阎王爷不收你，我赏你的米汤，一个大子都不值，我不需要你当牛做马，更不需要你报大恩大德，只求你病好后，立刻离开大车店，我店里的伙计够多了，已经没法再养闲人了！"

15岁的张作霖别看只是个孩子，可是却有强烈的自尊心，他也不磨叽，跪在地上"咚"地给救命恩人磕了一个头，说："刘掌柜放心，我这就离开大车店！"

东北大地，现在正是天寒地冻鬼呲牙的季节，张作霖一旦离开大车店，早晚还得成死倒儿，老何也没想到张作霖这孩子，这样有骨气，他正要向刘老板求个情，穷人的命贱，让张作霖在厨房打个杂，往后在饭锅里多加瓢水，稀稀的米汤也能让张作霖活下去，就在这时，外面的马厩方向，传来了有人大声吵嚷的声音——

"爷的草叶黄咋病了？"一个尖利刺耳的声音叫道。

"对不住，真是对不住，燕七爷，我这就给您去请兽医！"

"啪"随后响起了一个打耳光的声音："你小子会说人话不，给爷请兽医？是他娘的给马请兽医！"

"是是是！……"那个挨打的喂马伙计，一连串赔小心。

"让你们刘老板滚出来，爷的草叶黄病在你们大车店，光整那没有用的片汤不成，这得给爷一个囫囵个（完整）的交代！"外面的人吃鱼不吐骨头——说话带刺，很显然是个狠茬子。

盘腿坐在炕头上的刘老板连忙穿鞋下地，一杆箭似的冲出去。说："燕七爷的草叶黄病了，这是咋整的呢？"

张作霖跟着伙计的身后，穿鞋走出了伙计住的房子，那位燕七爷脚蹬毡靴，上身穿着一个豹皮的坎肩，头上戴着一顶猞猁狲的帽子，他用牛眼斜了一眼刘老板，说："不治好爷的草叶黄，信不信我一把火烧了你的大车店？"

高坎镇大车店的后院里，有一列二十个槽头的大马厩。昨天下晚，这位燕七爷住进高坎镇大车店，他出手贼阔，不仅包了个单间，而且还丢给大车店的伙计一块大洋，叮嘱它一定要照顾好自己的坐骑——草叶黄。

这匹草叶黄生得龙颅、突目、平脊、大腹，算得上是一匹好马。负责马厩的伙计，决定给草叶黄吃点小灶，他不仅给草叶黄的马槽中，添加了铡得贼细（很细）的稻草，而且还在稻草中，添加了三斤黑豆、五根胡萝卜和十个鸡蛋。这匹马将这顿"八珍大餐"吃下肚去，一整夜都欢实得很，可是到了清早，却蔫头耷脑地趴在地上，成了被太阳晒了三天的软脚大虾。

高坎镇在清政府当权的时候，属于奉天府海城县的地界。最早是一片荒无人烟的荒碱地，闯关东的老客们在这里落脚，开始了生息繁衍。因该镇处在大石桥、营口和海城的中间，属于三不管地带，故此，每到冬天，一些在山上待不下去的胡子、炮头们，便跑到大车店来投宿猫冬。刘掌柜在高坎镇属于芝麻地里丢黄豆，还算数得着的人物，他每年都得去镇公所，交足管理费，只要住在高坎大车店里的胡子们鸦默雀静地不扰民，镇公所里的警察，才懒得管大车店里的闲事。

刘掌柜开大车店多年，属于烟袋杆儿不通气——老油子了，燕七爷的豹皮坎肩中，鼓鼓囊囊，很可能装着一把要人命的家伙，换句更明白的话来说，他就差将胡子俩字贴自己脑门上了，这样的人物，马蜂子一样，刘掌柜可惹不起。

刘掌柜一边点头哈腰地和燕七爷支应，一边对伙计叫道："快去，快去请本镇最好的兽医邱老八！"

4．让我流泪的坏人，我一定会让你不停地流血

没用屁大的功夫，大车店的伙计就一个人跑回来了。人老精，鬼老滑，兔子老了满山爬的兽医邱老八却没动窝——给胡子治马，治好了可以，治不好很有可能被胡子一火铳揭了天灵盖。

邱老八虽然想赚钱，但保命更要紧，他就给了伙计一颗——百应丸，让他回来给草叶黄喂下，如果有效果，那是马主人的造化，如果没反应，邱老八也是河里赶大车——没有一点儿辙了。

张作霖看着伙计手中黑褐色的药丸，他差点笑出声来，狗屁百应丸，纯属就是抽剩下的大烟渣滓兑黑豆面揉成的歪斜货，这东西被骡马等大牲畜吃下

去，就好像瘾君子抽大烟一样，当时能菊花一紧，虎躯一震，精神一爽，可过半炷香的时间再看，保证有病的牲畜比喝药之前还蔫巴。

燕七爷检查完药丸子，说："就是它了！"

刘老板一见燕七爷点头，他招手让五六名伙计上前，按住马匹，然后将这粒的百应丸"咕噜"一声，硬塞到了马嘴中。

没有病强喂药，你们也太拿草叶黄当二百五了吧。

草叶黄是一匹烈马，那脾气大得没边，它怎么肯让伙计按住？可是奋力一挣扎，便有些脱力了，这粒本来能让它亢奋一阵的百应丸，根本就没起什么作用，反倒"噗通"躺在了地上。

百应丸让草叶黄成了卧槽马，刘掌柜真好像捅了燕七爷的马蜂窝，燕胡子一把抽出火铳，一边用铳嘴在刘掌柜的鼻子上画符，一边叫道："你不陪爷三百个大洋，爷就送你去阎王爷那里啃黏豆包！"

三百个大洋，刘掌柜将大车店卖了，也不值这个数儿。

刘掌柜一脸苦相，燕七爷不依不饶，两个人因赔偿的款项谈崩，已经快到了让子弹飞的阶段。

机会，这岂不是一个让张作霖出头的机会？别看张作霖年纪小，可是他从继父那里，曾经填鸭似的，学过全套的兽医手艺，其实草叶黄的病，只是吃饱了撑的，晚上因剧烈活动消食，出汗后受了风寒，引发恶性感冒而已。

人能得感冒，马也能，只不过人得病叫感冒，马得病叫寒症。

张作霖一拍胸脯，说："这病我能治！"

当时院子里的人，没有一个人信他，他们瞧着张作霖的眼神，好像在看一个外星人。刘掌柜虽然也不信张作霖能治好草叶黄，但面对黑乎乎的火铳枪口，他只得同意让张作霖试一试。

燕七爷瞧着外表像乞丐的小瘦子，冷哼一声道："你要当兽医？有实际的工作经验吗？治不好我的马，我要你小子的命！"

"诸葛亮出山前，也没带过兵，凭啥要我有工作经验！"张作霖满不在乎地一呲牙:"再说,你怎么知道我治不好!"

在民国时候,东北有一句虐人的话:请你到东北免费看胡子,看到胡子,你会长生不老的。

张作霖今天第一次看到传说中的胡子,燕七爷就要弄死他,看来说这句话的人嘴真的开光了。

伙计们在张作霖的吩咐下,取来了十枚大号缝衣针,外加三个火罐子。张作霖循经取穴,给草叶黄扎了二十几针后,又用火罐子给这匹马拔出了不少黑色的淤血,半炷香的时间后,草叶黄在百应丸的作用下"嗖"地一声,站了起来。

没有鲜花,也没有掌声,有得只是面面相觑,还有对张作霖这"山寨"版兽医医术的惊叹。

不管黑猫还是白猫,抓住耗子就是好猫。

张作霖能在胡子的枪口下,治好草叶黄的毛病,这叫什么——有胆。

有胆子,才有担当,有担当才像个男人,有胆子,有担当的男人才能拥有一切!

张作霖治好了草叶黄就是硬道理。

燕七爷今早确有急事。他在兜里一掏,摸出了五块袁大头,然后"哗啦"一声,丢给了张作霖,他一边翻身上马,一边道:"小兄弟,手段蛮屌,下次草叶黄生病,还来找你!……"

燕七爷讲完话,策马而去。刘掌柜一颗悬在喉咙眼的心,这才"噗通"一声,放到了肚子里。他抹去了额头的冷汗,说:"你就留下吧,以后在我的大车店中,开个兽医桩,不愁混个肚圆!"

张作霖虽然对兽医有些不感冒,但陈丹青就曾经说过这样一句话,中国人的原则:去他妈的,活下去最重要。张作霖为了活下去,他也只有为了打鬼,借助钟馗,暂时向命运妥协一把了。

张作霖年轻,胆大,不怵事,他治好了燕七爷的草叶黄后,当时就城隍爷吹喇叭——神声在外了。本镇的百姓，谁家的猪驴骡马有病，都找张作霖给开针下药，不久之后，外镇的老百姓觉得张兽医有三把神砂，他们家里的牲畜一旦有病，也求张作霖给开针、捏咕和下药（诊治）。

张作霖兜里有了钱，赌博的小手又痒痒了起来。

高坎镇的虫杂子和街溜子们，本以为张作霖年纪小，好欺负，便开始做局套他的钱，有一次张作霖被逼急了，他竟手起刀落"咔嚓"一声，切下自己小腿上的一块肉。张作霖用凶巴巴、恶狠狠和血淋淋，告诉那些赌徒们他是谁。

张作霖拿着赌徒们乖乖还回来的钱，昂然离开了赌场。

张作霖开兽医桩，等于抢了本镇兽医们的饭碗。

本镇的兽医不高兴，后果确实很严重。

在高坎镇，有一个孙地主。地主这种职业，在清末民初是香饽饽，用现在的话说，那就是得瑟的土豪。孙土豪家里有一百多亩地，还有两挂大车，其中有一匹驾辕的枣红马，忽然闹毛病了。

孙财主和邱老八是好"基友"，两个人没事，经常聚在一起，喝喝小酒，吹吹小牛，研究一下谁家的姑娘前凸后翘，哪家小媳妇风骚撩人等问题，孙财主家的枣红马有病，他急忙派伙计赶车去请邱老八，毕竟有事，还得靠自己人。

邱老八来到孙家，他对枣红马略一诊治，便断定此马患了"截症"。截症是什么病，如果用人来比喻，那就是肠梗塞。

人患肠梗塞都有20%的死亡率，更何况一匹马。这匹马患的"截症"是重度，而且患病期间，还曾拉过重载，这就造成这匹枣红马如果再激烈运动一次，它的肠子就有崩断的危险。

邱老八沉吟一会儿，说："孙老哥，你快到高坎大车店，去请张作霖，他治疗此病最拿手！"

孙财主并不知道邱老八的葫芦里卖得是什么药，他急忙派伙计去请张大兽医。

住在狼窝边，小心不为过。张作霖虽然是个人精，但对鬼头蛤蟆眼的邱老八却没有设防。张作霖当时很傻很天真，他错误地认为，邱老八治不好的牲口，他再出手，这不算抢人家的饭碗，而且妙手回春后，他不仅能拿到红包，还可以快速扬名立万。

　　可孙土豪不知道，朋友朋友，背后下手，邱老八是城隍娘娘怀孕，满肚子都是鬼胎！邱老八的心很脏，甚至比三年没洗的马桶都埋汰，他憋着坏，正等着张作霖伸头往自己的绳套里钻。

　　伟人曾经告诉我们说：阶级敌人的心不死，一定要绷紧心里这根弦。这句话说得太对了。

　　张作霖来到孙家，他见过孙土豪后，便将病马绑到了钉马掌的铁架子上。张作霖没有治过"截症"，他还以为这匹马患了脾胃失合的毛病，便取出银针，在马背上相应的穴道上，连刺三针。

　　三针下去，针针见血，那匹枣红马吃痛挣扎，它肚子里的马肠好像服用了八步断肠散，立刻崩断了。这匹马四蹄抽搐，它向这个世界，诉了一阵冤后，便两眼一翻，找马王爷报到去了。

　　张作霖出了这么大的"马疗事故"，当时就悲剧了。邱老八真比吃了八幅顺气丸还高兴，他跟在"嗷嗷"大叫的孙土豪身边，一个劲地扇阴风点邪火，孙土豪揪着张作霖的脖领子，一个劲地讨要"马疗事故"的索赔。张作霖本来就是个穷小子，要钱没有，要命倒有一条。

　　孙土豪也是河北的雷公打河南的豆腐，竟捡外地的欺负，张作霖虽然挺横，但怎奈孙土豪手下的"临时工"多，他被暴打一顿，昏倒前还一个劲地大叫——孙土豪，你个鳖孙，你不打死老子，你不是人。

　　傍晚的时候，有好心的赶马车车夫路过，将身受重伤，奄奄一息的张作霖用车送回了高坎的大车店。

　　高坎的大车店问赶马车车夫名字的时候，那个车夫啪地甩了个响鞭，一边赶车离开，一边正着颈子上的烂围脖，说："请不要打听哥的名字，请叫哥蓝领巾！"

孙土豪被人当了枪使，还缺心眼似的感觉自己很像泰森。打人是挺高兴，但打人的后果你知道吗？

尽管张作霖当时是个青涩的少年，但他确实不好惹，因为他是一个天生的枭雄。

惹了英雄，会被打一顿；惹了枭雄，会死得很惨。

枭雄和英雄有什么不同？如果举例说明，曹操和岳飞的区别，则是枭雄和英雄的异处。张作霖是举世公认的枭雄，枭雄和英雄的养成之路，却和烘炉锻铁是一个道道儿，一块好铁，经过精敲细打，最后成为一柄宝剑——这就是英雄。

而一块顽铁，经过狠锻猛造，最后成为一把鬼头刀——这就是枭雄。

张作霖如果不遭受几次挫折，他也许会在兽医这条路上狂奔下去，即使他治过的大牲畜超过千万，最后成为张大兽医，可历史上又有哪个兽医成了"牛魔王"的结拜兄弟？又有哪个兽医的名字会永垂不朽，并被刻在纪念碑上？

张作霖浑身上下，全都是伤，已被伙计们被布条子裹成了一个"木乃伊"，他倒在高坎大车店伙计房的土炕之上，皮肉所受的痛苦，让他不得不重新审视自己的前途，而人格上所受的屈辱，更让他对自己的未来连连地画着小问号。

难道我蒙受不白之冤，只能咬着牙忍着吗？如果不想忍，就只能买块豆腐撞死吗？最让张作霖愤愤不平的是，难道自己的命，就不如一头牲畜值钱吗？

老子要牛狂，要忒成功，要有权有势，要呼风唤雨，撒豆成兵……但成功的路呢？不会黑夜给了我一双黑色的眼睛，可我却用它来翻白眼吧？

张作霖现在是迎风淌眼泪、撒尿嗞脚背，真是背运背到了家，他躺了七八天，也想了七八天。在大车店伙计们的照料下，张作霖终于能下地了，可是"敢问路在何方"的问题，他还是没找到答案。

这天晌午，张作霖坐在伙计房的土炕上，一边用布条子蘸着咸盐水给身上伤口消毒，一边想着如何报仇雪恨，忽听门外传来了一阵马蹄声，竟是燕七爷领着三四名骑马的手下，连呼带叫地来到了高坎的大车店。

刘掌柜满脸是笑，那笑容灿烂得好像一朵花，他迎上去，口里抹了蜜糖似的，说："燕七爷，您老一向可好，今天是打尖还是住店？……"

燕七爷的匪号叫钻天燕，他跳下马来，说话声挺横："爷一不打尖，二不住店，今儿是来瞧一个人！"

燕七爷一路呼喊着张作霖的名字，一路直奔伙计房而去，他挑开旧门帘，一眼就瞧见了脸上淤青未消、被人海扁过的张作霖，燕七爷当时就急眼（发怒）了："谁欺负我张老弟，他姥姥的还想不想活了！"

张作霖一边处理着伤口，一边表情痛苦地说："燕七爷，你的马又有病了，但你瞧我浑身是伤，没法下地干活啊！"

燕七爷道："谁伤的你，我给你出气！"

张作霖故意吊了一下："我自己的仇，我还是自己报吧，谢了燕七爷！"

燕七爷转身出屋，他抽出火铳，直接逼问刘掌柜去了，刘掌柜的兔子胆不禁吓唬，简单两句话就对燕七爷交了底。

燕七爷将火铳插到了怀里，他又回到了伙计房，对整理伤口的张作霖说："张老弟，燕某今日上门，你可不许驳我的面子！"

燕七爷只是辽西地区的一个小胡子头，每到逢年过节，他都得备份厚礼，去孝敬辽西地区的大胡子头——冯德麟。冯德麟，原名玉琪，字麟阁，1868年出生于奉天省海城市温香乡达连村万里壕，他只比张作霖大7岁。

冯德麟幼年家贫，他为了活下去，17岁就当了"胡子"。在当时的东北，胡子的定义非常暧昧，甚至一不小心，就会弄串皮（岔路）了。燕七爷干的就是打家劫舍的勾当，属于正宗的胡子，而冯德麟却只对为富不仁的奸佞之徒下手，他因为公正侠勇，急公好义，故此威名远播，并得到了辽西地区很多小胡子头的尊重。故此，他这大胡子头的称呼里面就有虚头（水分）。

冯德麟有匹枣红马，不知道啥原因，忽然瘸了一条腿，在那个交通欠发达,汽车是稀罕物的年代,一匹好马,对于当胡子的主人来说,简直比现在的奥迪、奔驰和劳斯莱斯要重要得多。

因为汽车除了显摆,只是一件交通工具。

而一批好马,代表着速度与激情,它还可以帮胡子逃命。

冯德麟不惜大洋,他连着找来了三四名在辽西地区牛狂的兽医,这些兽医有的说这匹马伤到筋骨,有的说这匹马受了寒凉,还有的说这匹马掉了膀子,冯德麟钱没少花,兽医们一顿乱治后,这匹马的马腿瘸得可以给铁拐李当老师了。

燕七爷去给冯德麟拜年,他得知枣红马的病情,便一拍胸脯,向冯德麟推荐了张作霖。他今天领人上门,就是请张作霖给枣红马妙手回春去!

燕七爷上门相请,真是城门上画了个鼻子——好大的脸面。刘掌柜觉得张作霖要到了出名的节奏,便招呼手下的伙计,要帮张作霖拾掇了一下,自己那匹大青骡子,也要借给张作霖当坐骑。

让人没想到的是,张作霖却把脑袋一晃,直接拒绝了燕七爷,他说:"这事儿还是等等吧,等我伤好了报完仇再说!"

刘老板听张作霖拒绝,吓得出了一脑门冷汗,他正要上前劝说张作霖,燕七爷说:"张老弟,你跟我走吧,燕七定会给你一个交代!"

张作霖想了想,这才装作心有不甘样子,背起装有兽医家什的皮兜子,上了大青骡子,跟着燕七爷一伙人出镇,直奔冯德麟的驻地而去。可是他们刚刚出了高坎镇的地界,燕七爷就勒缰下马,然后住进路边一家牛家老店不走了。

张作霖 全传

Biography of Zhang zuolin

二
"热血"让我去成功

5．春光灿烂的小青年，惜败主动献身的女妖精

燕七爷要干一件大事。

他要请张作霖吃火锅。岁寒三友——白菜、火锅、热被窝。这可是东北人的最爱。

"吃饭不是大事！"张作霖用争当劳模的语气说："我们先治马，后吃火锅！"

"民以食为天，东北的胡子拿火锅当命！"燕七爷一翻眼睛："吃完再去不迟！"

张作霖当时是有为青年，事业心挺强，他刚想再磨叨一遍，这马病早治一天，比晚治一天要强的道理，却被燕七爷一眼睛给瞪住了。

出门的车伙子，家里的火锅子。

这两样东西，都是耗钱的东西。

车伙子偷粮，而火锅子吃不够。

牛家的火锅子，可是辽西一绝。

擦得锃亮的紫铜火锅子，加入乳白色的牛髓汤，随着锅内的木炭吐着红红的火舌，将锅内的鲜汤烧得水花如珠，再把翠绿色的酸菜，红白相间的羊肉，下到火锅之中。而白瓷盘中，摆着的青虾、白蛏、血肠可以根据自己的口味随吃随下，蟹黄、鸡胗、口蘑更可以自取自食。这些美味放在一起入锅，经过煮沸入味，即使隔着二道门，都会嗅到令人垂涎的香气。

嘎嘎冷的冬日，美美地吃一顿火锅，再热烘烘地灌上几盅东北老白干，那感觉，真是神仙过的日子。

吃面要快吃，"西里呼噜"才过瘾，吃火锅要慢吃，"老牛慢车"才有味。吃火锅，要吃到寒冷的筋骨，一点点舒展，要吃到受凉的皮肤，出一层透

汗才算得劲儿（满意）。

张作霖被燕七爷灌下了小半斤老白干，他整个人晕天黑地倒在火炕上，醉得找刘伶问道去了。张作霖睡到半夜，被一泡尿憋醒了，可是他刚下地，正准备到门口找个墙旮旯方便，那虚掩着的房门冷不丁儿（忽然）被推开，燕七爷浑身冒着冷气，他领着几个手下，杀气未尽地从门外走了进来。

张作霖被冷意和杀气一激，脑瓜子"刷"地一声清醒了。

他问："这么晚，燕七爷干啥去了？"

燕七爷将裹着一个圆家伙的布包"咕咚"一声，丢在地上，说："夜长尿多，去孙土豪家溜了个弯，捎带着帮你把气出了！"

张作霖惊讶地问："你把孙土豪给做了？"

张作霖的鼻子隔着丈许的距离，仍能从燕七爷等人的身上，嗅到了一股子浓重的血腥气。敢情燕七爷拎回来东西，竟是孙土豪脖子上的七斤八两。

燕七爷告诉张作霖，孙土豪一家大小十三口人全都被他送到了鬼门关，20多间房子，也被他一把火烧了。孙土豪全家已经被燕七爷斩草除根，甚至连一根蒿子都没留下。

张作霖被孙土豪领人暴打一顿后，他也曾经想过要报仇，但自己拳单力薄，报仇几乎没有可能，今晚仇燕七爷忽然帮他报了，他虽然嘴里一个劲地感谢，但心里却怎么也高兴不起来，张作霖在想一个更高深的问题——我的命，该由谁来掌握！

张作霖今晚总算糊里糊涂地想明白了一个事实，他自己的命，包括比他强势很多的孙土豪的命，并不是掌握在自己的手中，而是掌握在那些强权者，更简明一点说，是掌握在那些拿枪人的手中。

张作霖现在的命，就和蝼蚁一样低贱，只要那些拿枪人轻轻一扣扳机，他就好像吃了砒霜毒再上吊，简直死得不能再死了！

燕七爷领着手下的胡子，倒在火炕上继续睡觉，张作霖倒在牛家老店的火炕上，却失眠了，这一夜，张作霖确实是想了很多。

第二天，鸡叫头遍，张作霖等人起炕，他们吃罢早饭，燕七爷便拎着那个黑布包上路了。燕七爷在路上问张作霖，如何处理孙土豪的人头，张作霖想了想说："丢冰窟窿里喂王八！"

燕七爷连声说好，他让手下在河边找了一个捕鱼人凿出来的冰窟窿，然后将孙土豪的人头丢到冰下。

下午的时候，张作霖一行人赶到了牛家集。冯德麟三五百人的队伍，就驻扎在村口的土地庙。冯德麟别看20多岁，可是长得高大威猛，那蒲扇般的大手猛扇过去，打到生得不牢靠的人脑袋上，估计人头都会被"嗖"地一声被打飞。

张作霖一见冯德麟，他说："大当家的好！"

冯德麟点头说："我的枣红马就拜托你了！"

冯德麟的坐骑是一匹高头大马，可是马的右前腿不敢沾地，现在成了一匹跛脚马。

张作霖非常像那么回事地，围着这匹枣红马转了一圈，说："小毛病，手到病除！"

冯德麟的一张脸上，全都写满了怀疑：这匹枣红马，曾经被好几个有名的兽医扎咕（治疗）过，可是瘸腿的毛病始终没被治好，这毛头小子口出狂言，是不是在吹大牛？

燕七爷一把将张作霖拉到一旁，他瞪着眼睛警告说："你小子把话说得太满了，治不好马病，不怕被冯大当家的一枪把你天灵盖打放屁喽？"

张作霖笑嘻嘻地说："没有金刚钻，不揽瓷器活，燕七爷您帮我报了仇，我岂能掉链子，您就瞧好吧！"

张作霖这个山寨版的兽医，给牲畜治病，屡屡得手，好像很有两把刷子的样子，其实，张作霖手里真的攥着两把刷子，第一把，倭瓜那么大的胆子。大牲畜不像人类，正所谓"大病治不了，小病死不了"张作霖敢下药，兽医是糙活，要比治人好干多了。

第二把刷子，就是张作霖的后爹，传授的兽医经验了。

张作霖当初被填鸭似的，灌输了一脑袋兽医治病的道道儿，幸亏他的记忆力挺好，张作霖的后爹，传授的兽医经验，他全都能回忆起来，如果按照现在的标准，张作霖的智商肯定是相当高了。

冯德麟这匹枣红马得的并不是什么大病。

按照排除法——这匹枣红马既然没有伤筋动骨，寒凉痹症，脱环掉膀子，按照张作霖后爹教给他的医术，那就剩下了一个可能——扎刺了。

张作霖将自己诊案说出，冯德麟一脸的不屑，燕七爷极度的失望，而那些围观的人，就好像将一个大爆竹，丢进了鸭寮中，他们嘴里发出的全是"呱呱呱"鸭子惊鸣一样的嘲笑声。

冯德麟请来的名兽医们，在诊治枣红马之前，都怀疑它扎刺了，可是卸去马掌，洗净马蹄，却连个刺的影子都没有看到。三四名名兽医都已经排除了枣红马扎刺，张作霖再一次老调重弹，岂不是"可口可乐添欢笑"吗？

可是张作霖接着往下一讲他的诊案，那帮嘲笑他的人，就好像扭脖的鸭子，再也笑不出声来了。

扎刺有两种扎法，一种是明刺——拔出来就好。

一种是暗刺，就是这根刺折到了肉里一小截，这批枣红马扎的就是这种拔不到、看不着，却让它成了瘸腿马的暗刺。

冯德麟看了一眼神色不定的燕老七，他问："你既然这样肯定，不会是想剜肉取刺吧？"

剜肉取刺，刺是能取出来，但马命也是手榴弹丢鸡窝里——一准地完蛋。张作霖摇摇头说："大当家的，请给我一天工夫，我保证还你一匹好马！"

枣红马被束缚到了钉马掌的铁架子上，张作霖亲自固定好马的右前腿，接着再次洗净了马蹄子，接着他从自己的药箱中，取出了几味拔刺的中药，放在嘴里一阵大嚼，制成了一剂小张牌拔毒除刺老膏药，然后"砰"的一声，就糊到枣红马马蹄中的软肉上。

张作霖虽然是个两把刀的兽医，但这剂狂拽炫酷屌炸天的拔刺老膏药确实好使，一天一夜后，刺进了马蹄软肉中的一截暗刺，便被拔了出来。

冯德麟面对治好枣红马的张神医，稀罕地就好像得到了一个宝贝，紧接着，他就对张作霖换了一个亲切的称呼——老疙瘩。

冯德麟一摆手，便赏给了张作霖一封大洋，一封大洋能让张作霖摇身一变，在高坎当一个小财主，可是这人的境界，在白花花的大洋面前，很容易地就看了出来。

张作霖对冯的厚赐一个劲地摆手，说："能为大当家的效劳，这是我的荣幸，要是拿您的钱，一出门，还不得被高坎镇的乡亲们戳脊梁骨啊！"

"说得好，老疙瘩说得好！"冯德麟呵呵大笑，赞许地讲："你将来要是没出息，那可天理不容啊！"

冯德麟满意，燕七爷也觉得脸上倍儿有光，他当时小胸脯挺得溜直，一副牛气冲破了小宇宙的得瑟样子，毕竟张作霖是他介绍的，军功章有张作霖的一半，也有我的一半吗！

民国时代的上海滩，有一位姓杜的黑社会大佬，他曾经说过这样一句，烫人心口窝的话：钞票再多只不过是金山银山（总有用完的时候），人情用起来好比天地（人情不会用完）。

张作霖别看是个孩子，就已经知道人情的重要了，他小小的年纪，突然发财，拿着一笔大洋回到高坎镇，买马买宅买田地，有些瞧他眼红的人，指不定在背后怎么算计他呢。

古人讲武有七德，其中最重要的一条便是可以"丰财"。这句话反过来说，在那个兵荒马乱得年月，你发财后，没有枪杆子撑腰，你手里的钱也不知道最后是谁的。

张作霖一个小小的兽医，当他站在手握杀人权的冯德麟面前，基本处在一个仰望星辰的状态。

张作霖却用他的精明和大气，填满了两个人友情的鸿沟。

张作霖要拿冯德麟当靠山，即使他暂时没有求人的地方，他也要冯德麟欠自己一笔人情债。

人情债将来是要连本带利一起收的，张作霖不吃亏。

张作霖在牛家集住了三天，他受到了冯德麟的上宾待遇还在其次，最最重要的是，让他有机会更近距离地见识到了这位"辽西巨匪"的风采。

冯德麟干过义和团，反过腐败的清政府。

沙俄入侵东北时，冯德麟在辽阳界的高家坨子拉起"大团"，声称"保境安民"，接着又领兵干过沙俄。

反清抗俄，成立自保的"大团"，这都是胡子版的"民国好声音"，每当说起这些事来，辽西的老百姓都会竖起大拇指，赞扬一声——冯爷威武。榜样的力量是无穷的，张作霖从冯德麟的身上，找到了"自己未来前进的方向！"并认清了自己在未来的几年"如何做，怎样做和必须做的问题"。

即使身不在江湖，江湖却处处留有我的传说——这才是胡子版最终极之梦想。

张作霖当时只是一个半大的孩子，那个"雄赳赳，气昂昂，我要扛起枪"梦想，虽然对其有着莫大的吸引力，但因为年龄的关系，让他暂时还没有实现的可能。

张作霖治好了冯德麟的枣红马后，他在冯德麟是身边，又接受了三天的"匪道"教育，接着他回复原形，以兽医的身份，回到了高坎镇。

张作霖前后在高坎镇待了四年左右的时间，他之所以离开高坎镇，完全是因为他长得太帅的缘故。

可是长得太帅，这并不是张作霖的错儿。要说怪，只能怪高坎镇的狐狸精实在是——骚浪贱。

张作霖见人说人话，见鬼说鬼话，能白话，会夸大，治马马好，治猪猪跑，治狗狗跳，随着他兽医的名声渐大，高坎镇的于六爷手提文明棍，找上了门来。

手里经常拿着文明棍的人，不见得就是文明人。这就像是称佛的孙悟空前辈，他手持如意金箍棒，最喜欢直接招呼妖精的脑袋一样，往往某些文明人，更喜欢用暴力解决实际问题。

一个人极力标榜什么，就表明他最缺少什么。

于六爷找张作霖是想开一家兽医股份有限公司，这家公司要办成高坎镇兽医界的大型"托拉斯"（垄断）企业，于六爷用金钱投资，当然要当董事长，而张作霖以技术入股，CEO（首席执行官）非他莫属。

于六爷在高坎镇，可是一个徘徊在牛A和牛C之间的人物，相当于本镇的地头蛇，有他任董事长的兽医桩，哪能不赚钱？

"只有站得更高！"于六爷道："才能尿得更远！"

"对，即使怀揣两块，也要胸怀五百万的梦想！"张作霖架不住于六爷一阵忽悠，他迷瞪地点头："这个兽医桩，我干了！"

张作霖就这样，悬得喽儿（让人担心）地上了于六爷的这条贼船。

说张作霖上了贼船，因为他们两个人的实力，并不对等。一只兔子和老虎合伙做生意，即使把合同写在犀牛皮上，最后的结局也是兔子被老虎连肉带骨，吃得连毛都不剩。

于张二人的"兽医股份有限公司"开张后，那生意是相当的红火。

于董的人脉，外加张总的技术，完全就是"最佳拍档"的组合。

幸福是个比较级，要有东西垫底才感觉得到。张作霖想起过去受的苦难，他心里的满足感真比皮鞋底子还要厚重。

可是不久之后，这对看似牢不可破的组合，便破瓦罐子似的"砰"地一声被打碎了。张作霖的努力、事业和幸福，又都变成了天边的浮云。

兽医桩的拆伙，起因是一个女人，一个"骚浪贱"的狐狸精——二兰子。

于六爷娶二兰子的时候，他已经六十岁了。二兰子正是十八路弹腿横着练的年龄，一旦上床，敏捷的身手堪比床上小旋风。那年头没有伟哥，于六爷经常提着软藤枪上马，他为了取得"床战"的胜利，一边怀着"征服"的梦想，一边大吃补肾壮阳的极品——猪腰子。

于六爷每天补品不离口，脸都吃成了猪腰子色儿，一张嘴全都是骚腥的气味。可是面对二兰子的犀利攻势，他几乎没有招架之力，只能"曹操走了华容道，丢盔弃甲忙收兵，从此不敢再言战，只惧红颜女妖精"。

张作霖随着"兽医股份有限公司"的红火，他在白面馒头，鸡蛋汤，一顿饭一荤一素俩菜的滋润下，他迅速地出落成一个溜光水滑的"靓仔"。

二兰子那双饥渴的狐媚眼儿，不停地在张作霖的身上画圈，而心里更是泛起一阵阵地闹刺挠（痒）。

男人分两种，一种是好色的，另一种是十分好色的。张作霖不仅是个男人，而且还是个纯爷们。但对于自己这个"小嫂子"的过分热情，他却拒绝做偷腥的馋猫。朋友妻、不可戏。不管于六爷拿张作霖当什么，张作霖却拿于六爷当朋友。

二兰子就是无学历无收入社会公害花痴已婚大龄女妖精，她小的时候，心里就有一个可以和妖精媲美的想法，那就是长大了要嫁给骑着白马的唐僧，能玩就玩，不能玩就把他和白马一起吃掉。她本想用温柔俘虏张作霖，可是不管二兰子扑愣蛾子采蜜，如何在张作霖面前装小蜜蜂（疯），张作霖却守住了自己的"上甘岭"。

张作霖不认为二兰子对自己有好感是"幸福来敲门"，正相反，他觉得那是在上演惊悚的恐怖片。

二兰子外表武藤兰，其实内心女汉子，她要学联合国军司令李奇微，准备向张作霖的三八线发起劈头盖脸的猛攻。

张作霖有一次去县城买兽药，二兰子挎着装有金银细软的小包袱，在后面一路狂追了上来。二兰子面对张作霖，说：再俊的女人也有被泡的权利，你为什么不搭理我？"二兰子随后提出了惊人的计划，那就是伙同张作霖要来个让高坎镇地震的私奔！

私奔如此多娇，引无数男女尽折腰——二兰子为了说服张作霖，她当时这样煽情地说：若是两情相依，又岂在吃不吃得起猪头肉？

张作霖看着二兰子，真好像一口吃下去九十九个臭虫，他用一句——你逗我玩呢吧？便拒绝了二兰子的勾引。

人有人格，马有马格，二兰子有二兰子的格。她心里实在憋屈，自己长脖老等（东北一种在捕鱼时非常有耐心的水鸟，比喻苦苦等待）似的，却换不来张作霖一句——妹子，咱们化蝶去……

二兰子放了句狠话，便转身回了高坎镇，她躲在房间里，琢磨了好几天，终于想出了一条不死也让张作霖脱层皮的毒计。

这天天擦黑的时候，二兰子将张作霖找到自己的房中，首先将了他一军，让张作霖答应带自己离开高坎镇……张作霖不给她面子，当时摆手拒绝，二兰子立刻歇斯底里大发作，她扯头发，撕衣服，然后尖叫道："强暴啊、救命啊……下辈子记得早点来娶我啊……"

于六爷爱在天擦黑的时候，焖几口高粱烧，那晕乎乎的感觉，让他感觉自己生命的能量，就好像一只鼓足了气的癞蛤蟆，极度的膨胀。

二兰子的一嗓子，立刻捅了马蜂窝。于六爷的女人，那是不能动地，谁动谁就要倒大霉……张作霖被于六爷的手下脱去了棉袄，赤着上身绑到了后院的木桩子上，用一句文明词是——接受老天爷的拥抱，用句暴力的话讲，于六爷要冻死张作霖。

张作霖跟于六爷一个劲地解释自己的清白。但于六爷借着酒劲，更愿意相信自己老婆的话。为朋友可两肋插刀，可为了自己的老婆，于六爷绝对会插自己朋友两刀。

张作霖虽然有尿性（能耐），但也是血肉之躯，两个小时后，被绑在后院的柱子上张作霖，就成了"小张小张，冻鱼寒獐，交友不慎，眼看命亡，当里个当，当里个当！"

幸亏张作霖为人仗义，半夜时分，一个兽医桩的伙计偷偷起来，解开了张作霖身上的绳索，张作霖踩着梯子，翻过于家的围墙"咕咚"一声，跳到墙外的雪堆中，来了一个软着陆，这才算暂时脱离了危险。

6．扛枪出来混，但好走的路上总是布满了地雷

天寒地冻，张作霖上身光着膀子，他要是在天明之前，不能逃到一个于六爷找不到的地方，他还得没有命。张作霖迈着一双僵硬的大腿，一个在西伯利亚探险片的镜头出现了，张作霖一步一个雪窝，两步一个趔趄，三步一个跟斗地向着镇外摸去，可是他很快发现，人真的无法战胜严寒，张作霖最后"咕咚"一声，栽倒在街边一家的木门上。

猫有九条名。张作霖的命一定比猫还多一条。

张作霖栽倒在木门之上的声音，一下子就惊动了这家的主人——刘老太太。

刘老太太干得是豆腐西施的活计，她老伴去世得早，自己就领着儿子做豆腐苦熬岁月。刘老太太半夜起来，需要赶着毛驴磨豆浆，不久之前，她家的毛驴生病，还是张作霖给救活的。

东北地区，民风相当淳朴，受人点水恩，你不给人家一桶水，那是会被街坊四邻戳脊梁骨的。张作霖落难，刘老太太哪会不救？

张作霖就这样被刘老太太一碗热乎乎的豆浆给救活了，他认刘老太太当了自己的干妈。于六爷不仅是个白眼狼儿，他还是高坎镇的黑手党。张作霖就这样和于六爷躲猫猫，也不是长久之计，这天傍晚，身体刚刚恢复的张作霖就提出了离开的要求。

刘老太太知道留不住张作霖，但这冰天雪地的，张作霖能去哪里？恐怕走不出一百里，他就得到阎王爷那里销号去了。

刘老太太一狠心，将自己家里唯一的四条腿的交通工具——宝驴，送给了张作霖。

张作霖骑上"宝驴"，趁着夜色，向镇外赶路。这时候，刘老太太的儿子

常老二要豆腐账回来了，他一瞧家里的"宝驴"没影儿了，便不住声地埋怨："你就知道心疼干儿子，没了'宝驴'，咱家拿什么做豆腐，不能做豆腐赚钱，你亲儿子就攒不够彩礼，没有彩礼，就说不上媳妇，没有媳妇，你还能抱上亲孙子不？……"

刘老太太也被儿子给说上火了，眼睛一瞪："我干儿子刚走不大功夫，你这亲儿子就去把那头驴要回来吧！"

常老二为了完成常家发财致富和传宗接代的大业，他一个鸭子加俩鸭子，当时撒丫（三鸭）子直奔镇外追了过去。

可是不长时间后，常老二就两手抱着胛子，冻得哆里哆嗦地回来了。

常老二运用马拉松的速度，追上了骑着"宝驴"逃命的张作霖，看着被冻坐在驴身上，冷成一团的义兄张作霖，常老二当时眼睛就湿润了，他想留下"宝驴"是为了磨豆腐，张作霖骑着"宝驴"是为了逃命，两相比较，还是张作霖更加需要"宝驴"一些。常老二讨回"宝驴"的话，他不仅没有说出口，反而很爷们地，将身上的老羊皮袄，赠给了未来的张大帅。

张大帅将脑袋别在裤腰带上，领着手下的弟兄们东征西讨，他成为27师师长后，曾经回了一趟高坎镇。

当时张作霖领着三四十人的卫队，来到凤凰甸村，他便命令部下下马，步行进高坎，他还大声宣布："到高坎不准碰一草一木，不准有任何不轨行为，这是我的第二故乡。"

于六爷和那帮欺负过张作霖的赌徒们，全都蔫巴了。他们在张作霖来"串门"的最后一天，一个个都写好了遗书，哭天抹泪地等着张作霖用比利时产的枪牌撸子，给他们的脑袋上钻眼了。可是，张作霖将他们请到了一起，好酒好菜招待，张作霖大度地说："别怕，张作霖不是记仇的人，如果当年你们不收拾我，我也不能跑去当兵，不能当兵，就没有老张的今天，我说句掏心窝子的话，我不仅感谢诸位，我还感谢诸位的八辈祖宗呢！"

于六爷等人在心悦诚服中吃完了张作霖的酒席，张作霖也在高坎镇留下了不记仇的美名。

张作霖真的不记仇!

张作霖成为27师师长后,不管是名声还是法律,都不允许他乱杀人,张作霖也确实够个爷们,拿得起来放得下,当初的不愉快,就当以前上坟和野鬼撞脑门了。

张作霖因为军务缠身,他给干妈刘老太太留下了一笔钱后,又叮嘱自己的义弟常老二,一定要好好照顾老娘,这才领着手下回转驻地。

还未飞黄腾达时的张作霖

张作霖成为"东北王"后,刘老太太已经驾鹤西游了,常老二一个人还单着。常老二经过一番思想斗争,决定发财要趁早,他准备了一下,戴上了点地瓜、蘑菇和小米等土特产,大踏步地向奉天城挺近,常老二心中总觉得,张作霖现在发达了,他不能不管我,总得给我个高坎镇的镇长当当吧!

常老二心底有一个计划,这雷人计划就是——皮袄换镇长。虽然常老二没有当过官,但诸葛亮出山前也没带过兵,凭啥要我有工作经验。

张作霖真的没有不管常老二,他让副官将干弟弟接到大帅府,每天好酒好菜,就像对待贵宾一样款待,但张作霖却推说公务缠身,每天忙得脚打后脑勺,始终也没给常老二面见。

常老二虽然每天吃香的喝辣的,但棉花铺里耍大锤,单蹦一个人,他在大帅府中,越待越没有意思。这天他向招待自己的副官辞行,那位副官也没留常老二,只是送给了常老二两百个大洋当盘缠。

常老二迈开大步往家走,几天之后,又回到了高坎镇,当时他还满肚子怨气,恨张作霖是大衣柜丢了门把手——抠门的时候。他的眼睛往家里的方向一看，不由得"啊"地惊叫了一声，原来的那个"低端粗俗非主流"的小豆腐坊不见了，代之而来的是一座"高端大气上档次"的牛宅。

这是怎么一回事？莫非自己离家不到20天，自己的小豆腐坊就被"强拆"了不成。常老二正在四处跫摸（找）拆房子的人，只见一名负责的奉军军官，迈步走了过来，他对着常老二"咔"地敬了一个军礼，然后麻利地递过来一张地契和一张房照。

常老二直到这时候，他才明白了张作霖，在奉天给自己坐"冷板凳"原因，他当年急赤白脸地跑去找张作霖要驴，虽然最后用送皮袄打了马虎眼，但张作霖是个人精，岂有看不明白他要讨要宝驴的心思？

张作霖让常老二受了一顿委屈，这对于常老二也是活该。常老二当初那件皮袄，即使崭新的时候，也就价值两个大洋，张作霖利用他在奉天这段时间，派人来到高坎镇，不仅帮自己置地买田，而且翻修了房子。常老二当初赠给张作霖的皮袄，没有白送，几百倍的回报可是大大的超值！

张作霖本来就是一个恩怨分明的人。

他有恩必偿，报恩，可以看出他为人的品性。

他有仇必报，只不过有的仇，他只能在心里报了。从他对待仇人"宽容"的态度，可以看到他心底，还有一份未泯的善良。人性光芒，不时地在张作霖的身上"刷刷"地闪耀。

张作霖绝对是有底线的人，他的底线，就是任何人，都不可以去碰触他手中的权力以及在东北的利益。

权力和利益，是张作霖拿命换来的，那两样沉甸甸的东西，对于草根出身的张作霖来说，绝对比他的命还重要！

有些人想要张作霖的命，张作霖却原谅了他们，没反过来要他们的命。

但张作霖手中的权力和他在东北的利益的重要性，却超过了张作霖的命。

那两样东西就是高压线。

谁碰谁死。

只不过这道理,有很多人至死都不明白。

张作霖骑着宝驴走在清政府的通京御道——羊肠河的路上。

国内曾经有两骑驴的高人,一个是西出函谷关的老子,另外一个就是阿凡提老先生,这两位都是凭着聪明的脑袋吃饭的前辈。张作霖虽然骑着小毛驴,但他目前只是一个天寒地冻鬼不灵,兜里没钱汉子难的落难英雄,他正在琢磨着:此处不留爷,自有留爷处,处处不留爷,爷爷是否要回老家的时候。

张作霖忽然看见路旁的沟内"嗖嗖嗖"地跳出了五六名手持家伙的便衣,领头一个队长模样的人,对着张作霖一晃手枪叫道:"将匪徒拿下!"

人要倒霉,喝凉水都塞牙。张作霖骑驴来到了黑山县,可真是小米掉进针眼里——凑巧了,黑山县刚刚发生了一起灭门的血案,一个开绸缎庄的侯老板,全家被杀得一个不剩,凶犯将冯家值钱的东西席卷一空后,就像会遁术的土行孙一般,晃身便在黑山县彻底没有影儿了。

侯老板在奉天省是有后台的,随着严查凶手的一纸命令发到黑山县,县长便将侯家灭门案,定性为——挖地三尺一定要破开年重字号血腥第一案,并悬赏300银洋,缉拿凶手。该县的警察和便衣们,就好像被打了鸡血,他们一个个剜窟窿盗洞,都想将那300个银洋,装进自己的口袋。

张作霖一个外乡人,骑着一头毛驴,顶风冒寒,在一个鬼影子都没有的羊肠河道上赶路,就被这帮黑山县的便衣当凶手给抓了。

张作霖一个劲地喊冤,可是那个便衣头目念经似的说:你有权保持沉默,但你说的每一句话,都将成为遗言。

张作霖遇到过不讲理的,但还没遇到过这样不讲理的。他被押回黑山县县衙后,便被黑山县一个姓唐的总文案,定为"黑山带有黑社会性质的恐怖血腥第一案"的疑凶。

张作霖一个人哪能做得了那么大的案子,一个在庆美园饭店打工的伙计霍小三被定为此案的帮凶。流氓不可怕,就怕流氓有文化。有文化的流氓真比黑手党还可怕。

张作霖骨头硬，不管怎么挨敲打，就是一个字——冤。霍小三受刑不过，经过警察们的"哄骗逼"，他违心承认这桩血案是自己干的。可是接下来，霍小三挨揍就挨得更凶了，因为警察们要起赃。

霍小三当伙计几年，赚得的一点辛苦钱，都被他孝敬给了赌场。

以为穿着脏衣服就可以当污点证人的霍小三，很快就被黑山县的警察们给"躲猫猫"了。当他们正准备拾掇张作霖的时候，吉林警局传来了令人鸡啼一鸣、驴嚎一嗓、虎躯一震的消息，黑山真正的血案凶手在长春落网，赃赃并获。

张作霖虽然没有杀人，但他并非清白，他被定了一个"雪路骑驴意欲不明罪"，他那头"犯罪"的宝驴，早已经被警察们给就地正法——并入锅变成汤驴肉了。张作霖这段悲催的历史，被记录在《辽宁文史资料第1缉》周之风口述，沈述整理的《我所知道的张作霖》一文中。

张作霖以后的戎马生涯，绝对是被严苛的现实给逼迫的。换句实在的话讲，一个人真要是活到不要命的地步，怎么也能活下去。

张作霖就这样，做了一个艰难的决定，那就是去参军。

手里一旦有了枪杆子，他要干死那帮比王八蛋还要坏的驴球狗蛋们。

当时营口田庄台，就是清军将领宋庆的地盘。提起宋庆，资历可不平常，他靠剿捻军和太平军起家，1894年7月，日本入侵朝鲜，宋庆还远赴异国，还曾和朝鲜的思密达并肩作战，共抗过日方的侵略。

宋庆曾经被朝廷封为——毅勇巴图鲁的封号，其实是句满语，如果换成让年轻人容易理解的话，可以翻译成——钢铁战士。

小柯有一首名叫《老大》的歌。歌中这样唱道：老大真的不太好当，有多少刀枪要去挡，黑锅要去扛，用微笑掩盖带血的伤（还要给小弟以希望）。

现在的职场上，有这样一句非常直接的诘问：你跟对老大了吗？你要是没有跟对老大，那么恭喜你，你就等着很难看的死吧！

吴佩孚号称儒帅，他平生最佩服两个人，一个是戚继光，另外一个就是宋庆。能让吴大帅佩服的人，岂是凡人？张作霖扛枪当兵，自然要选一个拿得出手的老大。他觉得跟着"钢铁战士"混，至少也能混成"刀枪不入"的扫地僧吧。

张作霖就这样怀着报国的志向，投奔了军队这座大熔炉，可是招兵处的军官对他一个劲地翻着白眼，并用手指在桌面上连画圆圈——那意思很明白，想当兵，孝敬的大洋一定要有。

要知道现在可是兵荒马乱的年月，当兵不受欺负不说，又可以吃饱饭，而且每月还有一块大洋的军饷可拿。张作霖想要跨进军营的大门，没有大洋铺路，那是万万不成的。

张作霖虽然刚刚年满20岁，但混社会混出来的经验，还是让他很快明白了这位招兵处军官的意思。张作霖大洋没有一块，但拜年的嗑（话）却有三马车。

招兵处的军官也被张作霖给说烦了——得得得，你狠，我同意你当兵。张作霖就这样一步跨进了伙夫营的大门，正所谓人家上山打了一头野猪，而张作霖费了半天的劲，只打到了一只田鼠。

田鼠也是一块肉。别看咱老张的在军营的起点低，但架不住他的心气高。

张作霖伙夫没干俩月，一个咸鱼翻身的机会就被他等来了。

1894年11月21日，日军攻克"东亚第一要塞"旅顺口。宋庆守土有责，想和日军血战，总得知己知彼，他就连派密探，去敌占区收集和探听日军的情报。

古语有云：常在厨房混，哪能不切手。密探可不是谁都能干的，宋庆已经向奉天城连着派出了三名密探，这些侦探由于身份暴露，最后都肉包子打狗——一去不回了。

富贵险中求。张作霖伸手，就接下了这块烫手的山芋。

张作霖饱经磨难，他装龙像龙，装虎像虎，装土豪，就像地主。

张作霖坚信，只要心还愿攀登，就没有到不了的高度。他乔装打扮，奔赴旅顺，竟出色地完成了宋庆交给自己的任务。宋庆觉得张作霖是块好料。就这样，张作霖脱去了伙夫营的号衣，正式成为了毅军的一名"光荣"的士兵。

张作霖这段拿不上台面的历史，是周大文先生在《张作霖集团的形成》一文中披露的。

历史的尘埃，绝对比火山灰还要厉害，像周先生这样在民国时代，显赫一时的名字，都被淹没在历史的深处。周大文在民国时期曾任大帅府密电处处长，后来还任北平市市长，他不仅和张学良是磕头的把兄弟，而且张作霖被炸死在皇姑屯的时候，周大文也在那列代表死亡的火车上。

周先生是京剧名家刘长瑜之父，又是显赫的民国大员，想来也不会在笔下的文章中作伪。

很多关于张作霖的传记，都这样记载：光绪甲午中日构兵，公年二十，投毅军，以精骑射得名擢哨长。马关缔约，公乃还乡……

投军当兵，因精骑射而当上了哨长这样的领导，让人信吗？还是觉得周大文披露的资料比较靠谱。

国人著史，一般有两种笔法。一种是司马迁的"有啥写啥式"，即：秉笔直书；另一种是孔老夫子"能隐则隐式"，即：春秋笔法，为尊者讳，为亲者讳，为贤者讳。

暂且不论这两种笔法记史的优劣，现将张作霖当年那一段，从伙夫起步的从军史写出来，就是要说清楚——英雄不问出处的道理，这本是混社会必须要遵守的一条重要守则。

讲句更明白的话，如果你向刘备打听他当初如何织席贩履，向朱元璋乱说珍珠翡翠白玉汤的味道，向张作霖追问当年如何干火头军，最后的结果就是——死都不知道自己是怎么死的。

探究烛微是历史学家和传记家的事情，不过在社会上，确实有很多好奇心很强的"包打听",更有很多职场的菜鸟,每每对公司、上司和同事的小道消息,花边新闻特别感兴趣,其实这些已经犯了职场的大忌了。

《佛说九横经》曾经有这样一段话:有九辈九因缘,命未尽便横死……八为入里不时者,名为冥行。亦里有诤时行;亦里有县官长吏追捕不避。不如法行者,入里妄入他家舍中;妄见不可见;妄听不可听;妄犯不可犯;妄说不可说;妄忧不可忧;妄索不可索。

九为可避不避者,名为当避弊象弊马牛犁车蛇虺坑井水火拔刀醉人恶人,亦於若干恶。如是为九因缘,辈人命未尽当坐是尽。慧人当识当避,是因缘以避。乃得二福;一者、长寿;二者、以长寿乃得闻好语言亦能行。

佛经用古文所写,语句这也太难懂了,让人读起来昏昏欲睡,不知叽咕个啥。但里面的道道,任何一个混社会和职场的人,都要将其弄明白,甚至不知道自己吃几碗老米饭,也要知道这里面的道理。

这两段佛经,用大白话讲出,是这道理:有很多人,自以为很牛狂,没事就乱支楞毛,可是他们没活到小命的尽头,便惨遭横死,这是什么原因呢?告诉你原因吧:去别人的地盘,不知道应该儿媳妇大肚子——装孙子,反而去冲撞了当地的狠人;去陌生人家里,不知道敲门,一旦窥视到别人的隐私,如果对方是黑恶势力,不被灭口那就见鬼了。

遇到了疯牛奔马喝醉酒的人等等有危险的东西,却不知道避开,反而虎了吧唧地往前凑,这不是找死是什么?聪明的人,不该听的不听,不该看的不看,不该进的地方不进,如果预料到有危险,则当避则避,只有这样,才能混得比较长远。

张作霖正式开始吃粮当兵后,他队列、骑马、射击训练得格外卖力,不久之后,他便成了"戈什",就是官长的卫兵,不久,张作霖因为会来事,得到了领导的推荐,他又从"戈什",被火箭提拔,成为了哨长。

哨并不是清朝八旗军的"菜",这词来源于湘军和淮军,每10名士兵,组成一队,一队有一个头,头目叫什长,8队组成1"哨",大约在100名士兵左右，而张哨长目前就是这些人的老大。

张作霖当上毅军的哨长后，这下面的好事就是接连不断，1895年农历五月，张作霖和黑山县南乡赵家庙村地主赵占元的次女赵春桂成婚了。

赵春桂虽然眼睛有点斜视，可是人长得漂亮，极有主见，她嫁给张作霖那年，已经21岁，在民国时代，农村的姑娘，十四五岁当娘的大有人在，用现在的话说，赵春桂就是一个老姑娘了。

赵春桂为何迟迟不嫁人，而后来又同意嫁给吃粮当兵，似乎前途还不太稳定的张作霖？

原因很简单。赵春桂想嫁给不平常的丈夫，她虽然无法改变自己的出身，但却想改变自己的命运。

7．任性入伙当胡子，最后却成为十万个冷笑话

如果理想是男人的翅膀，那么一个"潜力股"式的男人就是赵春桂的翅膀。

张作霖成为毅军哨长那年，两个人举行了一场简单的婚礼，拜了花堂，喝了交杯，成为了夫妻。张作霖当时只能算一个扛枪的穷排长，能娶来一房地主家的姑娘，那自然是一件高攀的事儿。

民国时代，骂风盛行，蒋介石的口头禅是"娘希皮"，吴佩孚骂人则用"奶奶个熊"，而张宗昌经常张口就是"他娘的"。张作霖有一句具有代表性的张氏粗口——妈了巴子的。

张作霖因为喜欢骂人，所以和军队的同事、士兵的关系处得并不好，但赵春桂却总能在其中和稀泥，让那些被张作霖骂了的人，还能继续和张作霖做朋友。

张作相便对赵春桂有着很高的评价，他说："大帅能成就大业，多亏我那老嫂子！"

赵春桂38岁，病逝新民，她为张作霖生有一女二男，张冠英（长女，又名首芳）张学良和张学铭。

张学良、赵氏与日本领事夫人的合影

张作霖骑上马，扛起枪，成为了一个兵头将尾的小哨长后，还有一件事不能不提，那就是出色地营救了自己的二哥张作孚。

民国的监狱是一个暗无天日的地方，监狱的生活，绝对是体验地狱一日游的好去处。

张作霖在自己都难以养活自己的时候，去奉天的监狱去看二哥，那只是傻子说梦的话，如今他从军入伍，混得体面，兜里有硬头货了，他借着公差的机会，终于能到奉天城探监去了。

张作霖身穿大帅服与儿子的留影

都说监狱是地狱，张作霖看完骨瘦如柴，被折磨得不像个人样得二哥，他才明白，这监狱纯属是十八层地狱。

张作霖将衣兜里的大洋，都给典狱官上了炮（送礼），可是看着那个典狱官多少钱都填不饱的饿死鬼形象，张作霖也觉得那些上炮的大洋，基本上等于喂狗了，他省吃俭用攒下的大洋，并不能让他二哥张作孚在监狱里过得舒服一些。

张作霖一路骑马离开奉天城的时候，脑袋里"刷刷刷"地一个劲闪现，梁山好汉劫法场的英雄和伟大的形象。可是理智告诉他，他单枪匹马去劫监狱，其下场一定会很惨，而且保证上不了《奉天日报》的头条。最多在报屁股上出现这样一则小短讯——张姓青年持枪劫狱，被流弹击成张大筛子，火化后体内的弹丸，实重一斤八两，卖给废铜烂铁公司，所得钱财，可购买一把痒痒挠！

张作霖正在怨自己力量不够，没法救二哥出苦海的时候，忽见前面的土路上立着两名士兵，他们火枪一横，蛮横地拦住了张作霖的去路。

张作霖

张作霖一细问才知道，原来奉天府尹依克唐阿今日出城射猎，他用弓箭射死了一头东北虎，可是回来的路上，依克唐阿骑着的那匹银鬃马忽然"噗通"一声，四蹄发软，趴在了地上，奄奄一息，眼看着就要断气了。

依克唐阿是一员勇将，这匹银鬃马可是太后老佛爷所赐，干系重大，断气是万万不能的，可是随行的马医，不管是扎针还是喂药，都改变不了此马即将去找马王爷销号的命运。

张作霖远远地看着那匹要死的马，他对拦路的卫兵说："告诉依克唐阿大人，这匹马的病，我能包治！"

张作霖就这样，被依克唐阿请了过去。

张作霖二话不说"忽"地脱下了外面穿着的军装，蒙到了马脑袋上。接着张作霖巫婆神汉似的，一个劲儿对马耳朵嘀咕话，张作霖折腾了一阵后，他借用随队马医的银针，扎了那匹马几下，果然过了不到半个小时，那匹马就摇摇晃晃地站了起来，逐渐康复了！……

依克唐阿本想重赏张作霖，可是张作霖只想让他二哥张作孚出狱。

依克唐阿听完了张家兄弟的冤情，决定为张作霖做主，他虽然传令放了张作孚，但却一个劲地叮嘱张作霖，冤冤相报何时了，既然王家和张家都没了一条人命，这段冤仇就让他"愁绪都随柳絮，随风化作轻烟"吧！……

张作孚出狱，终于脱离了苦海。

依克唐阿问张作霖，他的马究竟得了什么病。

张作霖忽悠依克唐阿，这匹马是冲撞到了山神，如果不是他治疗及时，这匹马就真的危险了。

张作霖送自己的二哥回家的时候，张作孚也问张作霖，他是怎样治疗银鬃马的，张作霖看四下没人，这才讲了实话："其实那匹马真的很危险，它的马胆，差点让那只死老虎吓破了！"

虎为百兽之王，依克唐阿的坐骑，本是老佛爷养在皇宫中的一条御马，基本没见过老虎，它初次见到百兽之王，焉有不怕的道理。

依克唐阿猎虎归来，死虎就被人抬着走在了马鼻子前面，马怕老虎，依克唐阿大人难道你不知道吗？斗兽棋的规矩，你总得明白一些啊！

张作孚秘密回家，老老实实地开始修理地球，而张作霖，又回到宋庆的毅军中。

张作霖本来想甩开膀子大干一番，可是他一筐的愿望，却等不到一颗流星，随着中日甲午战争爆发，张作霖的从军梦，就好像冰海的沉船，一下子就跌落进无底的深渊。

日本通过明治维新，国力逐渐变得强盛起来，1894年7月25日，以丰岛海战的爆发为开端，悍然发动了中日甲午战争，日本的军队让大清国的北洋水师全军覆没，重新归零。

1895年4月17日，腐败无能的清政府为了继续混下去，与日本签署了《马关条约》，这让大清的百姓憋气带窝火的条约最悲催的一款是，割让辽东半岛给日本国。

日方的小算盘打得"噼里啪啦"山响，可是他的老对手沙俄不干了。辽东那可是沙俄的势力范围，日本国想要插一腿，你插插试试！沙俄是好惹的吗，小样瞧着屌，一砖头子就干倒！

沙俄首先联合法、德等国，对日本施加压力，面对沙俄的獠牙，日方觉得这时候当"光棍"，有可能被人削得满地找牙，他们就忍个肚子痛，勉强接受了三千万两白银的赎辽费，将到口的辽东半岛又吐了出来。

清军战败，关内缺少兵源，宋庆的毅军奉命撤回关内，准备易地驻防。而在奉天招收的军队，需要原地遣散，而一些关系兵，也可走个后门，跟着毅军去关内。当时毅军中，弥漫着一股"失败"的气氛，很多在东北参军的士兵，并不愿意离开白山黑水这块热土，他们便纷纷离开军营，留下长枪，褪去军装，回乡种地去了。

不管干什么事业，最怕看不到前途。京城距离东北太远，张作霖没法问候皇帝他妹，但他从失败的甲午战争中，已经看明白了一个道理，那就是"压力山大"的清政府已经是兔子尾巴——长不了了。

与其到时候被迫接受命运的安排，还不如现在做出选择。东北可是张作霖的根，在这里有他的天，有他的地，有他的亲人和弟兄，张作霖随后做出了一个"比悲壮更悲壮"的决定，那就是——离开毅军，另起炉灶，他就不信蒸不熟自己这锅窝窝头。

张作霖当兵将近五年，他离开毅军的时候是1895年，张作霖并没有向其他的弟兄一样，离开毅军时，只是挥挥手，不带走一片云彩。

张作霖觉得扛枪五年，对得起朝廷，也对得起宋庆，如果将军营比作银行，他将自己存进去，到拍屁股走人的时候，怎么也得支走一点利息吧。

张作霖这天趁着训练的机会，骑着自己的战马，然后将枪械、背包等一干用品，全都放到了马背之上，然后跟军营说了一句——狗头白（goodbye），他一溜烟就跑回了他和赵春桂的家。

张作霖此时的身份只能算是不光彩的逃兵，他给赵春桂留下一笔钱之后，便直奔镇安县（即黑山县）小黑山二道沟而去。

因为他要在那里躲些日子，等毅军真正撤回关内，他再骑马扛枪，上演一出"超人归来"。

富贵还乡，这本是无限风光的事情。张作霖现在肩膀上有章，手里有钱，胯下骑马，兜里的大洋响叮当，他自我感觉也是威风四面，处处发光，简直铁扇公主的老公长翅膀，牛得都快飞起来了。

张娘看着出落得一表人才的张作霖，喜欢得一个劲地淌眼泪。张作霖的后爹，激动得满脸红光，也是在一旁，一个劲地喊好。张作霖的姥爷王文礼，更是乐得嘴都合不拢，差点就找面铜锣，上街大肆宣传张作霖载誉归来的特大号新闻去了。

二道沟的乡亲们，上哪见过这么威风的军人，张作霖在穷困落后的二道沟，一下子就成了励志的好榜样。东家请，西家叫，张作霖被灌得晕晕乎乎，两只脚整天就好像踩到了棉花包上一样。

这天傍晚，喝大了的张作霖正倒在炕上睡觉，王文礼却急三火四地推门闯了进来，他对张娘说："立马叫醒作霖，让他麻溜儿地蹽（逃命）！"

张作霖回乡的消息，就好像静静的雪夜里放了一个水缸粗的麻雷子，那声音立刻让十里八屯都闹起了一场地震。当年用镰刀砍杀张有财的王小鬼耳朵比红缨枪都尖，他听到信，料定张作霖一定会找自己报仇，王小鬼思前想后，便做了一个恐怖的决定，那就是先下手为强，后下手是糊涂片汤。

他拿出一百个大洋，去找一个名叫三瞎子的土匪。三瞎子头顶并没有戴弱智的光环，想杀张作霖，张作霖是谁他不能不探听一下，可是探听得结果，还是让他吃了一惊，张作霖竟是毅军的军官，三瞎子便连嘬着牙花子说："差点上这王八羔子的当了！"

三瞎子觉得，自己要是让王小鬼当成枪使，真杀了张作霖，他就将彻底完了，宋庆一急眼，领兵灭了三瞎子，那岂不和碾死只臭虫一样容易？三瞎子可不想沾包（受牵连），他就让手下找到二道沟的亲戚，将王小鬼买匪要杀张作霖的信送了出去。

张作霖在王文礼处得到消息，只得背枪骑马离开了二道沟。三瞎子随后杀来，他不仅赚了王小鬼的一百个大洋，而且还送了张作霖一个人情。

张作霖现在的身份，只能算是一个逃兵，军队的饭碗，已经被自己钻了个眼，他已经不能再吃了。

走投无路的张作霖，忽然萌生了一个惊人的想法——当胡子去。

当时东三省地区，便流行这样一首歌谣：当胡子，不发愁，进了租界住高楼；吃大菜，住妓院，花钱好似江水流，枪就别后腰，真是神仙太自由。

张作霖曾经给辽西巨匪冯德麟治好过枣红马，他现在带枪入伙，相信冯德麟一定不会拒绝。

冯地麟不会拒绝张作霖当胡子，可是赵春桂却不干。

没有哪个好女人会同意自己的丈夫去当胡子。

张作霖一心想当胡子，体验数钱数到手抽筋，猪肉炖粉条子可劲造的感觉！他当时真好比喝下了犟眼子药，丢下了一句——老娘们，真的头发长见识短，便打马赶路，找冯德麟入伙去了。

张作霖当兵五年，枪玩顺溜了，当时在东北，能让他继续扛枪的活儿，只有当胡子这条路最直接。

走近路，省鞋。

但宁走十步远，不走一步险，这话超有含金量的话，任何人都得听。

赵春桂绝对是有骨气的女人。

张作霖当胡子，你就当胡子，但我不会用你一分钱。

即使给人家缝缝补补，洗洗涮涮，我也能活下去。

历史上，虽然没有留下赵春桂过多的事迹，但你只有走近她，你才能佩服她，并对她竖大拇指。

有的女人，比男人还男人，可是有的男人，却不如一个女人。

张作霖虽然后来又连娶了五房姨太太，可是赵春桂大夫人的地位，始终"泰山顶上一棵松"似的岿然不动！

当时在东北能入伙当胡子，其苛刻的要求，绝对比吃粮当兵还要困难。

如果没有人介绍，谁要傻呵呵地跑去当胡子，不被胡子头当作警察局的便衣密探一枪崩了，那就见鬼了。

即使有人介绍，你首先得过面试这一关。身瘦体弱，一跑就掉队的不能要；傻大黑粗，智商有问题的不能要；胆小耍熊（窝囊）的不能要；墙头草不能要；眼珠子乱转，一瞧将来准反水的也不要；甚至一顿能吃十个大窝头的都不能要。要知道，胡子家的存粮也不多！

建绺子和开公司是一个道理，胡子头也想投入少，产出大，春种一粒种，秋收万吨粮的美好希望，也存在于胡子们"土鳖矫情无下限"的小心眼儿中。

一个能在绿林报号的绺子，其内部结构也是相当的完整，其核心的组织结构，可分为"四梁八柱"。

四梁：通天梁（大当家）、托天梁：（二当家）、转角梁：（翻垛先生，胡子占卜师）迎门梁：（神枪手炮头）。

八柱：扫清柱（总催）、狠心柱（看管"肉票"的秧子房当家的）、佛门柱（水香，管理站岗、放哨和纪律）、白玉柱（马号）、青天柱（稽查）、通信柱（传号，负责通信联络）、引全柱（管理粮台）、扶保柱（最基层的小胡子）。

如果没有弄错情况，发明绺子基本建制的高人，一定是个手艺高超的木匠。

加入绺子，大当家的为了考验新人的胆量，究竟是小如芝麻粒，还是大如老倭瓜，一般要过堂，即：头上顶个东西，走出几十步远，大当家的一枪打过去入伙的新胡子头顶的东西碎掉，他没有被吓得尿了裤子，就能加入"绺子公司"当胡子了，吓尿了，或者被大当家的一枪打死了，那就不好意思了，您从哪里来，就回哪里去吧！

加入绺子，绝对没有不被打死的保证。

过堂成功，再举行拜香仪式，就算"绺子公司"的正式员工了。

加入了"绺子公司"之后，还有规矩需要遵守，如"五不准、七不抢、八不夺、不横推立压、三十六誓"等等，一旦坏了这些规矩，轻则穿花（裸身绑在树上，被蚊虫叮咬而死），重则三刀六洞，挂甲（冬天往人身上浇水，冻死）活埋等残忍的绺刑，非常让人怀疑发明这些残暴刑罚的人士，还究竟是不是父母生的人类！

张作霖倒不用费心研究《胡子入伙指南》，当初治好了冯德麟的坐骑，他一文钱都不取，为的就是今天连本带利一起拿。

毕竟鸟大了什么林子都有。

张作霖一见冯德麟，便很干脆地说："大当家的，我想在您的手下讨口饭吃！"

冯德麟这位"胡子公司的董事长"对张作霖这样的有战马、管直（枪打得准）还能带兵打仗，有好几把刷子的有志青年入伙，表示万分的欢迎，道：

"老疙瘩，你来了就别走了，好好在我手下干吧，哥哥吃干的，绝不让你喝稀的！"

冯德麟当即让张作霖到"胡子公司的分号"董大虎"总经理"手下，当了第三把手。

董大虎对自己这瘦削的副手，可是一点都没敢小看，要知道浓缩的都是精品，张作霖能和冯德麟称兄道弟，很显然，实力绝对非同一般。

张作霖既然准备下海当胡子，他就不能再穿毅军的军装了，董大虎为了表明欢迎的态度，便翻箱子倒柜子，取出了一套崭新的胡子的行头，给张作霖换上。

东北的胡子的穿戴，确实很有匪范，羊皮袄，黑棉裤，靰鞡鞋，一个能遮住后脖颈进雪的狼皮帽子，特别是屁股后的棉裤上，还绷着一块黄狗皮——单独给屁股加厚，绝对是有道理的，胡子下山砸窑，需要急行军，一旦累了，便可直接坐在雪地上休息而不着凉。

当晚，董大虎请张作霖喝接风酒，两个人一边喝，一边划拳：一把锤子，两根木头，三个核桃，四个猪头！……

张作霖任性地加入"胡子公司"后，第一份工作是负责看"小箱"，这活儿用老鼠掉水缸——时髦（湿毛）的话讲，干的就是仓储部经理。

只不过一般的仓储部经理，负责进出货物的保管。

而胡子公司的仓储部经理负责看管的却是肉票。

董大虎不仅经常带人去砸窑，而且还时不时地绑富户家的肉票。

绑票实在是一门太缺德的生意。

董大虎不仅绑男票，也绑女票，一旦绑着着个青春貌美的小媳妇，负责看"小箱"的小胡子，便有福利了。

张作霖干上了"胡子公司"的仓储部经理后，大刀阔斧地开始改革，并制定立了很多"胡"规。别说拿青春貌美的小媳妇当福利，就是说一两句风流话都不成。这哪是新胡子上任三把火，分明是拆胡子台的要命节奏！

那帮本来争着上赶着（抢着）想到"小箱"这边上班的胡子们，立刻都瘪茄子（不说话）了，而正在小箱上班的胡子们，一个个都想跳槽转行离开张作霖。

张作霖一下子就成了胡子中的异类，也就是说，因为他断了小胡子们的福利，他也就成了一个不受欢迎的领导。

张作霖越干越觉得别扭，他和董大虎矛盾大爆发，却是在董大虎绑了赵春桂家的一个远房亲戚开始的。

赵春桂为了救亲戚，孤身一人找上门来，将看守小箱的张作霖"爆嗑"一顿。

张作霖这次没理，只得听老婆的话，开锁放人，董大虎回来，当时就和张作霖急眼了。

张作霖觉得这样干下去，会很没有意思，索性大路朝天，各走一边，他就离开了冯德麟的队伍，准备回去自己成立一个公司单干！

8. 谢天谢地你来了，沙海子你来了就别想走了

张作霖虽然前后只干过两个左右月的胡子，但这却成了他一生再也抹不去的污点。

从张作霖一步迈进胡子的门槛算起，他就成了东北胡子的代名词。

张作霖生前，对他当胡子的那段岁月，曾这样解释说："都说我张作霖当过胡子，我他妈的要是拿过谁一个扫帚疙瘩，死后也要入十八层地狱，变驴变马去还人家。"

郭松龄造反，攻打奉天的张作霖时，就曾经拿张作霖当胡子这段旧账，大做文章，张作霖气得连骂："我张作霖当过胡子是不假，可是我打过谁的家？绑过谁的票？郭鬼子凭什么要抓住这件事儿不放？他纯属是揭我心中的疤，想让我难受！"

通过这段话，可以看出，张作霖对当胡子这件事，心里不仅充满了憋屈，也怀着满腔的气愤。

张作霖回到家里，估计是向赵春桂认错，并做了和胡子一刀两断的保证。赵春桂这才原谅了下"胡"海游了一圈，然后被呛上岸的老公。

一个姑爷半个儿，赵占元对自己选定的姑爷张作霖，自然不会大撒把，赵占元提出了一个计划，那就是让姑爷在赵家庙拉队伍，成立自保的大团。

东北的形势经清政府和胡匪们的攉弄（搅合），再加上日方和沙俄这两根"搅屎棍"的掺合，可谓是低端粗俗甩节操，土鳖矫情无下限，洋人虎视眈眈，官府雁过拔毛，土匪杀人放火，到处呈现一种无政府的混乱状态。赵家庙村的富户和村民们，都想成立一个自保的大团。可是却缺大团团练长的合适人选，肥水不流外人田，赵占元的意思很明确，只要张作霖点头，第二天，他就是赵家庙村大团的团座。

官府要是委任官员，还得开一个委任状。

还是赵占元来的爽，立刻封张作霖当上了团练长。

张作霖不仅有领兵的经验，他还有当胡子的经历，绝对属于军地两用型的人才。

赵家庙的富户不少，怕死的更多，赵占元在富户中，说话那是非常有分量地。让张作霖当大团的团练长，绝对是高射炮打蚊子——大材小用了。

用赵占元的话讲，不是我舍了这张老脸，我姑爷哪肯屈就大团的团练长？这帮富户们一个个连连点头，说："是是是，好好好，要钱、要粮、要枪，我们现在就出、就拿、就掏，只求张作霖别毛愣三光（乱弄）地，他要稳手稳脚地保护大家，我们就念阿弥陀佛了！"

有钱有粮就好办事。这两样养命的东西，就好像有阳光雨露对于小禾苗一样，会让张作霖的大团茁壮地成长。

二十几个人，十多条破枪，大家基本上每天都这样唱：哎呀我的天呐，破鞋漏脚尖啊，村长要缴税呀，还得等几天哪，团练长让我买新鞋，我有钱买小鞭，小鞭一放一冒烟啊，气的领导三天没上班……大团的弟兄穿得像万国旗，有点像是花子队。为了唬人，剩下没枪的人，找个笤帚疙瘩，缠块红布，插在腰里，也能壮胆。人生不能像做菜、把所有的料都准备好才下锅。赵家庙村大团的草台班子，就这样咋呼（很火热的样子）地被张作霖拉起来了。

时间这把杀猪刀，只有结结实实地扎事业的肚皮上，才知道究竟流不流成功的血。

唱二人转都得先唱小帽，张作霖干事，是直接上大戏。

张作霖当胡子，都曾给手下定立了严格的"胡"规，他拉起了大团，哪能盲人骑瞎马地乱搞，随后一个更为严格的"团"则，便热气腾腾地出炉了。

乱世出英雄，也出狗熊，虽然英雄照狗熊要少写三笔，但在乱世当英雄，一个字难，两个字很难。

大团是干啥的，保民的。

祸害乡民的咋整？枪毙呗。

大团的名字瞧着有点蝎虎（厉害），但说穿了就是赵家庙附近几个村子，自发组成的农民自卫队。一旦来了土匪，张作霖首先要把脑袋别裤腰带上，然后领着大团在第一时间，呼号喊叫，不要命地往前冲，老话怎么说来的——来一个土匪，大团打一个，来两个土匪，张作霖负责打一双，要是土匪来多了，那就先谈判，谈不明白再打。而且还不带吭哧瘪肚（不利落）、稀里马哈（糊弄）和哭唧要赖（耍熊）的。

张作霖领人拼命，自然有人出钱，而出钱的人，便是大团负责的保险区的几个村屯的地主和乡绅，而没钱的老百姓，也得拿出两斗高粱当嚼谷（军粮），张作霖成立大团，干得是玩命的活计，这玩意不带看戏不买票的。

但除了大团应该得的钱粮，张作霖可以拍着胸口说，做到了尘土都不沾。张作霖人很讲究，他手下的大团的团勇，都知道拿老百姓的东西烫手，一旦手粘了，被张作霖知道，轻者挨棍子，屁股受苦，坐哪哪疼，重则挨枪子，脑袋上多俩眼，那就吃啥啥不香了。

张作霖军民一条心的名声远播，他手下大团的团勇也越聚越多，辖管的保险区的范围也越来越大。

可是人这名声一嗨，就招人嫉恨，最恨张作霖的就是金寿山。

张作霖成立大团是保民，而在附近村子成立大团的金寿山却是扰民。

张作霖成了老百姓眼里的香饽饽，而金寿山自然就变成了"狗不理"。

张作霖大团保民做的让人竖大拇指，而金寿山不仅不能保护老百姓，反而经常扰民，故此，这位金老板的大团，眼看着就到了倒闭的边缘。

金寿山为了撵走张作霖，他就纠集队伍，对张作霖的大团，来了一次偷袭。

张作霖措不及防，当时就走了麦城，他领着手下的二十多个团勇，无奈之下，只得退出了赵家庙，怀孕的赵香桂坐在颠簸的马车上，早产生下了一个男孩，他就是未来的少帅——张学良。

金寿山当时并不知道，他计划再圆一点，进攻再锐一点，下手再狠一点，如果他能让张家父子一起丢了性命，他就能干一件影响民国历史进程的大事了。

但说句实话，金寿山真的不敢追，将张作霖逼急了，真不知道他会干出啥可怕的事来。

张作霖坐在马车上，怀里抱着刚出生的儿子，一张脸乐得都成了花儿，连说："你看我大儿子，长得多俊，将来一定有出息！"

他手下那二十多个团勇，心里也是一个劲地画魂（狐疑），老大这是领着我们演的哪一出？

张作霖领着队伍退到了八角台。八角台就是今天的台安县。

八角台的乡绅富户一见传说中的张作霖，真好似没饭吃的人遇到了槽子糕，肚子饿瘦的人看到了小笼包，他们当即伸出热情的小手，恳请他一定要留在八角台。富户们有钱，但却超级怕死，张作霖北人南相，言谈不俗，很显然，那是人中吕布，马中赤兔的人物。张作霖手里的枪，对于他们就是胆。八角台的乡绅们确实很有诚意，就差大家一起高唱：拉着你的手，请你不要走，不管千山万水，请你喝杯酒，我们是最好的朋友……

可是在八角台干大团，得问问"地头蛇"张景惠答应不答应。张景惠是谁，恐怕没有几个人知道，他后来曾经干过伪满洲国的总理，1959年1月，张景惠病死于抚顺战犯管理所，终年88岁。

张景惠原是八角台的一个豆腐匠，可是他自小便喜欢打架斗殴，摸着火枪的把子，真比摸着情人的小手还来劲。张作霖来八角台之前，他已经拉起了一支武装，并在八角台的烧锅大院成立了大团，张景惠自封为团练长。

可是说实话，在缺兵缺钱，在官府和土匪的双重压力下，要干好野蛮生长的团练长，确实是不容易。

张景惠的八角台大团，在张豆腐匠的不懈努力之下，已经处在"关门倒气，即将完蛋"的阶段，这也就是八角台的富户们，强烈挽留张作霖坐镇八角台，当团练长的原因。

张景惠后来当"满洲国"的总理，其行为的不正确性，早已经有公论，这不在我们的讨论范围。但要说他是领兵的"废柴"，这绝对是冤枉他。人家绝对是有两把刷子的，要知道，能当"满洲国"总理的人物哪有善茬？

张景惠确实会识人，他见到张作霖，刚唠了没几句，便认张作霖当了老大。

张景惠让出八角台的团练长，自愿当团副，从此之后，他就开始干起了衬花绿叶的工作。

跟谁混，确实是很重要。

事实证明，张景惠将宝押对了。

张景惠将自己押给了张作霖，最后终于赢来了一个"豆腐总理"的称号。

张作霖就在八角台留了下来，随后不久，张作霖在剿匪生涯中，一件让他声名鹊起的事情，就"喊哩喀喳"地发生了。

沙海子，年龄不详，籍贯不祥，有匪录可查的是，剽悍的胡子一枚。他不仅是快枪手，而且还是辽西巨匪杜立三的手下。杜爷的手下没人敢惹，但让沙海子最不爽的是，张作霖好像根本没想用眼角儿瞧他。

沙海子早就动了打劫八角台的心思。虽然他手下有四十多人，二十多条枪，但子弹却是三伏天买冰——缺货。当他花高价，将子弹补充得差不多了，张作霖却在八角台建起了大团。

沙海子的手下将消息传回了胡子窝，沙海子气得差点吐血，他一个劲地嚷嚷："干他，管他是张作霖还是张作雨，这一票沙爷是干定了！"

季节是小树叶"刷刷"往下飘的深秋。到了冬季，刀子似的小北风一刮过来，沙海子手下的土匪只能在山上猫冬了，如果不趁着现在张作霖脚丫子没站稳，砸八角台这个肥窑，等张作霖根深蒂固，再去啃这块硬骨头，凭沙海子的牙口可就啃不动了。

沙海子准备了五六天，挑了个黄道吉日，领着手下的小匪杀气腾腾地直奔八角台，找张作霖的茬来了。

沙海子距离八角台街口两三百米的时候，他停下了，果然不出所料，张作霖领着二十多名手下，手拿武器正等着他。

沙海子身材高大，能装下身材瘦削的张作霖两个。沙海子手下的土匪的人数，更是张作霖手下的两倍，快枪比较起来，前者也是明显多于后者。胡子杀人不眨眼，张作霖的手下，全都是半个月难开一枪，指脑袋绝对打屁股上的"孬"枪手，胡子们和团勇的战斗力比起来，也根本不在一个档次上。

这仗怎么打？估计怎么打，张作霖都是孔夫子搬家，除了输（书），还是输（书）。

沙海子问："张作霖？"

张作霖说："沙海子？"

两个人先是试探地打了一声招呼，接着就开始谈判。

谈判，你没听错。这就好像是镖师遇到了大盗，没有上来就真刀真枪实干的，先要盘盘道，没准盘出了交情，两方面一呵呵，这路就通了。

胡子下山砸窑，一旦遇到了实力不弱的大团，也要谈判。

沙海子说："我想打劫你赶快把路让开不然的话你绝对是死路一条我们管杀不管埋你们知道厉害不？"

张作霖回："打劫上别的地去八角台由我罩着你就别动歪心眼了赶快回去还有活路否则老张的短步枪可不是吃素的！"

两个人绕口令般的场面话，一口气说完，幸亏他们都年轻，肺活量不小，否则真有可能一口气上不来当场晕倒。

9．我是大团团练长，可我的团队却穷得直掉渣

沙海子一顿嘴炮（打嘴仗），并没有干倒张作霖。他拍了拍手里的法国勒贝尔1886步枪，鼻孔朝天地说："那我们只有干一仗了？"

张作霖笑容很暧昧："我不和你们打！"

杀敌一千，自伤八百的道理，在东北混的胡子和大团的首领，谁都摸得门清，大家穷嗖嗖的，就那么点子弹，一旦打没了，手里的快枪，还不如烧火棍好使。胡子遇到大团，能不打则不打，大团遇到胡子，也是能用嘴炮驱走，便从来不上真家伙。

沙海子虽然嘴里叫得很凶，其实他的贼窝里也快没有余粮了，烧酒壶已经见底，老干妈鸡爪子的味道，只能在梦中回味，这日子苦呀，不然他也不会找硬茬子张作霖。

沙海子望着张作霖，忽然觉得这年轻人真的很可怕，面对敌强我弱的情形，他非但没害怕，好像还很有信心，这样的对手，沙海子还是第一次遇到。

张作霖很快亮出了自己的底牌，我们两个人单挑。单挑理由很堂皇，而且不容沙海子拒绝：一旦两方面开打，八角台的老百姓，必然会受到殃及，大团要保护老百姓，而绝非要祸害人。

其实，张作霖刚刚成立了大团，他面对的形势恶劣，没法不跟沙海子单

挑。他人少枪少子弹少，一旦群殴开始，他一定会败得稀里哗啦。可是单挑他就有胜的希望吗？沙海子可是有名的快枪手，那快枪里的子弹，是用来吃肉喝血的！

单挑在在冷兵器时代，是一种非常盛行的游戏，经典的战争场景是：两名主将举着唬人的家伙，哇呀呀地大战三百回合……沙海子凭着手里的快枪，单挑的经验丰富，而且还从来也没有败过。

两个人约定好单挑后，便各自后退了60步。然后一起开始拔枪射击。

这时候，就要注意他们的开枪的方式了，张作霖手里拿得武器是奥匈帝国生产的"M1895斯太尔——曼利夏步枪"，而沙海子手里的家伙是法国产的勒贝尔1886步枪，这两款步枪，全都是水货，是通过军火贩子从境外走私过来的枪械。

这帮黑心的军火贩子卖枪不贵，可以让一般人都买得起，可是与枪配套的子弹却很不便宜，你要接着买，宰死你都没商量！

用现在的眼光，看这两款枪械，全都是不合格的产品，不仅射击的精度不成，后坐力还太大。举例说明，枪手举枪，明明枪嘴指着对方的鼻子"啪"的一声枪响，在枪械巨大的后坐力的作用下，子弹有可能会射到对方的脚踝骨。更多的时候，子弹会将土地爷吓一跳。

沙海子和张作霖早已经摸透了这些外国枪的小倔脾气，即使它后坐力挺大，但他们也能打得很准。

但若论杀人的实战经验，以及举枪发射的速度，张作霖皆不如沙海子，但他敢和沙海子对赌是有原因的，沙海子干土匪多年，已经积攒下了很大的一笔财产，而且有好几房娇滴滴的压寨夫人，人一旦有钱有女人，就会怕死，怕死就会犹豫，犹豫的手端着的枪就会不稳。

张作霖一没钱，二没权，他什么也不怕。

赌命。

张作霖真的敢赌命。

沙海子就不愿意赌。

沙海子手中的步枪首先响了，一颗仓促的子弹击中张作霖的胸口，张作霖仰身栽倒的时候，他手中的短步枪也响了，一颗又稳又准的子弹，却击中了沙海子两眼之间的鼻梁骨。

这个画面太血腥，我真的不敢看。

沙海子的数学概率问题，学得挺好。

但他死也就死在了精于算计上。精于算计的人基本没有肉吃。

一个人胸口的面积，至少顶三四个人头大小，开枪打这地方，绝对比打人脑袋命中的概率要高。但有一点，沙海子却没有去想，他手里这种枪，隔着120步的距离，威力大减，打在一个穿着好几层厚衣服的胸口上，致人丧命的机会，就好像摞豆腐，不管怎么摞，都不会高。

张作霖没有让手下大团的兄弟打一场注定失败的仗，而是一个人承担了面对死亡的危险。

这叫什么？

这叫义气也叫担当。

这样的人，天生就有当老大的潜质，而且，绝对是一个值得在乱世中追随的老大。

这样的人，他不会自己吃肉，而让手下的人喝汤，事实的情况是，张作霖煮好了肉，他会将弟兄们叫到一起，大口吃肉，肉吃没后，接着一起大碗喝汤。

生逢乱世，最可怕的事情，莫过跟错了老大，否则，你会死得超一流的难看。

张作霖这老大，值得跟。

张作霖不仅枪法准，而且绝对有当一名合格狙击手的潜质。按解剖学来说，两眼中间，有一条直通脑部的延髓神经，现在公安学院的教官，他们在训练狙击手的时候，都会用车轱辘话（翻来覆去）来叮嘱学员们，凶犯绑架了人质，想要一枪将其击毙，只有打罪犯的两眼之间，只有这地方中枪，罪犯才能当时翘辫子。

沙海子成了张作霖的枪下鬼。死神因为没上班，张作霖活了下来。他虽然身体受伤，可是冲天的血性，还是立刻征服了前来血洗八角台的40多名胡子。这些胡子当时"哗啦啦"跪倒了一片，齐声喊张作霖老大。

张作霖和沙海子的一战，是他后来喝过几盅小酒，最喜欢给张学良讲的一段故事。如果高举放大镜，去细查张作霖一生打过的大小阵仗，他和沙海子赌命的这一仗，就是张作霖将血性、悍勇和机智表现得淋漓尽致的一仗。

张作霖单挑沙海子是他扬名立万的一战。

这一战，虽然论规模和激烈度，远远输于张作霖日后所经历的上百场战斗，但让民国的观众们，牢牢记住和认同了张作霖，便是这场简单的举枪互轰的一战。

总之一句话，剽悍的人生不需要解释。

1900年，义和团迈着整齐的步伐，高声唱着：神助拳，义和团，只因鬼子闹中原。劝奉教，真欺天，不敬神佛忘祖先。女无节义男不贤，鬼子不是人所添。如不信，请细观，鬼子眼珠都发蓝……铿锵豪迈的团歌，开始由关内，准备到关外的东北大地，另立分店，然后接着闹腾：烧铁道，拔电杆，海中去翻火轮船。大法国，心胆寒，英美俄法哭连连，一概鬼子都杀尽，我大清一统太平年。

沙俄当即以"现在拳民四起，扰及路工，地方官不能弹压，除非速进兵保护兼助平乱，别无他法"为借口，出重兵，挺近东北。

东北的事儿，用你们沙俄操心吗，你们不觉得铁路警察查汽车，管得太宽了吗？

沙俄阿穆尔总督格罗杰科夫曾经这样宣称，凡是俄军足迹所到之处，都是沙俄的领土，并公开宣布阿穆尔河（即黑龙江）右岸为俄国所有，随着沙俄以剿灭义和团的名义出兵，东三省已完全陷入沙俄的铁蹄之下。

沙俄占据奉天城，盛京将军增祺携带文武官员弃城逃往辽西义县一带，东北全境，立刻处于了无政府的状态。随后不久，便发生了八国联军进北京事儿。慈禧老佛爷吓得一口气蹽到了西安，这可真是一百只兔子拉马车——整个大清都乱了套。

张作霖真的不怕乱，只有乱，他的事业才能发展，只有乱，他的实力才能"每一年，每一天，我们都在进步"，也只有乱，才是他成长所需要"一切尽在掌握"的标配。

有的人，只能在和平时期展现自己的治国才能。

而有的人，却能在国家秩序混乱时候，浑水摸鱼，"摸"就自己的一番事业。很显然，张作霖是属于后者。

"摸"绝对不是一个贬义词。摸着石头过河，就是在探索中前进，在前进中发展，并在发展中成功。懂得了摸的含义，就懂得了人生的一大真谛。

清政府是打破脑袋用扇子扇，那也是豁出来了，当权者为了头上的官帽子天长日久，为了屁股底下的椅子万代千秋，他们不惜"咔咔"地割地赔款，"刷刷"地签署卖国条约，最后八国联军得到了利益，他们从京城撤退后。京城皇宫的"热炕头"终于又归了慈禧老佛爷。

佛爷的屁股——不动窝。这是尽人皆知的道理。慈禧老佛爷被八国联军撵出了好几千里，吃了几百碗西安的凉皮，整整走了三个月，这才又灰头土脸地回到了京城，这事别说放在慈禧老佛爷身上，即使放普通人身上，这火窝得也够大的了。

1901年，慈禧太后曾经在西案传了这样一道旨意：近数十年积弊相仍，因循粉饰以致酿成大蚌。现正议和，一切政事尤需切实整顿……

这段圣旨翻译成白话就是"啥玩意？我们耍政治几十年，谁想到竟然政治给玩惨了，本来以为，我们的政策是个"金娃娃"，谁曾想竟是一个没用的大蛤蜊壳子，外国人咱惹不起，但家里的事儿，得好好规制一下了。"

当时东北的老大是盛京将军增祺。

而当时的张作霖在东北，连老幺都排不上。

东北从治到乱，再从乱到治，其过程充满了流血、刀兵和战斗的场面，其惊险情节堪用屌爆天来形容。

张作霖坐镇八角台和桑林子一带，他的态度是真诚的，他的姿态是开放的，大家一起"闹革命"这个可以有，但事业在发展，抱团的刺猬——谁也碰不得的心理一定不能有。

用现在的话讲，张作霖是"心在企业，眼在世界"。

他这时候，做了两件事。

一件是扩团。另一件事是找后路。

当年宋江水泊梁山聚义，不就留下了"要当官，杀人放火受招安"的千古风流名句，供后人学习和效仿吗。

要想让官府招安你，你必须是个肌肉男，叉腰肌要是出了问题，别说招安，招手都没人肯对你来一下。

张作霖不仅严肃"团"纪，而且对上门挑战的胡子作战勇猛，经过一场斗智斗勇的战斗，张作霖消灭了巨匪项昭子，干掉了他手下负隅顽抗的匪徒上百人。

张作霖灭了项昭子之后，大团的保险范围更一步扩大，他还结识了刘春明、李雨农和陶允恭等文人雅士。张作霖还拜杜泮林和张紫云为义父，遇到解决不了的事情，便向他们讨主意。

文能安邦，武可定国，文化为何要排在武功的前面？意思很简单，前者比后者重要那么一点点。

张作霖打仗不要命，再加上那些高人们的计策，八角台大团竟变成了一棵能招来金凤凰的梧桐树。

八角台大团的招兵处，也就成了一个超忙的地方，跟着张作霖干大团，成了许多有志青年终极版的理想。有道是海内存知己，牧友若比邻。张作相和汤玉麟等人，便是被张作霖的名气所吸引，他们领着队伍，嚷嚷着——有菜千里

张作霖成为民国陆军第 27 师师长时，汤玉麟升任其属下骑兵第 28 团团长。

来相会，也急咻火燎地赶到八角台，跟着张作霖一起闹革命来了。

在汤玉麟入伙之前，张作霖和张景惠和张作相已经拜了把子，汤玉麟，又名汤二虎，那可是一员"张飞"似的猛将，拜把子也得一碗水端平不是，张作霖提议，大家再拜一回。

拜把子和现在成立股份制公司也差不多，成立公司，投进的是金钱和技术，而拜把子，投进的是性命和义气，一个人走黑道，容易被鬼吓到，现在大家一起抱成团走路吓唬鬼去。

拜把子磕头烧香这都好说，但却有两个难点，一个是喝血酒。掺了公鸡血的老白干，颜色黑红，又腥又辣，很难喝，说句公道话，这种陋习，其实早就应该改革了，大家喝点红葡萄酒，又香又甜，还能省下不少购买公鸡的费用。

再有一个难点，就是发誓。因为那个时候的人都迷信，真要是大家结拜，你说：有福我享，有难你当，我吃肉来你喝汤，你要是死了我烧香，还不得当时就叫人给锤巴（打）扁喽。故此，那誓言，确实是很考验人的一道关口。

张作霖四兄弟结拜后，一时间兵强马壮，张作霖被人称为辽西的北霸天。冯德麟是"南霸天"，还有东霸天和西霸天，这后两霸天的结局很简单，都是匆匆，太匆匆，匆匆得连名字都没有留下来，便被张作霖在辽西的地盘上给抹去了。

成者是小强，可以吃香的喝辣的，在史书上频频露脸；但失败者却是小尘，鸦默鹊静地落进历史的砖缝就没有影了。

张作霖的手下觉得现在剿灭"胡子"的市场上，基本都是"北霸天"品牌的产品，既然公司上市赚翻了，我们就得趁机，好好享受一下人生，随后，便有很多目光短浅的团勇，整天喝酒吃肉，醉得和酒仙似的，一走路，就用鞋尖在地上做鬼画符的歪诗——常常喝酒日暮，沉醉不知归路，兴尽回来晚，误入树林深处，呕吐呕吐，惊动老鸹无数！

可是张作霖的头脑，简直比喝了"脑白金"还清醒。

换句话说，张作霖一颗狂野的心，想得绝对比一般人要远得多。

沙俄侵占奉天城后，义和团运动迅速被镇压了下去。沙俄兵撤出奉天后，逃命的盛京将军增祺又回转了奉天。增祺回到奉天要干的第一件是啥？别说张作霖，就是傻子都知道，那就是平辽西，剿胡子。

果然像张作霖预料的一样，增祺给朝廷打了一个报告，报告的内容是，成立"南路辽河两岸招募局"，招募和平定胡子、流匪、山贼等非法的地方武装。

张作霖手下的武装，现在是辽西地区最嗨的一伙大团。出头的橡子先烂的道理，每一个当家人都要懂得。增祺手里那把平乱的锤子，总有一天，要落到张作霖这颗不听话的"野核桃"上。

如果增祺派兵，剿灭了辽西地区的几伙祸害人的胡子，他的嘴巴子一歪歪，大团是非法武装，立刻自行遣散。

张作霖该怎么办？

摆在张作霖面前的只有三条路。

一是解除武装，回家修理地球。二是当政府放屁，不理不睬，继续干他的大团团练长。三是由大团变身为胡子，跟增祺对着干。

第一条路，张作霖真的不想走。真要是走上了那条路，岂不是老和尚念经——那么（南无），那么，他混得可就是太失败了。

第二条道，基本上是个死胡同。胡子都被官府剿没了，八角台的老百姓谁还会傻呵呵地养大团。大团只能老实地下岗。总之胡子在，大团就在，胡子没了，大团就是聋子的耳朵——纯属多余的东西。

第三条路：张作霖领着手下，确实有和盛京将军增祺对着干的实力，实在打不过，辽西有的是深山老林子，往里一钻，没事采点蘑菇，炖个野猪，喝点小酒，增祺想对付张作霖，那等于是武大郎去景阳冈打虎——他没生那个拳头。

张作霖相信自己拉杆子上山当胡子，坚持个三年五年，那是一点问题都没有，可是以后呢？哪朝哪代哪个狠人当一辈子胡子了？朝廷就是一只老虎，张作霖就是一匹"狼"，趁着老虎有病的时候，他多吃了几只兔子，一旦老虎的病好了，他这只"狼"不想成为老虎口里的食儿，那就赶紧想辙去。

张作霖找来自己的几个叩头兄弟，将眼巴前儿（目前）的形势一说，张景惠、张作相和汤二虎呛呛了半天，也没拿出一个靠谱的主意。

张作霖的脑袋都被吵大了，他说："没有过不去的火焰山，只要我们在一个人的身上下功夫，保证增祺立马将我们当娘家人！"

张作霖用手指头蘸着杯子里的水，七扭八歪地在桌子上写了三个字。张作相是泥瓦匠出身，汤二虎小时候尽给人扛小活了，他们俩看着气死100多岁的大书法家，超过老中医三条街的张氏书法，只是一个劲地摇头，都说看不懂。

10. 好计策总是被模仿，但却从来也没有被超越

张景惠当年卖豆腐，需要记豆腐账，故此，他的学问大一点，张景惠似懂非懂地点了点头说："三妖大？这个人，好厉害，不用想，我们只要在他身上下功夫，他一定能收拾得增祺找不到北！"

"三妖大？"张作相真的不认识这号厉害人物。

汤二虎一拍巴掌说："我知道三妖大是谁，他一定是山药蛋他哥！"

比遇到一个文盲还可怕的事儿是什么——是遇到三个文盲。

张作霖的鼻子差点气歪，他文化低，底子薄，那一手螃蟹体的字，自己瞧着都来气，但怎么说，也不应该将他写的三姨太，给看成了三妖大吧！以后真得去夜校，加强文化学习了，这字写的丑，得练，不然，害人。

当时，增祺为躲避俄国兵，逃出了奉天城，他带在身边的家眷，只有最得宠的三姨太。

增祺回转奉天城，等确定家里太平了，这才派人到黑山的县城去接三姨太。张作霖的计划是这样的：先让汤二虎等人蒙面劫了三姨太，接着张作霖出手相救，再派人将其送回奉天，让增祺欠自己一个天大的人情，到时候，就不愁没有八角台大团的好果子吃了。

汤二虎是绿林出身，劫道根本就不用教，用句戏词，只需本色出演。

增祺的三姨太真是做梦都没有想到，会有一伙蒙面的胡子，敢打她的主意。

当时，东北的辽西地区不太平，增祺派了一个班的士兵，挎着单刀，扛着火枪，来接三姨太。可是他们离开黑山县没多远，路过一个小树林的时候，一伙黑布蒙着脸的胡子冲出来，就把他们给劫了。

那个领队的戈什，刚说了一句——车上是盛京将军增祺的家眷，那个虎背熊腰的胡子头骂道："增祺？他妈的增怪、增魔都不好使！"骂完一拳头打来，领队的戈什立刻"嗷"地一声怪叫，开始满地找牙了。

三姨太一张小脸，吓得比风筝牌的面粉还要白，那个打人的胡子头用舌头舔着嘴唇，一副色眯眯的样子，向三姨太走来，三姨太吓得一声尖叫，当即晕了过去。

三姨太醒来的时候，发现自己竟被绑在一处废弃的土地庙中，几名胡子，用个铁锅，正在庙门口烧水，就听那个虎背熊腰的胡子头，一边夸张地在台阶上"嚓嚓"地磨刀，一边垂涎三尺地说："老子听人讲过，将女人的丫丫（小脚）洗干净，加入葱姜大料，再用水一煮，那味道，喷喷喷，绝对超过猪蹄子七八倍！"

三姨太本以为遇到了一个色胡子，谁成想人家惦记的是她的丫丫，三姨太的脚丫子真要是被胡子当猪蹄子似的吃掉，至少在奉天城她一下子就出名了。

三姨太仔细一想，不由得一声惊叫——她要是两个丫丫被砍掉，以后难道要像僵尸一样，跳着走路不成？三姨太吓得正四处踅摸老鼠洞，正准备一头猛钻里去的时候，就听外面"噼里啪啦"地响起了一连串的枪声。

就听磨刀的胡子头大声叫道："张作霖，是凶恶的张作霖来了，弟兄们，给老子顶住，等一会儿煮了那女人的丫丫，也分你们一个脚趾头尝尝！"

三姨太躲在庙窗后面，心惊胆战地往外面一看，只见一个20多岁的养眼青年，手持短步枪，正赶羊似的，追着要炖她脚丫子胡子们打呢。

这青年就是张作霖，张作霖一边驱赶胡子，一边喝道："知道馒头怎么变饼吗——那是拍的，知道怎么送你们去见阎王爷吗——那是打的！"

那个磨刀的胡子头，身中两枪，枪眼中"哗哗"地往外蹿血，他一边撤退，一边扯着铜锣似的嗓子大叫："张作霖，你是个大坏人，我要诅咒你，让你在辽西有钱也买不到羊肉串！"

三姨太曾经听丈夫讲过张作霖的厉害，在她的印象中，张作霖一定是身高一丈二，蓝靛壳，铜铃眼，嘴里喷火，鼻孔冒烟的超一流大狠人，张作霖怎能长得和白面书生一个模样？这落差也实在太大了。

张作霖赶走了要拿三姨太的丫丫尝鲜的胡子，走进土地庙"啪"地敬了一个标准的军礼，然后用对自己百般自责，对胡子千分仇恨，对三姨太万种敬仰的语气，说："张作霖晚到一步，这帮胡子太可恨，让三姨太受惊了！"

张作霖北人南相，如果让他穿上一套书生的行头，上衣的口袋里别上两只钢笔，完全就是一个归国的洋学生。

三姨太一瞧张作霖将那帮牛头马面的胡子赶走，她的一双丫丫得保，那颗悬在喉咙眼的心，这才"噗通"一声放到了肚子里。

三姨太一迭声地说："没来晚，没来晚，你把胡子打跑就是大功一件，我一定禀明了盛京将军，让他重重地酬谢你！"

张作霖的手下放炮仗似的开了一阵枪，然后将三姨太的手下，在庙后的空房子中都救了出来。

张作霖安抚了他们一顿，然后护送他们来到前面的一座集镇，包下了一座饭馆，给三姨太摆酒压惊。

三姨太手里端着酒杯，本想敬张作霖几杯酒，可是张作霖的脸上一副苦大仇深、准备跳楼的痛苦表情。

三姨太忙问张作霖有啥愁事，张作霖对坐在身边的张景惠一叽咕眼，张景惠就将张作霖救下了三姨太，就好似黑吃黑，等于犯了绿林的大忌，他以后难以在辽西地区立足了！

三姨太听张景惠讲评书似的说出原因，抿嘴一笑："这点小事好解决，我回去后和盛京将军说一声，让你们都到奉天城的军队里谋个差事吧！"

张作霖等得就是这句话，他端起面前的酒杯，一饮而尽，然后用最诚恳的声音，说："张某应八角台乡亲所请，成立大团，实为自保，这些年自律守规，可谓有一点薄名，现盛京将军增大人铁腕施政，令辽西地区一改纷乱的局面，我等一干弟兄，仰慕增大人虎威已久，早有投奔报效之决心，怎奈官民殊路，投奔无门，三姨太若能玉成此事，不仅解了作霖眼前的困境，也是为我手下一干弟兄找到了出路，张某对您的感激，简直如滔滔江水，连绵不绝，又如黄河泛滥一发不可收拾啊！"

三姨太被张作霖所救，她正发愁要怎样赏赐张作霖，没想到张作霖竟有求于己。

张作霖夸张地讲完这段背了好几天，才勉强背下来的"投名状"然后一拍巴掌，门外站着的十多个大团的兄弟，竟抬进不少礼物来。

张作霖现在是穷人，他送给增祺的礼物除了一些木耳、红蘑、野味等土特产，最珍贵的是两只七品叶的老棒槌（山参）。

张作霖派人护送三姨太一行人离开，张景惠、张作相和躲在外面扮演胡子的汤二虎不由得开始笑场了。

张作霖的这篇"投名状"似的演说，确实是铁扇公主的老公——非一般的牛。但从张作霖的嘴里说出来，那文绉绉、酸溜溜的调儿，真的非常搞笑。

见人说人话，见鬼说鬼话早就落伍了，在清末民初这纷乱的年代，要见人说鬼话，见鬼说"魑"话才有得混。

三姨太回到奉天，她一见增祺，便哭诉了一番自己受的大委屈。但因为"你我好比鸳鸯鸟，比翼双飞在人间"的情感，表达的到位，以至于增祺也被感动了。

增祺虽然咬牙切齿地将辽西的胡子臭骂一顿，甚至都想将那位胡子的祖师爷挖出来鞭尸，但说到如何报仇，增祺立刻就像受潮的子弹，当时就哑火了。

剿匪，那是需要底气的。清政府的官员信奉一个"贪"字决，军队的将士精得是"混"字决，而面对掌握着"避"字决的胡子，增祺简直一点办法都没有。增祺让手下去剿匪，他们每次都能砍回不少"胡子"的人头，给增祺当"棒棒糖"似的送过来，但那些人头，一个胡子都没有，全都是无关百姓的脑袋。清军与其说剿匪，还不由说是到处扰民。

三姨太不仅是个聪明的女人，她更是一个厉害的女人，那梨花带雨般的眼泪，就是让增祺拜倒在自己的石榴裙下的秘密武器。她哭诉一阵，丢给了增祺一个难题后，接着又讲出了自己的解决办法——招安张作霖，让张作霖帮增祺剿匪。

增祺在官场混了多年，他那颗精于算计，长于权谋的心，早就变成了蜂窝。张作霖救了三姨太，这事让他半信半疑，张作霖被招安后，能不能帮他剿匪，这更让他将信将疑。

鬼蜮的官场，让增祺无法相信任何人，有时，他甚至都怀疑，自己还是不是一个正常人。

1900年，沙俄派兵十多万人，进攻奉天城，增祺未经朝廷同意，便私自派人至旅顺擅订卖国的《奉天交地暂且章程》。沙俄手捧这份条约，一个劲地大喊——哈拉少（俄语，好的意思）。沙俄高兴，慈禧太后却不干了，她当即传旨，将增祺的官职一撸到底，让他成了一个非常光荣的白丁先生。

《奉天交地暂且章程》绝对是一份卖国条约，但被削官的增祺却有话说：

"老佛爷不也签署《辛丑条约》了吗?"

增祺被革职,那个鬼《章程》也立马上作废了。为了治理东北的乱局,增祺在不久之后又被朝廷重新启用。他为了将功补过,并向朝廷表示一下态度,开始以招抚局的名义,企图平定胡子、流寇和山贼,让他们放下武器、弃恶从善,重新做人。

招抚的工作,是一件攻心的工作,要让胡子乖乖地放下手中的杀人武器,其中沟通很重要。

增祺想借着几张告示,便让胡子们举手投降,他的想法确实是有些"幼稚园"了。

雷声大,雨点小的招抚局,钱没少花,但招抚胡子的活儿,真是阎王老子开饭店——鬼都不上门,基本上等于向朝廷交了白卷。

增祺的招抚局不怕没有成绩,因为他已经向京城的主子,表明自己的态度了。

复职的增祺坚信两点,一个是权利,一个是利益。

那就是对他手中的权力和利益有帮助的事儿,他都会猛踩油门,反之,则一律不抬脚地将刹车狠踩到底。

张作霖代表的大团与增祺代表的官府的关系,打包算来,应该有以下三种发展方向。

一是张作霖是真心归顺官府。等于给辽西地区的大团带了一个好头,张作霖剿匪给力,帮了增祺一个大忙,增祺给了张作霖一个撑不着饿不死的官职,从此辽西地区天下太平。

二是张作霖半真半假归顺官府。他在剿匪中弄虚作假,欺上瞒下。增祺可以寻一个张作霖的错处,撤了他的职,让张作霖消失,也算去了增祺的一桩心病。

三是张作霖虚头巴脑(假意)地归顺官府。这更好办,增祺剿匪不成,但手中的刀杀人还是风快的。

增祺能成为盛京将军,那绝对有两把刷子的,但他要面对视力表,测试一下视力,双眼裸视1.5就顶天皮了,但他却不知道,而张作霖那双小眼睛,至少裸视的视力在3.0往上。张作霖要比增祺看得远,看得深,而且看得透……

增祺将奉天全省的省图铺在了桌子上,然后眼睛在地图上扫视了一遍,最后停到了新民府的三个字之上。增祺在地图上要找胡子,张作霖不是想归顺官府吗,他要给张作霖肩膀上压担子——让他去胡子最多的地方,当朝廷的刀斧手去!

张作霖在不久之后,收到了新民知府增韫的招安书。

增韫和增祺是什么关系?为什么增祺要将张作霖分到增韫手下?

他们是兄弟,还是叔侄?要硬说他们在官场上有裙带关系,还真是冤枉这两位了。

增祺从画像上看,是一个干瘦的小老头,可是增韫却是一个吃饭费米、穿衣费布的大胖子。增祺是满族镶白旗人,增韫是蒙古镶黄旗人。盛京将军增祺是地地道道的武将,而新民府知府增韫却是一个道道地地的文官。

增韫和增祺是普通的上级和下级之间的关系。按照清政府的惯例,属地决定管理,张作霖在八角台建立的大团,归新民府管理,故此,增张"联姻",合乎官场的惯例。

增祺和增韫还有不同的地方,增祺之所以和俄国人签署《奉天交地暂且章程》,有两种原因:

增祺不仅贪图沙俄的"卢布",他还真的很怕死。而增韫,却是一个比较清廉,虽不支持进步革命,但却处处混出了好人缘的老官僚,如果将好人的标签贴到他的身上,相信不会有人会提出异议。

增韫身为清政府的高官,他能是好人?历史就是这么有趣,遍地狼毒的山头上,也有可能生长着一棵不带毒的蒿子草。

有几件事可以得出增韫是好人的推断。

其一,迁秋瑾墓。秋瑾因为组织武装起义,被清政府杀害,遗骨埋葬于杭州西湖西泠桥畔，清政府得知消息后，传下圣旨，让时任浙江巡抚增韫铲平秋瑾墓。这种平坟荡墓的"缺德"事，增韫作为一个好人不会干，便派人通知秋瑾的亲友，让他们在暗中先将秋瑾墓迁走，然后他才"气势汹汹"地杀到西泠桥畔，并对废墓来了一个"定点大清除"。

其二，收留小凤仙。幼年的"小凤仙"曾经在增韫的府邸里度过，如果不是小凤仙，蔡锷也许就离不开京城，他离不开京城，就有可能发生不了讨袁的革命。这本来就是一个很有意思的蝴蝶效应，增韫也没有想到，他作为好人的一点仁心，就是埋葬袁世凯的最后一锹黄土。

其三，慧眼识珠张作霖。张作霖在新民府剿匪，如果遇到一个"跟你过不去"的上级，那结果可能是张作霖"挥挥手，不带走一片云彩离开了"，辽西地区的胡子，不仅还会危害百姓，继续闹下去，而且以后也不会有东北王。

读史可以使人明智，读史能让人受到启迪，读史也会叫人躲开成功路上的陷阱。泄密一下，趋吉避凶之术，其核心的内容就是精研历史，感悟成败、以古鉴今，古为今用。

1911年10月10日，武昌起义就好像火山一样爆发了。当时的浙江巡抚增韫被起义官兵活捉，等待他的命运，铁定应该是被请吃花生米（子弹），可是被革命党人推举为浙江都督的汤寿潜，却站出来理直气壮地为增韫说话："增韫有支持进步言论的行为，在任期间也比较清廉，并无大恶……你们推举我当浙江都督可以，但是你们必须保证不伤民，不杀增！"

增韫的善始善终，让我们懂得了，做一个好人并不难，难的是做一辈子好人不做坏人。

辽西地区单搓（单干）的胡子多如牛毛，而成帮的有名的胡子头，则是野地里的荒草———一抓一大把。这些胡子，从名字上，大体可分为四个流派：以李二皇上等为首的梦想派；以宛四、宛五、侯老疙瘩等为首的土坷垃派；以六大哨、大脑袋、小海河子为代表的绰号派；还有以范德山、路海川和陈述尧为代表的真名示人派。

张作霖拿着八角台名士张子云、黑山县绅士杜泮林等十八个村屯耆绅们出具的联保书，在新民府派来的官吏赵经丞的引荐下，于1903年（清光绪二十九年），见到了新民府知府增韫。

这些日子，增韫耳朵里灌满了张作霖的名字，他就想不明白，这号称北霸天的八角台大团的团练长，莫非有画符念咒的惊人手段，还是有孙猴子的七十二般变化？他怎么能让增琪亲自下招抚令？

增韫为了给张作霖一个下马威，他命手下的差役一个个手持水火棍，将腰杆都挺得笔直，看着他们那股紧绷着的狠劲，真有砸瘪坦克车，蹽翻火车头的尿性。

张作霖今天到新民府，为了给增韫留一个好印象，他暂时屏蔽了自己的锐气，特意换上了一身最普通的青布衣衫，装着诚惶诚恐的样子，急步走上增韫的知府大堂，然后像见土地爷似地给增韫叩头施礼，说："张作霖拜见增大人！"

张作霖 全传

Biography of Zhang zuolin

三

"剿匪"蒙古大草原

11. 打铁还需自身硬，请你当好风光的昂立一号

增韫看着留洋学生般清秀的张作霖，他惊诧地问："你就是张作霖？"

张作霖跪在地上，头也不抬，他心里叨咕着——张老疙瘩，高楼大厦平地起，靠谁不如靠自己，软票子，暴脾气，头发越长越牛逼，骑着狼，放着羊，唱着山歌混官场。你是个干过胡子的人，为了将来能伸腰，你就得先暂时忍一忍……

张作霖回答："正是张作霖！"

增韫虽然见张作霖态度谦恭，但他还是觉得自己的心在半天空悬着，问："你干大团可以猫一天，狗一天的（不着调），可是被招安入伍后，就得严守军纪，不能稀里马虎（糊弄）了！"

"我是个乡下娃，父亲死得早，啥苦都吃过。"张作霖说道："今日投到大人门下，只求您能够收留，如果作霖和弟兄们有萤火虫么大点的前程，我们一辈子都不敢忘记大人的恩德！"

张作霖讲得都是实话，这段话被他说得声情并茂，极富煽动力和感染力，增韫听罢张作霖的话，他这才将心放到肚子里，并从府案后面出来，亲自将张作霖给扶了起来，说："只要你肯为朝廷效命，剿匪不要熊，前途绝对一片亮堂！"

怀才就像怀孕，时间久了才能让人看出来——这句话并不见得对。增韫一眼就看出张作霖有才。而且他也绝非是糊弄官府，假装被招安，他真的想在人生的菜地上，通过精打细算、辛苦种植等手段，来获取农场最大的收入值。

增韫随后封张作霖为新民府地方巡警营的营长（管带），营内设中、前、左、右、后5哨。增韫为了让张作霖的拳头更硬一点，不仅给他调拨了一百多名精兵，而且还补充了一批枪支弹药。张景惠、张作相、汤二虎、王利有、孙福

山等均被任为哨官。张作霖鸟枪换炮，不用掐诀念咒，转瞬间，便完成了从白丁到清政府堂堂地方军官的转变，升官发财的大门，已经冲他"豁"然敞开了。

水能载舟，亦能煮粥，张作霖为了让增韫能够帮他顺水推舟，他便认这位增知府当了老师。张作霖不仅对自己这位老师言听计从，而且是持弟子礼，见面那是要毕恭毕敬地叩头的。

有一种草药叫茵陈，三月采的叫茵陈，四月采的叫蒿子，而蒿子只能当柴烧了。可

任新民府统领时的张作霖

见时机对于人真的很重要。老百姓怕胡子多，而张作霖却盼望胡子多，胡子对别人来说，是带刺的仙人掌，对张作霖来说，那就是闪着金光的"摇钱树"。

张作霖新官上任三把火，他先烧了两把火，一个是整军，另外一个就是练兵。

打铁还需自身硬，大团的弟兄们，说句实话，昨天还是左手拿枪，右手握锄的老百姓，可是他们来到新民府，就要转变成为国家正式的职业军人，即使是变形金刚准备战斗，还得有一个高喊"汽车人变身"的时间，更何况一群情况复杂的大活人？

张作霖归顺官府的举动，确实是让辽西绿林的大小胡子头紧张了一段时间。

要知道，让清政府的官兵们剿匪，那纯属唱戏的转圈圈——走过场。可是张作霖却不同，他干过毅军，当过胡子，还干过胡子的克星——大团的团练长，他对各大绺子的道道儿，那是相当的了解，如果他要是对胡子们真的动了家伙，那么这帮绺子们只能关门回家哄小孩去了。

可是这帮绺子头们，他们接连派出了通信柱的崽子（小匪），贼头贼脑

地到新民府来探听动静，当他们得知张作霖每天只是"齐步走，向后转，火枪瞄着练，保地方，护新民，馒头小米饭"的时候，胡子们忽然明白了——敢情张作霖一边练兵，一边做宣传，打广告，他是拿新民府当成了自己的一亩三分地，只要他的辖区安全，外面有没有胡子关他的屁事，乖乖隆地冬，他没想着要跟我们过不去呀！

张作霖拿练兵当幌子，他其实派出了大量的暗探。

新民周围的几绺小胡子的底细，很快便被他摸了一个门清。

月黑风高适合于干什么——杀人放火呗。

增韫这天一大早醒来，他的鼻子，就嗅到府门外传来了一丝丝的腥气。

血腥！

增韫虽然是个文官，但血腥味，却不陌生。

他后腰就好像安了弹簧"嗖"地一声，从床上直跳了起来，其身手的利落程度，绝对达到了国家级武术运动员的水平。

外面真的有情况。

张作霖向增韫请罪来了。昨天半夜，他干了一件惊动辽西的大事，因为匪情紧急，他来不及派人禀报，便私自领兵摸了李二皇上的夜骡子（睡觉时候，发动突袭）。

张作霖的这场定点清除的斩首行动非常成功，梦想权利派的代表人物李二皇上已经嗝屁朝凉，他手下近百人的脑袋，已经被张作霖都装进了麻袋，放马车上，瓜农进城似的给增韫运了回来。

张作霖不想按倒葫芦，起来瓢，他剿胡子很直接，招抚不成，上面斩草，下面除根，中间要命，这实在够霸气。

增韫听到张作霖擅自行动，心里本来很生气，可是他看着不远处的那辆马车上，拉着的一百多个真实的"战利品"，他肚子里的气，立刻像是喝了八副顺气丸似的，爽得连影儿都没有了。

这打仗灭胡子和做生意一个道理，顾客来了，老板不在店里，人家给价，柜台上的东西究竟卖不卖？等伙计去请示老板，顾客恐怕早就走了！

如果伙计擅自做主，并给老板赚了一大笔银子，老板回来，高兴还来不及，没有哪个老板会斥责伙计。

增韫将这车"西瓜"送到了奉天，增琪兴奋得连声喊好，他心里被辽西匪患勾起的心火，立刻就好像温度计丢进雪柜里，那火气是"嗖嗖"地直线下降。

看来三姨太推荐的人果然没错，吃麻黄管出汗，喝砒霜管完蛋，张作霖就是治疗辽西匪患的一剂势不可挡的猛药。

增琪急忙给朝廷写奏折，将辽西剿匪取得的开篇胜利，描述得异常精彩，他随后给增韫送去了奖金和嘉奖令。增韫接下来也很会办事儿，他用奖金买来一堆奖品，什么"猪呀，羊啊，奖状呀，送到哪里去，都要送给剿匪英雄张呀么张作霖"。

水贼过河，其实谁都不用使狗刨。

胡子窝里有什么——有钱，这点小秘密，增琪、增韫和张作霖全都知道。

增琪作为奉天省的老大，自然不会做截胡的事情，要知道人家打胡子是在玩命，还不让人家得些"外捞"，这就有点不近人情了。

不想张作霖办事就是地道，他将从胡子窝缴获的金银财宝铜香炉，戒指耳环大酱缸，外带李二皇上准备过年啃的一个大驴头，全都给增韫送了过去。

增韫指着那些"胡财"，告诉张作霖，我们淌自己的汗，吃自己的饭，自己的事情自己干，靠天靠地靠祖宗，不算是好汉。这些值钱的东西，立刻一分不留，一部分用来买马，给我们的剿匪队插上翅膀，一部分用来购枪，把我们的剿匪陆战队武装到牙齿。

增韫告诉张作霖，当兵要有当兵的样。张作霖的巡警营当初只能算一个草台班子，经过张作霖的强化训练，战斗力"嗖嗖"地提升，从荒草窝子里一直提高到了戏台上的水平。可是人巧不由家什妙，巡警营的兵勇们，手里拿着打三下，都难有一下响的火枪，这战斗力真好比武大郎的个子，他也没法提升啊。

在史书上，增韫被某些人称作是精通人情世故和官场"潜规则"的老官僚。

官僚本来是个贬义词，但能支持张作霖剿匪的官僚，就是个让那些深受匪害的百姓们高呼"匪霾去无踪，青天就是增"的好官僚。

老百姓确实很容易满足，因为他们的钱包原本就比脸还干净，他们的心比钱包还要纯洁。忽然间，老百姓得到了一点点的好处，一点点的温暖，他们就会感恩戴德，感谢某某某及其十八代祖宗。

庄稼好，还得借地力。

一个臭皮匠，尚且能弄死三个诸葛亮，更何况心眼比火龙果肚子里的黑点都多的张作霖。

张作霖有了增韫的支持，接下来的剿匪工作，干得真是顺风又顺水，那胡子被消灭得左一伙，右一伙，一伙一伙又一伙。

先是宛四、宛五这两个土坷垃派的胡子被干掉，接着以六大哨、大脑袋、小海河子为代表的绰号派，范德山、路海川和陈述尧为象征的真面目示人派，也都被张作霖给一勺烩了。

张作霖现在终于能小小地骄傲一把，简直是——头屑去无踪，秀发更出众了！

张作霖剿匪节节胜利，新民府本地的胡子头侯老疙瘩，就好像屁股底下长火疖子，再也坐不稳板凳了，他瞧着张作霖由一个小草根变成堂堂的国家公务员（营长），也是眉毛下面出汗——有些眼热，他便让手下的崽子，身穿便装，贼眉鼠眼地去找张作霖，探讨弃暗投明的大问题。

侯老疙瘩的意思是，他也要脱下贼皮，向张作霖学习，走归顺朝廷的光明大路。这可是老郝家的姑娘，嫁给了姓郑的小伙，绝对是——正好事儿（郑郝氏），张作霖问那个牵线的崽子："侯大当家的想归顺，不知道他是否有诚意？"

那个牵线的崽子"嗖"地一声，从怀里掏出了一个装满煤油的瓶子来，叫道："张管带，你鄙视我的诚意，这太伤我自尊了，我现在就自焚给你看！"

张作霖也被这个要点燃自己，照亮世界的崽子给气乐了，他阻止了这个崽子自焚的冲动，并让他回去传话——巡警营的大门，永远为侯老疙瘩敞开着。

双方经过几次接触，约定在新民府府门口举行一个简单的收编仪式。

这个仪式的过程并不复杂。

首先，增韫训话（表示勉励和欢迎后，接纳侯老疙瘩）。

其次，侯老疙瘩缴枪（侯老疙瘩缴枪，代表着他与过去的胡子生活一刀两断）。

再次，仪式结束（将侯老疙瘩编进巡警营，收编仪式结束）。

过程就是这么简单。可是侯老疙瘩的一颗心，比"斜棱膀子，瘸腿人，烧鸡的脖子，拉小提琴"这四大歪还歪。本来一个走过程的缴枪仪式，竟被他弄得鸡飞蛋打，最后变成了一场鸿门宴。

张作霖刚喊了一句缴枪，担心增韫暗害的侯老疙瘩就想歪了，他"嗖"地一声掏出插在腰里的火铳，那黑洞洞的火铳枪口，冲着增韫的脑袋直比划。张作霖怕侯老疙瘩伤了增韫，他手疾眼快"当"地一枪，就将侯老疙瘩打得一跳高，然后"咕咚"一声，摔地上死了。这个悍匪的人生就重新有了目标——老阎家的地府。

侯老疙瘩死后，树倒猢狲散，他的手下投降投得比投胎都快。

但张作霖却担上了一个杀降的罪名。

杀降，就等于一枚黥在脸上的刺青。

这污点，一辈子都会被人牢牢记住。

侯老疙瘩当胡子当得并不成功，他之所以能在历史上留下一笔，完全是一句典故害了他。

这典故就是——惊弓之鸟。

侯老疙瘩被张作霖一枪打死，第一怪不得张作霖受降时的嗓门分贝大，第二不能怪侯老疙瘩的胆子比老鼠小。

怪只怪他的坏事干得太多了。

只有坏事干得太多的人，才会成为惊弓之鸟。

侯老疙瘩绝对是被自己干的坏事给害死的。

张作霖就好像一阵黑旋风，剿匪所到之处摧枯拉巧，几乎成了胡子们的克星。一股股小胡子们被消灭后，增韫就成了老百姓心中的"救世主"，他的"仁德政绩"被辽西地区的老百姓夸得绝对是三十年的旧草帽——连边都没有了。

可是随后，就发生了一件不愉快的插曲。

当时由于清政府财政紧张，张作霖巡警营的军饷，时常被拖欠。

没有工资，张作霖手下的巡警营里，那帮胡子出身的"哥们"可就不干了。政府不给老子工资，老子还不会往脸上擦点锅底黑，出去抢吗？

可是有些土豪的家里，也养有保镖护院和大狼狗。就有几个死催的哥们，因失风落脚，最后被人家抓了起来。

张作霖从一个草根，脚底下踩弹簧，忽悠一下子成了营长，这让一些自认出身高贵的人很看不惯，他们就以张作霖"匪"性不改，背地里纵容手下抢劫为由，对增韫连打小报告，报告称：这是败坏公务员风气的超恶劣行为，纯属是婶可忍，二大爷也不可忍。

十几封充满歇斯底里情绪的举报信，摆满了增韫的案头。增韫命人将张作霖找来，他用手一指那些信件，气呼呼地道："想偷吃不会抹嘴，这擦屁股的活儿，你自己想办法解决！"

张作霖也被那几个拿不上台面的手下气得够呛，他说："增大人放心，这事儿我会办得妥妥的！"

张作霖首先将那些惹事的害群之马枪毙，接着将支持他的乡绅们找到一起，大家联名写了这样一份保书：新民府巡警营成立后，张作霖的成绩是，附近的贼匪被消灭得光光的，外地的胡子逃得远远的。将张作霖免职是轻松松地，但我们的下场却是死死地。

听黄鼠狼叫唤，增韫不会不种豆子。

增韫有保书在手，自然要顺从民意。

张作霖手下出外抢劫，性质虽然恶劣，但却烧鸡掉进灰堆里，绝非不可收拾，要知道任何事情，皆能可大可小，张作霖铁面无私地将那几个不争气的手下正法后，被抢的几家富户经过安抚，怒气得以消除，张作霖一时间带兵甚严的好名声，传遍了新民府。

这件事出来之后，奉天府方面也被震惊了，他们终于明白了一个道理，那就是张作霖的"虎狼兵"和那些"绵羊兵"，绝不是一回事，狡兔死，走狗才能烹，为了剿灭胡子，政策需要向新民府倾斜，如果不能保证张作霖巡警营的军费供应，那么以后还指不定会出现什么恶劣事件。

增韫毕竟是官场上的老油条，他表面上是袒护张作霖，其实是想借机掰他身上的绺子刺，掸他身上的绿林尘，让他别扤江湖的蹶子，能够更好地干剿匪的活儿。

张作霖剿匪的成绩，已经让他能够立足新民，冲出辽西，走向更为广阔的天地了，增琪为了取得更大的剿匪成绩，便开始给张作霖的肩头，压上了一副重担——弄个巨匪，搞他个锤子的。

辽西地区真有一个巨星级的匪徒，名叫杜立三。

杜立三，性别：男。

祖籍：天津。闯关东后，在辽中县定居。基本属于没办暂住证的盲流。

职业：辽西巨匪。清政府的"一号通缉犯"。

匪巢：辽中县于家房镇青麻坎村，杜立三虽然是个屯里人，但他的心，真的很狂野。

最嗨的一战：杜匪曾将与他争地盘的张作霖骑马追出了一百多里，一山难容二虎，这让未来的张大帅情何以堪。

最炫的地方：他有一队马匪，按照马的颜色分为青、红、黄、白四色战斗小组。

活动范围：辽阳、营口、盘山等地，势力范围遍布大半个辽西，关起寨门就是一个土皇帝。

主要战绩：在日方的资助下，曾经与沙俄作战，还曾经修过辽河，有当水利局长的潜质。

主要劣迹：杀人、放火、绑架、勒索、好色，为报父仇，竟干掉了亲叔父，集恐怖主义手段之大成者。

最想做的四件事：骑老虎、爬城墙、杀皇上、睡娘娘。

信念及名言：胡子的未来掌握在我的手里。

增琪为了剿灭杜立三，几乎下了"有他没我，有我没他，老天爷，你就看着办吧！"的决心。可是这个杜立三实力太强大了，增琪派的兵，竟被杜匪的手下"头打爆，腿弄折，肋巴扇子打骨折，浑身是伤难辨认，几乎都成植物人！"

前方是绝路，渴望在转角。

张作霖就成了增琪剿灭杜立三匪帮的"昂立一号"。

12. 请不要将我的容忍，当成胡子不要脸的资本

增琪为了应对朝廷严命剿匪的压力，他给增韫发去了一份厚厚的公文，公文的开头写的文绉绉，换句通俗的话就是：命张作霖"迎敌三不管，放胆即成功"要勇敢地面对杜立三这个困难，坚定果决地完成剿匪的艰巨任务。

增琪公文的全部意思，总结在一起，统共四句话：让我们团结紧紧的，我们的手段稳稳地，我们的打击狠狠地，干得敌人狠狠地！

增韫看着增琪催命符似的公文，他闹心闹得都快得心区狭窄憋屈综合症了。因为他知道，想要剿灭杜立三匪帮，这活儿张作霖目前真干不了。

道理简单不复杂。

第一，兄弟，太熟，不好下手。

第二，实力，不等，下不了手。

杜立三手下又凶又狠又能打的胡子们，没一千也有八百，行动如风的马匪，两百都挡不住，他们几乎人手一把快枪，那实力，那规模，那阵势，简直让官兵都羡慕嫉妒恨。

张作霖的巡警营也就是四五百号人，两三百条快枪，剩下的巡警们，手里拿得还是原始社会的梭镖，封建社会的大刀，资本主义的山炮（猎枪），这样的队伍，去剿灭杜立三匪帮，基本就是用草棍去戳老虎的鼻子眼。

增韫现在依仗着张作霖能剿匪，已经赢得了一个"德政昭彰"的好名声，没了张作霖，德政归零，昭彰清空，他又得被打回以前，被胡子们欺负得喘不过气来的原形。

如果一个人甘心当兔子，那是因为他没有变形为老虎的能力。而张作霖就是增韫口中的尖牙利齿，让增韫已经从兔子升级为老虎，当他体验到了百兽之王的八面威风时，再让增韫变回原形，杀了他，增韫都不会同意。

增韫心里有一个不恰当的比喻：

辽西小股的胡子们就是皮坚肉硬的野核桃，张作霖就是能敲碎野核桃的河溜石，而杜立三却是一把铁榔头。

让张作霖现在去剿灭杜匪，就是等于让河溜石和铁榔头硬碰硬。结果别说增韫，就是随便找个小屁孩，他都能分得清谁更厉害一点。

张作霖难道不能一以当十，干掉杜立三？

谁要以为打仗是胯下乌骓马，手持丈八矛，当阳桥上一声吼，吼断桥梁水倒流，那可就是大错特错了。

能让当阳桥立马断掉的只有工兵手中的炸药。

没有人能够一嗓子，喝退曹操的百万人马。

打仗就是铁锤对铁砧，纯属是实力和实力的较量。

张作霖也想消灭杜立三，但他的实力确实不够。

增韫要做的就是给张作霖创造成长的空间，一个让张作霖身上的肌肉，磨砺得更像健美运动员的时间。

张作霖就是增韫的升官的秘密武器，谁要想跟张作霖过不去，增韫不骂娘才怪。

增韫接到奉天府的公文，他虽然嘴里没说什么，但心里却问候了增祺很多遍。

增祺让张作霖去送死，增韫第一个不干。

现官不由现管。增韫找来张作霖，两个人一合计，想出了一条计策，那就是缺兵少枪，没粮短饷，打个报告，向增祺伸手。只要奉天府将这些条件达到，灭杜立三不费吹灰之力。

这就是官场上的踢皮球，当然，这种踢球术，是需要技巧的。

当时的东北是个超级的烂摊子，增祺美其名曰是盛京将军，说他是丐帮的帮主都是称赞他。增祺穷得一分钱都掰成两半花，他到哪里给张作霖弄那么一大笔军饷去。

双方正在你算计我心肝，我算计你五脏的时候，1904年2月8日，日本和沙俄为了争夺东北的利益，一场狗咬狗的日俄战争爆发了。

如果一条萨摩犬和高加索犬，在你家的门口咬起来了，你会怎么办？

一般会有三种解决办法。

第一，回屋取出一柄猎枪，搂了（枪毙）这俩王八蛋（有枪，代表着有实力，有实力就是任性，但清政府目前没有这个实力）。

第二，拿着一根老榆木镐把出来，将它们一起打走（举棍子，代表着有胆量，但清政府是蚂蚱胆，赶狗的事情，想一想还是可以的，真干是真不行）。

第三，关起门，吓得一个劲地念阿弥陀佛（这清政府会做。近来学得乌龟法，得缩头时且缩头，这个好像是《增广贤文》上说的）。

日俄战争爆发后腐朽、软弱的清政府立刻在辽西画了一片中立区，至于日俄方面怎么打，不关我们一毛钱的事，咱们闪远点，别溅一身血。

日俄在辽西的大地上交战，没有本地的支援，终究不成，他们为了培养"带路党"，便将目光瞄准了那帮狂暴粗野范的胡子哥们。

沙俄军队中负责招募胡子，协助沙俄军队作战的人是马德里道夫大校，这位马大校将能招募的胡子都集中起来，并成立了别动队，其中金寿山干得最积极。

金寿山等胡子为了彰显自己的个性，便在手臂上系上白手巾，他们被老百姓称为——花膀子队。花膀子队干的活就是帮沙俄揍日军。

而日军方面负责招募胡子的是花田仲之助、乔铁木等人。花田仲之助的官职是少佐，他为了和东北的胡子们打成一片，化装成云游的和尚，被胡子们"亲昵"地称为"花大人"。

冯德麟就架不住花田仲之助和乔铁木等人的忽悠，他成立了"东亚义勇军"，帮助日军打沙俄。

一开始的时候，日俄双方信心满满，他们为了显示自家的土豪，都用最新式的快枪，装备了属于自己的胡子战斗队，他们本以为，东北的胡子得钱得枪后，一定会感激涕零，能为他们卖命，可是那帮花膀子队和东亚义勇军宣誓的时候，口号喊得震天响——我们要向金毛一样效忠，我们要向狼群那样战斗，我们要比老虎还要勇敢，可是炒豆子似的枪声一响，这帮胡子跑得绝对比兔子都快。

日军和沙俄全都气得心脏狂跳，血压升高，鼻孔飙红。

让胡子打仗卖命，那是万万不成的。胡子——竟成了砂锅捣蒜一锤子买卖的代名词！

张作霖作为新民府巡警营的营长，手中握有实权，是日俄双方极力拉拢的对象。

张作霖可比冯德麟和金寿山精明多了，给钱给枪，来者不拒，想让他出兵，嘿嘿，你想得太天真了。

日俄战争期间，张作霖的队伍不仅没有因为战乱、朝廷的粮饷欠缺而削减,反而人数逐年递增。

张作霖不仅手下的队伍的实力逐渐壮大,他在一年之内还连取了三房太太。

张作霖的结发妻子是赵春桂。(出身:地主家的女儿,性格特点:刚烈有余,温婉不足。评价:她曾跟张作霖长期玩家庭冷暴力,最后,因身体输给了疾病,致使冷战功亏一篑)

二夫人是卢寿萱。(张作霖到新民之后,娶了卢寿萱。出身:书香门第,曾为宅女。特点:温婉善良,她对张学良等没娘的孩子,百般呵护照料。评价:谁说养母不如生母)

张作霖连着娶的三位夫人分别是:

三房戴夫人。(出身:原是有妇之夫,被张作霖发扬名花虽有主,我要松松土的精神娶了回来。特点:脾气暴躁,曾用出家惩罚张作霖,评价:如果不是不可替代,最好别耍小性格)

二夫人卢氏与子女合影

三 "剿匪"蒙古大草原

三夫人戴宪玉：她本身有婚约，但为了救含冤入狱的父亲嫁给了张作霖，因为娇俏动人，成了张作霖最宠爱的夫人。她弟弟在张作霖的卫队当卫兵，醉酒后掏出枪把街上的路灯全部击碎，张作霖军规严苛，一怒之下将其射杀。戴宪玉也是个暴脾气，收拾行囊就去尼姑庵当尼姑了，但心中依旧怀恨，没多久便撒手人寰。

四夫人许澍旸。（出身：父亲为铁匠。特点：有性格，曾为充电，去省立第一女子师范学校当旁听生。评价：知识很重要，但大帅娶的是老婆，不是知识女青年）

五夫人寿懿。（又名王雅君。出身：将门之女。特点：贤惠能干，张府的内当家。评价：出身和学识确实重要，但东北人都听大帅的，如何让大帅听自己的，这更重要）

1926年，奉军入主中原的时候，张作霖暗中娶了第六位夫人马岳清。

六夫人马岳清（马月清）。（出身：风尘女子。特点：有福相。评价：女人的一张脸，确实很重要，不

四夫人许澍旸：她生在贫苦之家，靠替别人缝补浆洗为生，被张作霖一眼看中后进了帅府，但没过多久就失宠。但她没有自暴自弃，而是去新式学堂学习，复宠后再次失宠，成了帅府里存在感最低的夫人。但她很重视子女的教育，特地废除家庭私塾，让儿女穿灰布蓝衣进学堂，并下令不让保姆和卫兵同行。晚年时，她的一个儿子进了联合国总部秘书处，一个儿子做了解放军海军参谋长，一个女儿嫁给了清朝东三省总督之子，一家人幸福到老。

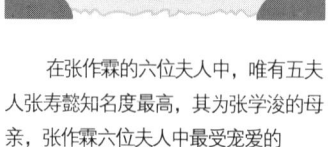

在张作霖的六位夫人中，唯有五夫人张寿懿知名度最高，其为张学浚的母亲，张作霖六位夫人中最受宠爱的

五夫人（右三）与日本领事夫人合影

晚年的寿夫人（寿懿）与马岳卿（右，张作霖的六夫人）

漂亮没关系，没有气质也无妨，没有福相才可怕）

张作霖的六位夫人，可以说就是一个情况复杂的"红粉军团"，想要让她们醋海熄波，太太平平，绝对不比带兵打仗轻松。但张作霖却很容易地就做到了。

没有规矩，不成方圆，下面就是张作霖制定的家规——让制度管人，有了这些紧箍咒，至少张作霖这个"红粉军团"的团座，可以享尽齐人的福气，而少了耳边的唠叨。

一、严禁夫人干预政事，不听枕边风。

二、严禁夫人聚众闲聊，以免滋生事端。

三、各房太太地位不分尊卑，均以夫人相称。

四、严禁夫人私自做寿。

五、严禁虐待下人。

六、实行严格的薪俸制，各夫人每月按时支取。

七、饭菜实行等级分餐制，各夫人与子女分别在自己房间用餐。

八、严格作息时间，外出活动一律不允许超过晚十点钟。

九、重视子女文化教育，延聘名师为子女启蒙。

十、子女婚姻不得自主，须由张作霖一人包办。

张作霖的六房妻子，一律叫太太，最早的时候，还大太太，二太太，三太太这样的顺序相称。张作霖入主中南海，成为陆海军大元帅后，寿夫人便向张作霖提议，以娘家姓氏加夫人——赵夫人，卢夫人等相称，以示郑重。

娶妻生子，本是人生中的大喜事。

张作霖能在日俄战争期间，取得事业和爱情的双丰收，很明显地说明了一个问题，张作霖绝对是一个世道越乱，越能发财的混世高手。

有的人喜欢打肿脸充胖子。

有的人穷也要站在富人堆里。

但任性的张作霖根本不需要。

他因为剿匪剿发财了。所以才养得起五个太太，谁叫张作霖年少多金，权利在手，又风度翩翩？

羡慕嫉妒恨有用吗？

辽西官府剿匪连连失败。

张作霖剿匪却非常成功。

1905年4月，增韫在任剿匪有功，被破格提升为奉天府府尹，从四品一下子提升到二品官，他最应该感谢的人就是张作霖。增韫在离开新民府的时候，拍着张作霖的肩膀说："以后敞亮（堂堂正正）地干，我给你兜底！"

张作霖激动地说："增大人，您就瞧好吧！"

增韫在新的工作岗位上，对张作霖继续照顾，张作霖更可放开手脚，干好分内的剿匪工作。

朝廷的嘉奖令一张接一张，搞得增琪的屁股在也坐不稳椅子了。他给新民府发了一份公文，让张作霖到奉天来见他，增琪要对张作霖当面褒奖，奖励他的态度以及"绺子无处藏，胡子灭光光"的战绩。

张作霖接到了这份公文。脑袋里就好像放了一个上足了发条的陀螺——在十分钟之内"刷刷刷"地转了一千二百个圈。

木秀于林，风必摧之。这文绉绉的词，张作霖可能不明白，但官府剿胡子，处处吃败仗，唯独他剿匪取得了一连串的好成绩，增琪会不会心生憎恨，会不会来个"掐尖"，会不会设个鸿门宴，会不会干掉自己？

不怕虎一样的对手，就怕猪一样的上司，来自内部的暗箭，你不得不防。

张作霖找来几个兄弟开了一个碰头会，大家都猜不明白增琪的葫芦里卖得究竟是鬼骨断肠丸，还是延年益寿丹。

无兄弟，不传奇。张作相一拍胸脯道："我替作霖去一趟奉天，看看增琪敢把咱们兄弟咋样！"

张作相不仅身高超过张作霖，而且他们俩相貌也不同，这冒名顶替之事，干得有些玄乎。

张作相来到奉天，本想在增琪面前唱一出"狸猫换太子"的大戏，可是增琪刚刚跟他盘了几句的道儿，张作相的身份便窗户纸似的被增琪给戳穿了。

糊弄奉天省的老大，这可是掉脑袋的大罪，要在往常，增琪嘴一歪歪，张作相的脑袋就得被"咔嚓"一声切下，然后挂到城头的木笼子里，去和城砖缝隙里的蛐蛐交流感情去了。

增琪还指望着张作霖能够再出彩儿，杀了一个假张作霖很容易，但这一刀下去，恐怕以后他就别再想指望真张作霖能剿灭杜立三了。

增琪这辈子为官，除了上次和俄国人签署卖国协议，被朝廷将官职一撸到底之外，属这次最闹心了。

这就好比他请一个戏班子唱堂会，谁成想场面铺开后，这才发现，请来的名角竟是一个冒牌货，最可气的是这货打也打不得，骂也骂不得，他还得跟张作相好好谈心。

增琪一个劲地说轱辘话：张作霖可是个"谁用谁说好的"功臣，稀罕还稀罕不过来，怎么能杀他？

增琪为了让张作霖放心，他不但对张作相好吃好喝好招待，临走的时候，增琪还赏给了张作相一张大面额的银票。

张作霖和增琪确实是没有缘分。

他们是天幕上，一颗往东，一颗往西的流星。

虽然彼此看到了对方的光亮，但却真的没有交汇的可能。

还没等张作霖琢磨明白是否到奉天去见增琪，增琪因为剿灭杜立三无力，被调往宁夏，成为了宁夏将军。

增琪心中郁闷——这都是杜立三给害的。

拔下一个萝卜，空下一个坑。

增琪这个坑，很快便被徐世昌给填补上了。

徐世昌是谁？就是那个1918年10月被国会选举出来的，北洋政府的第二任大总统。

徐世昌有一个绰号，叫水晶狐狸。这个绰号的最佳解释是他的狡猾你看不见。

1907年东北改设行省，徐世昌成为东三省总督，并兼管三省将军事务。徐世昌为了抵制东三省进一步被日俄蚕食，他四面出击，连踢再打，推出了开商埠，借国债，修铁路等一系列办法。

徐世昌没有如果，却有很多的但是，他不为失败找理由，只为成功找出口，但他推行的新政，能否抵制日俄对东北的控制？

这是根本不可能的，就好像患者得了该死的病，大夫用手术刀只给患者挖下一个鸡眼是一个道理。

徐世昌新官上任，政改和剿匪两手都要抓，两手都要硬。

当时奉天省巡防营务处的总办就是张锡銮，换句话来说——徐世昌管张锡銮，而张锡銮管张作霖。张锡銮不仅会作诗，而且还会打仗，属于能文能武型的领导干部，人送绰号快马张，他就是后来的北洋军阀二十四位上将之一，即镇安上将军。名字仅排在建威上将军段祺瑞之后，屈居第二。

徐世昌和张锡銮一位是将来的总统，一位是将来上将军，他们两个可谓都是北洋政府的人尖子。

可是谈到东北灭匪，一说杜立三名字的时候，他们两个人都是长虫（蛇）吃棒槌——全都直脖了。

13．忽悠算是一种手段，但谁的青春也糟蹋不起

民国的辽西，曾有人归结了四大难：他们是：日本挤，沙俄靠，清政府疲软，胡子闹，随着张作霖剿匪的不断成功，现在新版的辽西四大难，就成了——日本挤，沙俄靠，清政府疲软，杜立三闹。

杜立三是辽西地区排行第一号的胡子，闹到能让未来的总统和上将军都愁得撞墙，也真的是够分了。

杜立三不仅是打运动战和游击战的高手，他更是打阵地战的天才。

辽西地区的胡子，大多属于游寇，游寇如果用谁都能看明白的话解释，

就是这帮哥们下山抢劫，没有固定规律，抢了就跑。官军手中的棍子，即使挥舞得比孙悟空的如意金箍棒还要凶猛，但也是无法砸死一只讨厌的牛蝇（游寇）。

流寇虽然来去无踪，他们和官军躲猫猫玩得超级棒，但却有一个最大得弊病，那就是无法做大。

要知道最大的蚂蚱，也就手指头那么长，如果蚂蚱体型再大一些，它就在草稞中就藏不住了。

环境就是一把树剪子，它的作用就是掐尖。

流寇被环境这把树剪子的修理后，想要变大，简直比揪着自己的头发，想离开地面都难。

杜立三匪帮不是游寇。杜立三是辽中县青麻坎人，生在胡子世家。他的父亲杜宝增，还有他的三个叔叔都是当地著名的胡子头。胡子的基因，牢牢地植入了杜立三的体内，杜立三如果乳名不叫——杜胡子，都对不起杜家的先人。

杜家的"胡子公司"是一个家族企业，也就是说，杜立三的父亲和叔叔，即使一人教会他一招开胡子公司的"金点子"，他都会比一般的胡子多学四招。

杜立三出外抢劫的时候，疾如风；他在青麻坎的四周，筑起了高高的土围子，官兵一旦想跟他过不去，他就可以守如城；青麻坎的土围子又高又厚，里面的粮囤又大又圆，官兵一没有可以"发火"的迫击炮、二没有"耍横"的坦克车、三没有能够"闹猛"的轰炸机等攻城的狠家伙，杜立三让前来剿匪的官兵，只能退如鼠；而杜立三这些年的势力越来越大，他得意地笑，得意地笑看胡子的青春永不老。

杜立三关起青麻坎的庄门，就是山寨版的土皇帝，他任性，他疯狂，他自信能干掉他的人，在辽西还没有出生。

张作霖都不成。

因为张作霖曾经被杜立三修理过。

张作霖的大团和杜立三的胡子，天生就是一对冤家。

杜立三曾经骑马举枪，将张作霖追出了一百里路。

两个人火并的原因是争地盘。

张作霖当时大团的力量，照杜立三的胡子差了好几个段位，一场激烈的战斗过后，张作霖不敌杜立三，他骑马一路狂奔，杜立三在后面紧追，两个人一前一后，骑马来到了镇安县。

张作霖直奔镇安县，这里虽然没有他的援兵，但在十七户村，有一个大地主，名叫汤二爷。

汤二爷是辽西巨匪汤玉麟的亲叔叔，那是跺一脚，镇安县的城门楼子都要跳三跳的厉害人物。

汤二爷是张作霖的干爹，干儿子遇难，汤二爷这干爹哪有不管的理儿？汤二爷不仅要管，而且还得管好。

杜立三敢惹张作霖，但汤二爷身后的汤玉麟，他也是不想惹。绿林的规矩就是——让我们的朋友多多的，让我们的敌人少少的。

经过汤二爷出面和稀泥，杜立三和张作霖最后跪在地上，拜了把子。张作霖长杜立三五岁是大哥，杜立三就当了弟弟。

当然，他们喝下腥哄哄的鸡血酒，嘴里虽然也发下了"生不能一块玩泥巴，死也要在一起吃火锅"的誓言，但他们心里是怎样想的，那就没人能搞得清了。

如果当时有测谎器，汤二爷这主持人给两个人测过谎后，他一定会气得将两个人拜把子的香案砸成粉碎。

因为这两个人都没有说实话。

杜立三真实的想法是，举枪在张作霖的身上打出108个窟窿眼来。让张作霖彻底变成一个超级的马蜂窝。

张作霖真实的想法是，狠狠地插杜立三365刀，让杜立三身上的刀子比卖菜刀的推销员都要多。

张作霖和杜立三的矛盾现在不是主要矛盾，现在东北最火爆的节目是日军对决沙俄的大戏。

日俄战争打了两年，虽然日本兵的个子矮，但还是把高个的沙俄给干躺下了。

日本兵用刺刀指着沙俄兵：你们服不服？

沙俄浑身是血，哆哆嗦嗦地说："还是你们厉害，我交枪，交物，交权利！"

沙俄没有办法，只得交出了他们在东北的一部分铁路、地盘……日军还随后取得了在朝鲜半岛、中国东北驻军的权利。

我的地盘我做主，胜利者就是任性。

张作霖接到徐世昌和张锡銮给他发来的剿匪令，他差点招呼卫兵，将自己办公桌抽屉里的剿匪令收拾到一起，然后卖给收废纸的小老板，没准他还能用卖废纸的钱，买回个热乎乎的芝麻烧饼吃。

以前的时候，一提剿灭杜立三，大家都是盲人剥蒜——瞎扯皮，张作霖现在想了想，终于重重地放下了手中的剿匪令。然后对卫兵叫道：开会。

张作霖现在的力量，可是刚刚（很强）地，身板可是棒棒地，势力可是海海地。

奉天省为了增强新民府的防务，已经将张作霖的巡警营，扩编成马步军的五个营。张作霖成为五营统领，若论官衔，张作霖现在绝对是个准团座。

张景惠、张作相和汤二虎现在已经都是政府军正式的营级军官。

有段歌谣这样唱道：骑大马，跨战刀，嘎达嘎达就是飙，马毛了，人翻了，将骑马的王八蛋摔弯了。

民谣其实就是一个时代的照妖镜。

清末民初的老百姓为何这样骂职业军人？

就是因为他们吃粮不干活。

张作霖虽然捡日俄战争的洋落，也着实地发了一笔战争财，但是他的胳膊还是照杜立三细了那么一圈。

剿灭杜立三，难道还得漫长地等下去吗？

如果张作霖的实力，超过了杜立三，那么即使取得了这场战斗的胜利，就起不到振奋人心的作用，而是胜之必然。

现在张作霖真正的实力比杜立三，还是大爷见到了太爷，差了那么一点。他真要发扬愚公移山，挖山不止的决心，能将杜立三摆布得与世永别，到阎王爷那里去报道，那张氏马步营的名头，便会像过年放的高升炮一样——响到了天上。

开会的几个哥们想想那个振奋人心的胜利场面，心里面也是醉了。

汤二虎性子比张飞都急，他第一个跳起来，就要领着队伍，将杜立三的胡子窝青麻坎团团围住，然后给他来个一勺烩。

张景惠、张作相却把脑袋晃成了货郎鼓，攻打青麻坎的失败案例太多，戴着钢盔爬树——如果硬着脑门上，就好像生啃牛板筋，牛板筋也许并没有嚼烂，汤二虎的"门牙"都有可能会被崩掉。

汤二虎问："你们不会告诉我要智取吧？"

在辽西这疙瘩（地方）除了山上的狐狸，还有野地里的兔子，就属杜立三奸猾了，想要用计策算计杜立三，实在是难。

张作霖眼珠一转，说："杜立三别说他是人，就算他是鬼，也有弱点吧！"

杜立三关上青麻坎的寨门，俨然就是一个土皇帝，随便给人封官不说，还喜欢人家喊他——杜大人。

很显然，杜立三是个官迷。

张作霖手里也没有封官的权利，但他有大萝卜。用大萝卜，也可刻出奉天省封官的印把子。

张作霖真的敢干，他以徐世昌的名义，写了一封委任状，底下红彤彤地扣上了萝卜戳，委任状的内容很具有吸引力，具体的意思，用大白话翻译一下是这样的：归来吧，归来哟，浪迹天涯的杜立三，只要你来新民府见过徐总督派来的差官，你就是张作霖的上级了，这机会不多，真的不多哟，正所谓走过路过千万不要错过，错过机会，一千年也等不到这个机会了！

张作霖将这份虚头巴脑的委任状，派人骑马伪装成奉天省的信使给杜立三送了过去。

当然，张作霖也没有忘记，派了两位能把月里得嫦娥说得心眼活动，下凡和放牛的穷小子结婚的手下，对自己这位义兄进行祝贺。

真招安、真升官，张作霖不见得去派人祝贺。

杜立三真要当了张作霖的顶头上司，还有他的好吗？那绝对的一场灾难。

假招安，假升官，张作霖才会真派人去祝贺。

他目的是放烟雾弹，将青麻坎那潭水搅浑。

张作霖也好浑水摸鱼。

杜立三手捧委任状，真是许仙碰到白娘子——当时就愣住了。

杜立三虽然从实力上不服张作霖，但他却不能不暗自敬佩张作霖。张作霖年纪比自己仅仅大5岁，却忽悠一下子，升任团长了，再看看自己，头顶贼冠，身穿贼衣，脚蹬贼靴。青麻坎的土围子叫贼寨，房子叫贼屋，吃的叫贼粮，即使下面想痛快一下子，那放出的都叫贼屁。

杜立三固执地认为：

张作霖论实力和自己比起来，那就是小海盗遇到了大力水手。

张作霖论智力和自己比起来，那就是江湖小菜鸟遇到了匪帮大老鹰。

杜立三就是太自信。

古语有云，先胖不算胖，后胖上不去炕！

杜立三一个劲地向奉天省的官员们展现肌肉，为嘛？答案，简单：要当官，杀人放火受招安。

杜立三好像也明白，没有哪辈古人，能当了一辈子胡子的道理吧？

日俄战争之后，东北全境趋于和平，杜立三难道说有想过自己的前途？

杜立三还没想好如何再放一个麻雷子，吓奉天政府一大跳的时候，张作霖派出送委任状的手下，便来到了青麻坎的寨门口。

一个不合适的时间，一个不合适的突然，一份让人想不到的委任状，让杜立三心里第一次有种忐忑的感觉。

杜立三收了委任状，接着重赏了张作霖的手下，然后将他们敲锣打鼓地送出了青麻坎。

杜立三接下来，紧急召开会议。青麻坎中"匪"才济济。杜立三这些年一边不断增强肌肉的同时，也在不断地扩大自己智囊团，这些智囊团可都是上了岁数的人精，虽然一个个喉喽（喉咙哽咽）气喘，没说话之前，先黏痰吐沫地咳嗽一通，但他们鼓捣出的鬼主意，真是又阴又损，放在台阶上，狗都不吃。

智囊团们看罢了那张委任状，支持派说：这事保真，真得就好像盐咸、醋酸、吃红帆、铁定玩完一样。

反对派说：这事绝对是假的，杜三爷杀人放火用草塞邻居家烟囱的坏事干得八马车都装不下，不将这些坏事归零，官府直接谈封官，你以为奉天的官儿都是活菩萨？这事绝对不靠谱。

支持派指着委任状上那个红彤彤的官印，说："你眼睛没冒泡吧？这难道是假的？"

反对派针锋相对："宁和明白人打一架，不跟糊涂人说句话！拉条狗过来，嗅嗅上面是否有萝卜的味道？"

伪造委任状，那是砍头的重罪。支持派连连用手掌在自己的脖子上比划。

张作霖还有什么不敢干的事儿吗？反对派一不小心，竟讲出了实话。

智囊团的一阵嚷嚷，杜立三的脑袋都被吵成了大头人，既然委任状的事情不靠谱，那么就不理这茬儿，鸟悄（静静）地在青麻坎听动静吧。

杜立三鬼精着呢。

除了九头鸟、狐狸精之外，杜立三的小心灵在奸猾榜上排名第三。

张作霖由于心急，第一次伪造委任状，大搞调虎离山计，糊弄杜立三到新民府的事儿，就被他做成了夹生饭。

这锅夹生饭张作霖才不会倒掉，因为地主家也没有多少余粮，精打细算才能过好日子。

张作霖面对这锅夹生饭，他忽然笑得两只小眼睛，眯成了一条细缝，因为他想起自己小时候唱的一首儿歌："狼抱柴虎烧火，小猫子上炕捏饽饽，狼吃俩，虎吃仨，就个小猫子剩半拉，小猫子没吃饱，馋得舔簸箕，簸箕舔倒了，小猫子吓跑了！"

我们在战略上要藐视敌人，在战术上要重视敌人！张作霖准备再加一把火，不信不能将这锅夹生饭做熟。

他发誓绝不做那个舔簸箕的小猫子！

人怕逼，马怕骑，蜘蛛被逼急了也会上吊。总之一句话：我们一定要解决青麻坎。

张作霖很快地琢磨出了一个拿不到台面的主意，第二天，他骑马领着卫兵，小旋风似的，直奔黑山而去。那速度之快，堪比坐上了土火箭。

黑山在明代有个名字叫镇远堡，堡就是屯兵的兵营的意思。在县城的东北边，有一座小黑山，镇远堡在岁月的碾子下，都变成了尘土，镇远堡没了，但小黑山还在，黑山就成了这里的地名，并一直沿用到了现在。

从黑山的地名，我们可以得出这样一个结论：

山是靠得住的，人是靠不住的，人的嘴更是靠不住的。

黑山杜泮林可不是普通人，他不仅是个有文化的乡绅，还是杜立三这贼娃子的同宗叔父，更为重要的是，杜泮林还是张作霖的干爹。

换个角度说，杜泮林就是一座连心桥，他可以将张作霖和杜立三的心，紧紧地连接在一起。

杜泮林更是一把万能钥匙，他能打开张作霖和杜立三感情纽带上锈迹斑斑的铁锁。

张作霖凭着一张嘴巴,要把假的说成真的。

这段话,看着确实挺扎眼睛。

假的变真的,能不扎眼睛吗。

一只野鸡,将毛拔光,张作霖非得在杜泮林面前,说它是凤雏,这指鹿为马的事,确实不叫个事儿。

在那个别扭的年代,斜楞的岁月,所有的拧巴事,也许都是颠倒的。

张作霖为了报恩,也为了能让更多的人提携自己,据不完全统计,他曾经拜过四十多位干爹干妈——足够一个加强排的建制。

任性地说一句,拼爹——谁拼得过张作霖?

张作霖现在是堂堂的团座,杜泮林这干爹,也觉得自己的脸上,整天小日头(太阳)似的"嗖嗖"地发光。

但杜立三这个贼娃子整天不学好,除了打家劫舍,就杀人放火,让他一直觉得,这是杜家族谱上不光彩的地方。如何抹除这个小污点,确实是杜老夫子

面临的新任务。

张作霖今天来找杜泮林，就是要忽悠自己这位干爹——要让他相信奉天省没影子的"封官"绝对是真的，张作霖嘴里那些"鸡蛋结在树上"的大实话没有一句是假的。

张作霖是一个很有孝心的人。

不管是对自己的亲爹亲妈，还是义父义母，都老有孝心了，但为了剿匪，他只能不孝心一回了。

张作霖向杜泮林一讲自己来此的目的，杜泮林呼吸急促，瞳孔发亮，眼前"嗖嗖嗖"演电影似的地冒出了几位古人。

他们分别是：铁枪王彦章、虢国公张士贵和大破天门阵的穆桂英，这些先烈们，都曾经有过当山贼的不光彩的一面，可是他们从不轻贱自己，经过一番脱胎换骨的改造，最后都成为了对社会有用的人。

杜泮林的眼前，好像已经看到了杜立三改邪归正，身穿官服，趾高气扬地接受朝廷典编后的情形。

人人心中皆有弱点，张作霖带来的这张能让杜家祖坟冒青烟的委任状，确确实实地击中了杜泮林的软肋。杜泮林一时间，几乎幸福得醉了。

杜泮林迷瞪地问："这事儿保真？"

张作霖拍着胸口答："绝对保真！"

杜泮林听着张作霖将胸脯拍得"啪啪"响，这代表真实的声音，好似催人奋进的鼓点，杜老夫子神情激动，他心里的狐疑立刻削减了三分。

杜泮林觉得事情重大，他盯着张作霖的眼睛："你小子不许和我说瞎话！"

张作霖眼睛里闪着"真诚"的目光，回答："在干爹面前，我从来不敢说一句假话！"

张作霖说谎的段位，绝对是大国手的水准，杜泮林就是坐着火箭都撵不上，张作霖确实没有说一句谎话，他讲得全都不是真话。

杜泮林坐在马车上，一路跟在张作霖身后，以一百二十迈的速度地来到了新民府。

杜老夫子也有他自己的心眼。他想给张作霖来一个迅雷不及掩耳，去见一下那个奉天省派来的招抚使。

张作霖根本不用冷手抓热馒头地匆忙安排，他在去黑山之前，假招抚使便已经走马上任了。

针对杜泮林将要提出的问题，这位假招抚使早已经做好了七八套预案。目的只有一个，配合张作霖的忽悠，卖拐的目的，就是要把心忽悠斜喽，将人忽悠瘸喽，将事儿忽悠成喽。

杜泮林满脸尘土地来到了新民府，他一见到假招抚使，当即跪在地上"咚咚"叩头，说："招抚使大人，杜某教侄无方，死罪啊死罪！"

14. 悍匪名叫杜立三，黄泉路上有你一定更欢乐

假招抚使脸上立刻浮现出一种刺猬见到豪猪，百种尊重，千分敬仰，万般崇拜的夸张表情，说："杜乡绅，您哪里是教侄无方，您是高风亮节、忧国忧民，将来一定会彪炳史册。我大清有您这样识大体，明大义的子民，何愁胡子不清，乱局不宁，天下不定！"

清理胡子，那是剃头匠的事儿，假招抚三句话不离本行，他就是乡下的一个剃头匠。因为生了一张八哥加画眉的巧嘴，能将宰相的女儿哄得和捡粪的穷小子结婚，故此，被张作霖当成专业忽悠型人才，请到新民府伙同他一起演戏来了。

杜泮林又问了几句情况，假招抚使以百问不厌，千问不烦的态度，都做了详细的回答，那一句句贴心贴肝的话，感动得杜泮林老泪纵横，他拍自己胸脯的声音，甚至比昨天做保证的张作霖还要响几个分贝，说："招抚杜立三的事儿，就包在我的身上了！"

春色满园关不住，我诱红杏出墙来。

搞定一件复杂的事儿，过程却往往很简单。

第二天，天不亮。杜泮林坐上了马车，以风萧萧兮易水寒，不说动杜立三不复还的精神，直奔青麻坎而去。

杜立三可以无视奉天府的萝卜戳，可以不睬张作霖，但杜立三却不能不信杜泮林。因为他这个远房叔叔，要是手里有一块饼子，从来都不给他半块，而杜泮林牵着杜立三的小手上窟窿桥的事儿，那是一次都没有过。

杜泮林来到青麻坎，他抓住了杜立三的手，先是一口气，给他讲了七八个先烈们改邪归正，最后成为一个高尚的人，一个无私的人，一个对社会有用的人的故事。杜泮林为了让杜立三彻底脱去贼皮，彻彻底底地来一次华丽的蜕变，他用催人泪下的声音说："我的傻侄儿，人生的路很长很长，你要做的事很多很多，可是让你一步登天的机会却很少很少！"

杜立三从上午一直被杜泮林教育到掌灯，他真的快崩溃了，说："叔，求你别说了，我听你的，我接受招抚还不成吗？"

杜立三接受招抚的消息传到了新民府，张作霖乐得差点开唱二人转了，他开始准备如何对杜立三展开"斩首"行动的时候，杜立三"反斩首"行动，也在紧锣密鼓地布置当中。

杜立三如果走的是正路，那也是一位了不起的将才，只不过他干得是胡子，两只脚就好像踩着"邪恶和邪性"的两只没有刹车的风火轮，在人生的岔路上，开始暴走和狂奔，最后，除了"车毁人亡"，没有第二个结局。

杜立三的"反斩首"行动方案是这样的。

第一，组建深入虎穴的十三人精英小组，一人一支长枪，两支短枪，陪着他雄赳赳，气昂昂地去新民府走一遭。

第二，精选二百人的特种胡子部队立即们埋伏在新民城外，一旦城里有个风吹草低见牛羊，立刻一拥齐上营救杜立三。

第三，沿路设置快马驿站，一有情况，火速通报，青麻坎的胡子总队立即对张作霖展开毫不留情的全方位立体化打击。

杜立三年轻的时候，曾有一个理想，那就是自己年轻的时候干胡子，中年也干胡子，老年更干胡子，甚至子子孙孙都干胡子。可是长大后，这才发现，他的理想很丰满，现实却很骨感。

不是他能不能将自己一生都献给胡子这门败家的事业，而是胡子这行，能不能干下去的问题。

任何有秩序的社会，都不会容忍胡子的存在。

理想也要为现实让路。

这就好像，不管多么高档的奔驰车，见到水泥桥墩子都要减速拐弯一样，千万别不信邪，不信你撞一下试试。

杜立三派手下经过和张作霖的接触，两方敲定了招抚受降的日子，当杜立三骑马领人来到新民府城门口的时候，他忽然想起，自己才刚刚过完了27岁的生日。27岁的胡子头，从12岁就开始杀人，15年来，他领着手下杀的人至少也有成百上千名了吧？

英雄不问出路，流氓不看岁数。

杜立三做过的坏事实在是掰着指头都数不清。

青麻坎九乡十八堡三十六个村子谁家娶新媳妇，他都要横插一竿子，野蛮地享受新娘子的初夜权。

杜立三在干坏事的同时，他也捎带着干过不少好事，比如疏浚辽河，扶危济困，包打洋人。

一个人的心中，都有两个房间，一边住着天使，一边住着魔鬼。而天使和魔鬼经常在一起掐架，天使如果踩躏了魔鬼，这人就是个好人，反之，魔鬼强暴了天使，这人就是十足的坏蛋。杜立三心中的魔鬼和天使从来不掐架，他们经常轮流在他身上站岗值班，究竟是魔鬼上身，还是天使附体，这得看他每天的心情。

今日，杜立三的心情就非常好，就像开了两扇小窗户，心里面瓦亮瓦亮地。大部分人一辈子只做三件事：自欺、欺人、被人欺。而杜立三大部分的时间，都是在欺负人。

故此，杜立三今天来新民府接受招抚，心里面就暗暗发誓，任何人都不可以给他一点气受，谁要让他一时不痛快，他就让谁一世不痛快！

张作霖为了让杜立三入套，他黄土铺道，净水泼街，敲锣打鼓，鞭炮齐响。怎么迎接皇上，张作霖就怎么迎接杜立三。

过把瘾就死，这是谁说的？

杜立三本来心中只有六分相信奉天省会用诚意招抚他，看到如此盛大隆重的迎接场面，杜立三立刻就相信了八分。

凯旋在子夜，得意在今朝。杜立三骑着高头大马，那些由天使面孔的大姑娘，魔鬼身材的小媳妇组成的秧歌队，一个劲地在他面前扭啊、跳啊。杜立三乐得一张嘴，如果没有耳朵挡着，都咧到了后脖梗子上去了。

杜立三在阳光下的马背上，不由得一个劲地感慨：看来这人生，真不能在一棵树上吊死，要在附近几棵树上多试几次，没准当官真就比当胡子好！

张作霖亲自迎接，并为杜立三牵马，张作霖一边走，一边还拜年似的叨咕："杜老弟，你可要对老哥我多加关照，下辈子，我就指着你了！"

杜立三心里这个美，简直比白捡了十个漂亮媳妇都高兴。这时候，如果有音乐声响起，再配上一段：我得意的笑，得意的笑，笑看胡子人不老，我得意的笑，得意地笑，胡子也能升官发财乐逍遥……那就十全十美了。

杜立三跟着张作霖去见假招抚使，没有假招抚使的趁热打铁，帮着忽悠，杜立三一时半会还蒙不了圈（迷糊）。

杜立三去见假招抚使，自然没法带荷枪实弹的"胡子特种兵"，他就一摆手，那帮"特卫"就被留在了假招抚使住的院子外。

杜立三身后的十三名"特种胡子兵"，可是青麻坎胡子中精锐的精锐，他们从一脚踏进新民府的大门开始，那十三颗心就提溜到了嗓子眼，随着一场忽悠胡子们耳目的声势浩大的迎接仪式过后，新民府的招待人员，接着开始用好酒好菜忽悠胡子们的嘴巴。

酒盅一端，政策放宽；筷子一横，办啥都行。

这些保护杜立三的"特种胡子兵"还是很有纪律性的，张作霖的手下，将他们让到东厢房坐下，然后摆上了酒菜，虽然新民府的招待人员，想用酒水一顿猛灌，将这些特种胡子兵撂倒，可是这些人警惕性还很高，酒不喝，菜不吃，两手不离枪把子，眼珠子"叽里咕噜"乱转，那意思是说：特种胡子兵是特殊材料做成的，我们虽然拥护你们劝酒的权利，但我誓死不赞成你们要把我们灌醉的观点。

张作霖的手下真的佩服，这十三名"特种胡子兵"面对好吃好喝好招待，竟然熟视无睹！

杜立三在张作霖的带领下，走进了假招抚使住的院子，假招抚使正站在屋门口，一脸的春风，笑迎杜立三。

假招抚使别看只是个剃头匠，忽悠杜泮林绝对游刃有余。但假招抚使面对杜立三这胡子中的大魔兽，他十分的笑容里面，有三分僵硬，三分担心，再有的就是四分害怕。

张作霖也怕这个假招抚使露馅，他急忙一拉杜立三衣襟，让他给假招抚使叩头。

假招抚使看见杜立三跪在地上，给自己连连叩头，他紧张的心情，这才有所缓解。按照既定的预案，假招抚使首先要让杜立三喝下三碗"片汤"：

第一碗：先介绍国际大好的形势。

第二碗：清政府牛叉叉的好政策。

第三碗：展望完国内和国际，再说东北三省督军徐世昌的英明领导。

假招抚使将三碗"片汤"给杜立三硬灌下去之后，杜立三听得脑袋胀成了麦斗，心里骂道：这是啥招抚使，太磨叽，还是赶快给老子封官吧！……

假招抚使之所以白骨精做报告——鬼话连篇地讲了这么多，那是在拖延时间，一是让院外"除杜"的行动队做好准备，二是让东厢房中的招待人员，用小酒将杜立三的十三名"特种胡子兵"解决掉。

杜立三不愧是祖传的胡子手艺，那耳朵简直比绣花针削三刀都尖。假招抚使的院子外面，传来一阵阵"除杜"行动队紧急布防的脚步声，这让杜立三的神经，当时就紧张了起来——莫非外面有妖精，要吃老子的唐僧肉？

杜立三对着假招抚使一抱拳，说："杜某先鹅鸡玩泥（досвидания俄语，再见）了，等明天集合队伍，再到新民府接受编点！"

杜立三领兵曾经打过沙俄，他一着急，竟从嘴里冒出了一句半吊子俄语。

张作霖一把没拉住杜立三，杜立三拔出暗藏在腰里的狗牌撸子，叫道："谁敢挡老子谁死！"接着，他一脚踹开院门，然后冲门外"嗖"地一声蹿了过去。

杜立三武功在身，又经常在生与死之间徘徊，这一蹿用上了全力，如果那时候有米尺，仔细一量，杜立三绝对破了跳远的世界纪录。

杜立三即使破了世界纪录，也没有人给他发奖牌。

杜立三蹿出门外，就听"咣"的一声，正撞在一个大个子的身上。

杜立三当时就有出了"车祸"的感觉，他被撞得两眼冒金星，只觉得遍地都是闪光的珍珠、玛瑙和钻石。

拦住杜立三的大个子双手一箍，立刻大猩猩似的，伸手将杜立三洋娃娃似的抱在了怀里。

杜立三不管多么狂野，他在张作霖的地盘，想要逃跑，简直比张口咬死一头老母猪都难。

杜立三一见中了埋伏，他猛地一扣枪击"当"的一声，一颗子弹从狗牌撸子的枪口射出，正打在大汉的脚面骨之上。那名大汉练得是摔跤的把式，他脚面中枪，虽然伤口自来水似的"哗哗"淌血，但他双手不敢松力，杜立三被勒得直翻白眼，狗牌撸子掉在了地上，大个子叫道："一滴血十个馒头，杜立三你个龟孙，竟敢在老子的脚面钻眼儿，你陪老子三百六十个大馒头！"

埋伏在外的"锄杜队"一拥齐上，杜立三这个刚刚打破世界跳远纪录的种子选手，便被捆成了一个人肉大粽子。

杜立三的"特种胡子兵"听到枪响，他们立刻就炸了庙，可是没等掏枪去救杜立三，张作相领人端着机枪就冲了进来。

接下来很简单，张作相举枪命令道：你们都是木头人，第一不许动，第二不许笑，第三不许露出小白牙，都给我靠墙站着当画去！

几个想反抗的特种胡子兵被就地解决，其余的都老实地站墙根去了。

不怕死的胡子，全都是星辰大海般的传说。

杜立三身子被绳子捆得结结实实，可是谁也不能剥夺他说话的权利——张作霖，我要杀了你，我要领兵报仇，我要踏平新民府，就连喘气的蚂蚁我都要揪下它八条腿来！

杜立三没有机会了。

张作霖想要弄死杜立三，一不用请示，二不用汇报，只要一歪歪嘴，就像碾死只蚂蚁一样容易。

张作霖走到骂累了的杜立三面前说："你服不服？"

杜立三本想再骂张作霖几句，或者吐他一口粘痰，可是他想了想，忽然咧嘴笑了，说："其实能死在你的手下，也算我没有白白地牛狂一回！"

杜立三干过太多的坏事，他甚至都不敢去想，如果落到仇家的手中，自己会是个怎么样的死法……

是活剐？是油炸？还是点天灯？或者有高人会为杜立三发明一个更有创意的新死法。

在东北，除了张作霖有能力杀掉杜立三之外，还有谁能有这个能力？

事实就是打在嘴巴上的大巴掌。杜立三服不服张作霖，这都不重要了。孙悟空也从来没说过一句服如来佛的话。

张作霖绝不能让杜立三看到今天晚上的月亮，这个很重要。

杜立三不死，青麻坎的胡子们就狼似的嗷嗷叫。

杜立三一天不死，奉天省的老百姓就一天睡不稳觉。

张作霖一摆手，对杜立三的脖子做了个砍头的手势。

那个脚面上中枪的大个子，拿着一把磨得风快的鬼头刀，瘸了一条腿，来到了杜立三身边，杜立三已经无法赔给他三百六十个馒头，但他却能赔给他一颗人头了。

手起，刀飞，血溅，头落。

年三十晚上咽气，杜立三真的没法活到大年初一。

鬼头刀最终证明，杜立三的脖子，也是肉做的。

人头掉了碗大个疤，杜立三的脑袋不是渣，杜立三的脑袋就是打开青麻坎的胡子窝的老山炮，就是击碎青麻坎的胡子们剽悍心灵的手榴弹，就是让张作霖名震辽西的炸药包。

杜立三大搞个人崇拜，在青麻坎，他就是胡子们的主心骨。

没有了杜立三，青麻坎这股辽西地区实力最剽悍的胡子，绝对啥都不是，甚至都不如一伙乌合之众。

张景惠领着新民府的步马军，首先肃清了杜立三安排的四伙胡子驿站，接着赵子龙长坂坡救阿斗似的，长驱直入，攻开了得到杜立三死信，乱作一团的青麻坎胡子窝。

张景惠的手下一路大喊：官军来了，胡子躲了，手挡手断、脚挡脚断、脑袋挡着砸稀巴烂。

青麻坎胡子很快被肃清，在张作霖的关心之下，辽中县的县长将杜立三霸占来的财物拍卖。杜匪占来的土地，允许原主半价收回，财务土地，卖了一大堆钱，有了钱就好办事，张作霖随后责成辽中县，要他们在当地建了一座高等的完全小学。

完全小学并不是剿灭杜立三留下的唯一福利。

在这场灭杜之战中，张作霖更是发了一笔横财，打开青麻坎胡子的仓库，里面枪支弹药，军用物资可装几十大车，更让张作霖感到嗨皮的是，他还在杜立三的老巢中，挖出了数百缸白花花的银子。

杜立三真的冤出了鼻涕泡。他抢了这些年，没有寻思到竟都便宜给张作霖了吧？

人在天堂，钱在银行，脏归国库，己堕流氓——这十六个字，也算对杜立三人生的一个总结。

杜立三的冤魂一路憋屈地哼唱着：手捧一炷香，香烟升九天，大门挂岁纸，二门挂白幡，没等哭七关，懊糟赴黄泉……地去了那个世界。

发财了，发财了，我都不知道怎么去花，既然吃过帝王蟹，再啃皮皮虾也就没有味道了。这超嗨的情形，就是张作霖当时心情的真实写照。

张作霖是发财了，但最感到郁闷的就是杜泮林。杜泮林这次是结结实实地被干儿子张作霖当了一回枪使。

而且是最虎（傻）的那种枪——超级大山炮。

杜泮林的远房侄子杜立三就这样"咔嚓"一声没了。

更让杜泮林不能忍受的是，他还担下了一个不义的恶名。

15．剿匪这块硬骨头，差点崩掉兄弟们的大门牙

骂人解决不了问题，杜泮林论打也打不过张作霖，更何况张作霖骂不还口，打不还手，还一个劲地称赞杜泮林大义灭亲，要上奏朝廷，为他请上一功。

杜泮林这位德高望重的老夫子，真的"挥挥手，不带走一片云彩地"离开了新民府，他真的想不明白，一诺千金，说话算话，怎么在张作霖这里都成了过家家？

杜泮林闭上了眼睛，他看不清张作霖的前途。

杜泮林和张作霖虽然是干爹和干儿子的关系，但他们是白天不懂夜的黑，两个人，完全生活在鸡同鸭讲的两个世界。

杜泮林的世界，是一个谁要是拿规矩当王八蛋，那下场必然是过街的老

鼠——人人喊打的世界。

而张作霖的世界,却是一个弱肉强食的世界。杜泮林的道德观,在张作霖的世界里,根本就是给狗戴嚼子——胡勒。

张作霖和杜立三拜把子,他们完全建立在互相利用之上,两个人的关系甚至比蜗牛壳还要脆弱。

张作霖究竟应不应该利用杜泮林,将杜立三骗到新民府,然后"咔嚓"一刀,让杜立三的脑袋和脖子说了一句——狗头白（good-bye再见）,接着就永远不再见了。

要想回答上面问题,首先澄清一件事儿,谁代表着正义,谁代表着非正义。

清政府虽然是一个不被待见的政府,法律的公平虽然不能很好的贯彻,但政府就是政府,张作霖作为法律的执行者,也算是正义的代表。

杜立三是胡子,不管任何朝代,都是被官府剿灭和打击的对象。

剿灭胡子就是目的,只要达到目的,没人管你用了哪种手段。

手段无所谓光明或者卑鄙。

只有使用这种手段的人,是否受人喜欢或者讨厌而已。

张作霖干过胡子,后来做的又是不被待见的军阀,他就是一个筐,蜚短流长,毁誉褒贬,全都可以往里装。

换一句话说:正义的人,偶尔歪一下,也是歪正,不正义的人,偶尔正一下,也是歪斜。

杜立三匪帮的彻底"鬼吹灯",代表着辽西地区剿匪取得了决定性的胜利。消息传到奉天,徐世昌和张锡銮兴奋得四只手都拍不到一块了。

徐世昌和张锡銮的耳边,一时间,响起的都是——让我们举起胜利的手,让我们唱起胜利的歌,让我们迈开胜利的步,一直向前不停留……的歌声。

不管是东三省的总督,还是奉天省巡防营务处的总办,徐和张二人也都是有血有肉的人,被杜立三欺负的日子,终于一去不复返,那胜利的列车,将

"轰隆隆"地载着他们走向一个崭新的，扬眉吐气的新时代。

朝廷接到徐和张二人合伙鼓捣出的奏折，当即作出了反应，张作霖干掉杜立三，这就是"大义灭亲"，对这样的忠臣不封官，不打赏，那就对不起清政府历代皇帝的英灵。

官封张作霖为奉天省巡防营前路统领，并赏赐白银两千两。

张作霖喜欢升官。但这点蚊子腿般的赏赐就显得太小抠一点了吧。

张作霖用剿匪的铁锤，敲开了青麻坎的胡子窝之后，他只是将一小部分战利品上缴，剩余的好东西，都鸟悄地进了张作霖的腰包。

张作霖不想当一个暴发户，但有一点，沉甸甸的银子可是"哗啦哗啦"地会说话，而且带在身上咯肋巴。钱是什么玩意？王八蛋。花了再去赚。买枪买马扩队伍，那花出去的钱才叫钱，不花，那不叫钱，那叫一堆金属，到最后，还指不定是谁的呢！

张作霖剿灭了杜立三这个大魔兽之后，其余的小股胡子，真好像到了深秋的蚂蚱，散伙的散伙，跑路的跑路，投降的投降，张作霖打胡子捡洋落，不仅队伍得到了扩大，而且那些老掉牙的鸟枪火铳大砍刀，基本上都换上了新式的快枪。

张锡銮真的没有想到，张作霖这个小个子竟然这样能打，他决定以视察为由，去新民府去瞧瞧自己如此能干的手下。

在酒桌上有句很不让人相信的客套话——叫小敬大，怕，大敬小，好。

张锡銮作为张作霖的上级，去新民府去看自己的下级，这有恩宠的成分在里面，更有实力逼人来的成分在里面，当然，最主要的，张锡銮还是想借机做个深入的调研，为何张作霖就这样能打，莫非他有《钟馗降魔》的护体神符，或着他得到了《武穆遗书》的手抄秘本？

张锡銮一旦取来了真经，他决定立刻在奉天办一个学习班，张总办要将手下那些阿斗和武大郎拜把子——一个比一个熊的将领们，全部召集起来，然后集中培训。

张锡銮从来就不相信鸡蛋联合起来能打破石头，打破石头的，只有一块更硬的石头。

张锡銮巡视路过新民府的消息传来，张作霖立刻就好像开挂似的，开始忙三迭四，急五喝六的准备接待工作。

张作霖不仅设置专人款待张锡銮，吃、玩两方面都争取做到最好，张锡銮绰号快马张，可见他对马匹有特殊的爱好，张作霖便投其所好，不惜重金买来了一匹最好的马，送给了张锡銮。

张作霖懂人情，会来事，还不惜重金，送领导"宝马"，这可是"一曲歌来一片情的"事儿，很快，情感和金钱这两只有力的小手，就拉近了两个人的距离，张锡銮很快地就喜欢上了张作霖。

张作霖不是混日子的军官，他有着建功立业的理想，以及不安于现状的冲动。

张锡銮在张作霖的身上，看到了一种朝气，一种在清军队伍中最缺的那种朝气。

这种朝气，可以理解为"钙"，这种"一片顶过去五片"的钙吃下去，不仅可以强兵健骨，更可以振奋军官们的精神。

不久之后，两个人关系又进一步，张作霖拜张锡銮为干爹。

吃一看二拿三说四又当了人家的干爹，张锡銮不干事，这说不过去吧？

干爹多了路好走（此干爹为褒义词，想一想，干爹当褒义词，这是一件多么泪流满面的事儿），张作霖的五营兵马，在随后奉天省的军事整编中，被张锡銮允许扩大为七营。总兵力人数达到3500人，张作霖现在已经是不折不扣的旅长水平了。

辽西地区的匪患基本都被张作霖这块"橡皮擦"给"哗啦"一声抹去，紧接着，他就接到了徐世昌和张锡銮联合签发的一张调令，命他的七营军马立刻调防洮南地区。洮南地区靠近蒙古草原，徐世昌调张作霖去那里，一不是让他领人去种黑水西瓜，在夏天解暑；更不是让他去打狐猎兔，为自己弄几张上好的皮褥子，而是让他们继续干老本行——剿蒙匪。

接到调防令，张作霖的有些手下，就开始"叽叽喳喳"地嘀咕上了。

洮南现属吉林省白城市，最初，城名为"砂碛茅头"（蒙语），砂碛者为喜鹊窝，茅头便是树木，意思是喜鹊巢筑在了大树之上。民国初年，那棵被喜鹊筑窝的大榆树已经枯死，本城的文人雅士挖空心思，准备给"砂碛茅头"换一个通俗点的名字，因为此城设在洮水之南，就叫了洮南这个新字号。

洮南靠近内蒙古，处在漫漫八百里瀚海、科尔沁草原的右翼，在民国时代，可是一个超级艰苦、万般困难的地方，不信，你看那茫茫的大草原上，泥沼和臭水坑众多，蚊子比辽西的高粱米都多，凶恶的青狼比老百姓家养的狗都多。

张作霖一些手下的意思是，平定了辽西的胡子，这就是大功一件，人生在世，吃穿二字，现在可以享受一下生活，体验一下高富帅的感觉了。

张作霖听到"小富即安"的消息，气得他一抹改版的牛角胡，叫道："真是小庙的菩萨，没有见过大猪头，奉天省那么多军队，为什么让咱们去洮南打胡子，那是徐督军在给我们的吃小灶！"

记住，张作霖的胡子是改版牛角胡，绝非八字胡。因为在当时流行这种胡子尖又细又长，两端上翘的牛角胡。

牛角胡的发明人德国末代皇帝威廉二世，他左右两撇胡子的胡子尖，全都上翘，这种干练而趾高气扬的牛角胡，可以让人显得非常狂傲，为了达到胡子尖上翘的效果，威廉二世每天都要用干性油脂将胡子尖固定住，国内的军阀对这种拉风的胡子，人人效仿，尊崇一时，最后成了很多大帅们的标配，甚至可以说，你不留牛角胡，都不好意思称呼自己干的是大帅。

牛角胡的发明人威廉二世退位后流亡荷兰，牛角胡不再全球流行，北洋军阀们的胡子尖也开始自然下垂。

八字胡和改版的牛角胡的区别是，前者的胡子尖，不超过嘴角，而后者的胡子尖，嘴角却挡不住。

三 "剿匪"蒙古大草原

民国这些称"帅"的男人们,其实一个个都很有"潮"范吗。

人无外财不富,马无夜料不肥。

张作霖是不剿胡子不升官。为了统一思想,他一个劲地鼓劲说:弟兄们,兄弟们,黑瞎子舔马蜂窝——要怕挨蜇就别想吃甜头,大家不蒸馒头争口气行吗?

经过张作霖的启发和教育,他的手下终于不再小富即安了,但剿蒙匪,这活可不好干啊!

在洮南和蒙古的草原地区,有两伙比杜立三还要凶悍的胡子。

一伙胡子的头叫陶克陶胡。

另外一伙胡子头叫白音大赉。

陶、白二胡子,之所以"呜嗷"一声,举旗造反,这得追溯到二十世纪初,清朝政府推行的"新政"——即支持破产的流民,到关外蒙古地区去创业,只要你看蒙古哪块地好,就可以开荒撒种,当个扬扬得意的关外小地主。

流民随意圈占的土地,就有陶克陶胡和白音大赉等人的私产,哪里有挑衅,哪里就有反抗,清朝政府不受待见的新政,让利益受到侵害的陶和白二人举旗反对清政府。如果掰扯对错,实在是有点难了。但打碎了葫芦论葫芦,打碎了瓢论瓢,反抗腐败的清政府是一回事,陶克陶胡等人危害边疆稳定,又外结沙俄,企图分国裂土的行为又是一回事。

造反可分对错。

分裂国家却永远都得不到原谅。

张作霖就是要与陶克陶胡和白音大赉进行对决。

杜立三之所以难打,是因为他有青麻坎这贼窝当据点。没有重武器,攻坚战所以没法打!

陶和白这两伙胡子,之所以难打,是因为他们是马匪。行踪飘忽,一日几百里,幽灵加胡子的模式,让张作霖在辽西练就的剿匪手艺,在茫茫的草原上几乎用不上。

129

剿灭陶和白这两伙胡子的战争，进行的非常艰苦。因为在这里张作霖一不占天时，二不占地利，唯一占的就是战斗的勇气比那两伙胡子至少强上几个段位。

张作霖为何要一往无前地剿灭胡子？有一明一暗两个答案。

其明处的答案是，不剿灭胡子，如何升官发财？

其暗中的答案是，张作霖和胡子有杀兄的仇恨。

张作霖将张作孚被救出监狱后，张作孚就一直在家务农，并在家照料母亲，替张作霖在家尽孝。张作霖为了让自己的二哥也能有一个美好的前程，他在辽西剿匪时，便将张作孚也拉进剿匪的队伍里。

张作孚说："老三，我会种地，剿胡子可没干过！"

张作霖不以为然："没吃过猪肉，还没看过猪走？杀鸡你会吧？会杀鸡就会杀胡子！"

打仗，运气真的很重要。

张作霖身经百战，浑身受伤六十多处，想死都死不了。

张作孚参战没多久，便在黑山的一次剿匪战斗中，被胡子的炮手用子弹射中了头部，当场死亡。

张作孚在家尽孝多年，他和张母的感情极好，他中枪身亡后，张母将一腔的怨气都发泄在张作霖的身上，老太太一边哭，一边数落："你干啥非要拉着你二哥剿匪，你哪是让你二哥奔前程，你这是害他送了性命。"

张学良晚年曾接受记者的采访，说："我上两辈的人，没有一个是躺在床上安安静静死的。"

张有财死于仇杀、张作泰死于意外、张作孚死于胡子的枪下，而张作霖是怎么死的，地球人都知道。

江湖中有这样一句名言：仇恨是刻骨铭心的，恨远远比爱更深刻。一个人可以忘记爱，但绝不会忘记恨。因为恨是种摧残，是种折磨，是种痛苦！

这场灭蒙匪之战，张作霖是为了自己的将来打，更是为仇恨在打。

张作霖是个快意恩仇的人。

张作孚之死的仇恨，都被张作霖记在了胡子的身上。灭了枪杀张作孚的胡子，张作霖只是报了表面的仇，可是他心里的仇却没有报，胡子就是张作霖不共戴天的仇人。

陶和白这两伙蒙匪之所以这些年铜铁佛爷动不得，最主要的原因——他们的马都是蒙古千挑万选的良马。

普通的马匪有一匹好马，就已经算牛狂的了，陶、白两伙胡子人人竟都有两匹好马，一匹马跑累了，他们就换另外一匹马继续狂奔。

张作霖虽然也有马队，但大部分都是步兵，剿灭陶、白这两伙胡子的时候，胡子占到便宜就打，占不到便宜就跑。

活人不能让尿憋死。张作霖为了剿匪，急忙给徐世昌写信，信上写的话，用大白话翻译一下，就是：想打胜仗不？赶快送马来，不然这剿匪的活可没法干了。当然，徐世昌送给他的马，也就是刘备借荆州，有借没有还了。

张作霖讨要战马的同时，他又用以前剿匪赚来的银子，购买了一批良种的蒙古马。

会哭的孩子才有奶吃，但话又说回来了，打老鼠也需要舍出几个玉米粒吧，更何况剿匪这么大的事儿，张作霖是当家人，不精打细算怎么能过好日子，剿匪也是投资，只要剿匪的牛市来临，他至少应该有十几倍的利益回报。

富贵险中求。但这次张作霖确实是遇到了难啃的骨头。

剿灭蒙匪，现实中的障碍无处不在。

先说天上。蒙古草原的天气，真是孙猴子的脸，说变就变。那里白天可穿单衣，浑身冒汗，可是到了晚上，穿着一件老羊皮袄，都不会觉得热。更为可怕的是洮南的蚊子，好像真的开挂了，隔衣服都能吸血。

再说地上。草原上的沼泽，就是一个个贪得无厌的恶鬼，它随时准备吞噬因为不熟悉地形而贸然闯入者。隐蔽在草原沼泽中的青狼，特像是一个个可怕的杀手。

开始的时候，张作霖不知道厉害，他为了找到蒙匪的踪迹，派出了大量的斥候兵（侦察兵），可是这些不熟悉环境的斥候兵，不是被蒙匪杀死，便是被沼泽吞没，更可怕的是遇到了狼群，人没有回来，回来的只有一匹遍体鳞伤的战马。

这仗真的没法打。蒙匪就是幽灵。人和幽灵有法打仗吗？

张作霖剿匪无功，浪费军饷，损兵折将，朝廷翻脸不认人，当即摘了张作霖的官帽子。

张作霖心里这个气。可就这时候，他的眼前忽然闪现出了一位的古人。

这位古人就是及时雨宋江。

宋江归顺朝廷之后，征讨方腊损兵折将，最后没天理地被毒死在蓼儿洼。

张作霖要是不拿出点真本事，下场一定比宋江还要惨。想要在危机四伏的大草原上剿匪，就得先把大草原当情人，了解她的秉性，了解她的喜好，并将其驯服，最后为我所用，这才是最真的道理。

打仗的最高境界就是在战争中学习战争。

张作霖率领的剿匪队伍，经过不断的训练和适应，这些不利的天时和地利，都被一一克服。

张作霖一开始被蒙匪欺负得直叫苦，随着他手下的步兵都变成骑兵后，战争的形势便逐渐向好的方向发展。可是清剿蒙匪有其特殊性，这帮蒙匪，一旦和张作霖遭遇，他们便怪叫着疯狂厮杀，占了便宜后，蒙匪们便仗着马快，转身飞也似的逃跑，张作霖手下的战马，根本就追不上蒙匪。

张作霖最近一直在追着蒙匪在打，让蒙匪在草原上熊瞎子打立正——一手遮天的历史，一去不复返了。但让张作霖连连挠头的是，他实在是没有取得绝对胜利的好办法。

16．小心能驶万年船，可是这艘船已经烂了船帮

张作霖手下剿匪的弟兄们都犯了难，想不出什么好主意。

张作霖却忽然想起一个人来，这个人就是台安一带有名的绿林大豪——安遇吾。

张作霖要在洮南上演一出"智取"的大戏，而打入匪巢的最合适人选，就是安遇吾。

安遇吾过去有一个小弟，他在蒙匪的队伍里混成了中层的领导干部，现在官军和蒙匪交战，双方都在用人之际，安遇吾过去投奔，有那个小弟的推荐，估计蒙匪一定会收留。

张作霖的义气，让安遇吾佩服，他接到张作霖的求助信后，立刻骑马来到了洮南，在欢迎宴会上，他只提了一个要求，"在我去后，善待我家，不知能否？"

张作霖手端酒碗，起身作答："安大哥，您放心，一切有我！"

这完全是在风萧萧兮易水寒似的托孤。

安遇吾如果生在古代，完全就是一位大侠。张作霖是他的朋友，既然好朋友剿匪遇难，他只有舍命相助了。

安遇吾靠着那名小弟的关系，打入到了洮南蒙匪的内部，经过一段时间的观察，基本摸清了蒙匪老巢的底细，这份秘密情报，如何送出，却把安遇吾给难住了。最后，安遇吾急中生智，他将情报写在了油布之上，然后举刀割开自己身体，情报被塞进了伤口。

安遇吾假如偷偷离开，蒙匪必然会警觉，匪徒们要是连夜转移匪巢，安遇吾的卧底行动，就将失去意义。接下来，安遇吾举刀杀匪，故意暴露自己，一场拼杀，安遇吾遇难身亡。蒙匪杀掉安遇吾后，他们为了震慑张作霖，便将被切成八块的安遇吾的遗体送回……

张作霖强忍悲痛，他在为安遇吾入殓的时候，终于发现了这位孤胆英雄身上藏着的地图。

张作霖根据这张秘图的指示，将悍匪白音大赉，郑重地送上了西天大路。

接着，剿匪的官军，一口气将陶克陶胡追出了八百里，不是陶匪一路狂奔，蹽到了俄国，他一定是摸阎王爷鼻子，唱安魂曲去了。

张作霖剿灭杜立三，靠的是一个"计"字。

他解除东北边疆多年的蒙匪匪患，靠的是一个"义"字。

分裂蒙古的嚣张气焰被迎头一棍。

雾霾没了，蒙古的天，又恢复了蓝色。

蒙古剿匪胜利后，张作霖用蒙匪的人头祭奠了安遇吾，然后将他的两个儿子安庆吾、安庆余收养在身边，后在洮南，让两人都补上哨官……

张作霖这场仗打得就是帅。帅得一塌糊涂，帅得让某些人口水流了一地。

用历史文献中的话讲，就是终于使"积年巨患，歼除殆尽"。将这两句话翻译成白话就是：这么多的嘎杂子、琉璃球（流氓匪类），都被张作霖给收拾干净了，还有不服气的，那就都给我卑服（屈服）地咬草根（不说话）眯着。

徐世昌称这次胜利"实非寻常剿匪之功可比"。清朝末代皇帝溥仪，得知消息，觉得赏赐一些平常的东西，不足以表现浩荡的皇恩，他除了给张作霖总兵记名，擢升洮南镇守使外，还特地赐予了他一件盘金龙吉服袍。

盘金龙吉服袍是皇帝穿的仅次于朝服的二号龙袍。

为了让手下的大臣卖命，溥仪也有豁出来的时候。

20世纪20年代末代皇帝溥仪

张作霖却没有拿这件龙袍当好玩意，后来被他转手送给了关东军驻满铁沈阳守备队队长植田照猪少将。新中国成立后，这件龙袍辗转回到国内，目前正在沈阳大帅府中陈列展出。

这件龙袍是那一段峥嵘剿匪岁月留下的证物。

它见证了张作霖"气吞万里如虎"的气势，在"风吹草低见牛羊"大

二十世纪初年，张作霖的实力，迅猛增长。

草原的纵横，那"万马鸣蹄扫空垒"的韵律，还有"欲为朝廷除弊事"的铿锵。

张作霖的实力，真可谓是一年一个样，三年大变样。可是菜偷多了，总会遇到狗，张作霖剿灭蒙匪最艰苦的时候，也就是1909年，一件让张作霖脑袋好像戴上了紧箍咒的事儿就发生了。

光绪皇帝和慈禧太后相继去世后，清朝政府本来已快寿终正寝，到了倒气的时候，可是突然诈尸，上演了一出实权人物袁世凯被摄政王载沣罢黜的闹剧。

如果说这场闹剧的起因，无外乎两点，一是袁世凯拥兵自重，权力过大，载沣等权臣一琢磨，得将袁世凯弄下台，不然他要得手，将来下台的就是我们。

二是袁世凯在外交上极力主张和推动联合美国，以抗衡日本国势力的扩张。他被排挤出官场，也是他推行袁氏外交政策的彻底崩盘。徐世昌绝对是有性格的人，载沣罢黜袁世凯后，他当即自请病退。

反抗，这就是徐世昌无声的反抗。

当时有人算过一笔账，朝廷培养出一个北洋水师的士兵，需要用士兵身体等重的白银。

而朝廷要培养一个封疆大吏，不用脑子想，至少也要用和封疆大吏同等体重的黄金。

徐世昌说摔耙子不干就不干，这哪成，朝廷当即降旨，将其调任邮传部尚书，京浦铁路督办。

东北三省的督军这活你嫌弃累，送信这活儿，修铁路的活儿，你不会嫌累吧？

徐世昌走后，就留下了一个坑，顶替这"坑"的人，名叫赵尔巽，赵尔巽是襄平（辽宁辽阳）人，清代同治年间进士，授翰林院编修。

古代的进士，相当于现代的学子考上大学。而进入翰林院，就等于现代的学子读了研究生。

翰林院差不多相当于总统府秘书处，编修每天需要干的事，包括：诰敕起草、史书纂修、经筵侍讲等活动。

翰林院的编修虽然没有实权，但是却近皇帝、近皇权、近皇宫，升官绝对的快速。赵尔巽既然能从翰林院"毕业"，说明他的学问是大大的，他在当时的官员中，还算比较有作为的一位，而且以直言敢谏闻名。

直言敢谏是文绉绉的形容词，换句不文明的——那就是大炮筒子，敢向皇帝开炮。

赵尔巽在东北三省主政，虽然也曾提拔新人，奖掖后进，但他横征暴敛，让史学家在写他时，会很不客气地记上一笔。

从赵尔巽一贯支持张作霖剿匪这一点看来，他用人应算还有眼光。

张作霖取得的剿匪成绩之大，在军事和社会效益上，都取得了双百的好成绩。

赵尔巽一直觉得，张作霖在清剿蒙匪之前，一定是在洮南街边的早点摊上吃了两根油条，外加四个鸡蛋——那就是取得了双百成绩的胜利餐。

溥仪皇帝大手笔，赐给张作霖龙袍后，赵尔巽也给张作霖下了一道公文，命他立刻到奉天省督军府觐见，赵尔巽将要面对面地对张作霖进行一番勉励和嘉奖！

张作霖接到赵尔巽的公文，不由得激灵灵地打了一个寒战。

袁世凯手握兵权，势力太大，让摄政王载沣将袁世凯罢黜，张作霖现在走得就是袁世凯的老路，莫非赵尔巽也想对自己下手吗？

张作霖打仗，只求目的，不择手段，有时候他手下一些士兵"匪性"难改，在剿匪的战争中，真的无法做到不拿群众一针一线。

看不惯张作霖的官员们，暗地里一个劲地打他的小报告，赵尔巽需要剿匪的成绩，证明自己不比前任差，故此那些对张作霖不利的小报告，都被他暂时扣下了。折腾得最凶的蒙匪，被张作霖用大扫帚扫进了垃圾堆。那句名言怎么说来的？兔子死了，猎狗也只能红烧了。鸟儿没了，好弓也得进坑灶了。

赵尔巽如果想拾掇张作霖，实在有太多的理由。

刘邦打好了江山杀韩信的事儿，在历史上发生的还少吗？

张作霖胡子出身，剿匪多年，疏漏之处，真好似少数民族的小姑娘头上的辫子，绝对一抓一大把。

接下来在张作霖身上发生的故事，确实有些传奇，在正史上找不到踪迹，但在市井野史上，却有着生动的记载。

张作霖领着一队卫兵，到奉天去见赵尔巽，他来到了距离奉天城三十里外的一处大车店，然后包了一个单间，张作霖往火炕上一躺，连叫——哎呦呦，老张有病了，走不了了。

赵尔巽已经派出了一名刘副官，专门负责迎接张作霖，刘副官来到大车店，对倒在床上直哎呦的张作霖问："镇守使大人这是咋地了？"

张作霖一脸苦大仇深的表情，说："看样子我是闯不过这个坎了！"

张作霖告诉刘副官，他自小就有心口疼的毛病，而且一痛起来，他的命就好像拿着铡刀剃头——悬得很。

刘副官瞧着张作霖的模样，不太像是有真病，但瞧着他比"铁木真"还真的表情，忙问："镇守使大人，您以前犯病的时候，吃得是什么药，奉天城中药店一大排，不管多么难淘换的药，我都能给您买来！"

虎毛、熊皮、蛤蟆咕嘟；火药、硝石和铁砂子都治不好张作霖的心口痛的怪毛病，唯一有特效的药物是——水饺。

刘副官听张作霖说完，真的被雷得里焦外嫩。水饺能治疗心口疼，这不纯属是矫情吗？

不仅是矫情，而且是大矫情，矫情得让刘副官都觉得伤不起。

张作霖掰着手指头，一说这治病的水胶的馅子，刘副官"啊"的一声，表情特像被石块击中的一个癞蛤蟆，这熊孩子当时就找不到回家的路了。

治疗心口痛绝密水饺饺馅配方：

鲜韭菜一斤；

鸡舌头三百条；

剁碎拌匀后，包三十个水饺，趁热吃下。

刘副官的任务，就是迎接张作霖进奉天，但这位张镇守使，病倒在了客栈，需要韭菜、鸡舌饺子治病。刘副官的活儿没完成，他心里一个劲在忐忑，担心见到赵尔巽，这位掌握东北三省生杀大权的总督，会一个巴掌霹雳旋风地扇过来。

刘副官真的想错了。

赵尔巽手捧治疗心口痛绝密水饺饺馅秘方，一开始阴沉着脸，好像脾气要大爆发的样子，刘副官暗中运气，鼓起了两只腮帮子，正准备承受雷霆一巴掌的时候，赵尔巽忽然呵呵地大笑了起来。

张作霖的这点小小要求，根本不算事，别说三百，就是三千条鸡舌也要照做不误。

在滴水成冰的奉天城的冬天,想弄到鲜韭菜,除非上贵宾楼。贵宾楼有一个暖床,应该育有嫩生生、绿油油、香喷喷的韭菜。

一只鸡,只生一个鸡舌头,要是一只鸡生十字舌头,这事就好办了。刘副官花高价在贵宾楼买来韭菜后,就开始冲进鸡市买鸡取舌头,取够了鸡舌,三十个水饺很快便被督军府的厨师做成了。

刘副官不敢停留,用毛巾包着装有鸡舌水饺的铝饭盒,骑快马,将这盒饺子在第一时间送到了张作霖的手中。

张作霖吃罢了热腾腾的水饺,这才吧嗒着嘴跟在刘副官身后到奉天城见赵尔巽去了。

张作霖的病是装的。

治疗心口痛绝密水饺饺馅秘方并不能治病,更不能解馋,唯一的目的是试探。

赵尔巽想要干掉张作霖,别说包饺子,包子都不会为他包一个,没事陪着张作霖玩,还不如看蝲蝲蛄上树。

小心能使万年船。智商低的船老大会被龙王爷请去喝闷酒。

张作霖能混到现在,不可能没有点超人的手段。

赵尔巽耳朵里早就灌满了张作霖的名字,这次还没见面,赵督军就领略了张作霖鬼精鬼精的手段。

两个人见面后,宾主双方在愉快的气氛中,就双方关心的问题,坦诚地交换了意见。张作霖首先对赵尔巽支持剿匪,不唯成分论,不嫌弃自己是胡子出身的观点,表示了感谢,双方的见面会,开得是融洽的、前瞻的、具有建设性的。

鸡舌水饺的故事,真实性水分很大,之所以刻意地写在这里,只是说明一个问题:不管是在官场还是在职场,建功立业固然重要,但明哲保身却更重要。

人最痛苦的事是人活着钱没了,最最痛苦的是人死了钱没花完——这句名

张作霖与赵尔巽

言告诉我们事业和钱要双丰收，但人的生命才是可以取得双丰收的坚实土地。

赵尔巽这次和张作霖见面后，他给张作霖下了这样一个结论——可以利用，但不可以重用。

袁世凯被摄政王载沣罢黜的例子，不就秃子脑袋上的虱子——明摆着吗？

不能让张作霖做大，张作霖一旦翅膀硬了，没人管得了他。

赵尔巽想画一个圈，将张作霖划到奉天省的权利之外。

画圈这件事，只有伟人才成，赵尔巽不是伟人，他只能算是能人，故此他确实有些一厢情愿了。

赵尔巽对张作霖虽然暂时关闭了权力的门闩，但不久之后，一个突发事件，让张作霖逮到了机会，他飞起一脚，便踹飞了奉天省的权利之门……

这次突发事件，简单到几个字，就是革命党要造反。

孙中山先生亲手创办了同盟会，而革命党就是的同盟会的代名词。

革命党不仅要造赵尔巽的反，而且要造清政府的反。

孙中山先生的同盟会成立于1905年8月20日。1907年，那是一个春天，同盟会的重要领导人宋教仁先生领着助手，从日本乘船抵达大连港。

星星之火可以燎原。随着同盟会辽东支部的成立，革命的火种，便迅速地在广袤的辽东大地上开始传播。

一个腐朽的政权，早晚都得被一个代表进步的新政权推翻，这是铁的定律，这就好像种地的犁杖，一定会被联合播种机取代一样。

1911年10月10日，武昌起义爆发，辛亥革命胜利的消息，立刻传遍了辽东大地。正筹划着如何推翻清政府奉天省政权的新军协统蓝天蔚、第六镇统制吴禄贞和第二十镇统制张绍曾等人激动不已，起义，我们也要起义，辛亥革命胜利的喜讯，无疑是给他们的身上，安装上了准备夺取奉天省政权的大马力的推进器。

四

"争权"就在老奉天

17. 没有暴力的革命，纯属是吓唬幼儿园的小孩

蓝天蔚曾经留学日本陆军大学，书读得海了去了，他作为同盟会员，非常坚定，也非常合格，但作为一个起义的领导者，他身上的书生气却显得重了一些。

蓝、吴和张等三人，经过开会，一致认为：暴力革命会引发战争，会让黎民受到伤害。暴力革命会破坏城市的面貌，我们参加革命的目的是要建设一座新城市，而不是破坏她。故此，驱走赵尔巽，和平取得东北的政权，这才是首善良策。

这些道理真的很亲民，也对得起历史这位大考官，但有一点，他们也许没有想到，光凭吓唬，你能得到老虎口中的一块肉吗？

想要得到这只老虎口中的肉，行动过程很简单，那就是猛冲上去，将老虎狠揍一顿，趁着它不知道东南西北的机会，一把将它嘴里的肉，抢到手里，然后"咔嚓咔嚓"地吃掉，让它没有在抢夺回去的时间和机会。

书生造反，三年不成。

蓝、吴和张等三人准备和平驱逐赵尔巽的计划刚刚热气腾腾地出炉，革命的队伍里就出现了叛徒李鹤祥。李鹤祥坐车一口气蹿到了奉天府，连呼哧带喘地叫道："不好了，不好了，你们还猪似的睡大觉，你们知道不，蓝天蔚他们要造反了，那鬼头刀磨得风快的，摸摸你们的脑袋长得还牢靠不？"

赵尔巽当时不在奉天府，他到黑龙江巡视防务去了，赵尔巽黑更半夜从电报里得知这"爆炸"似的消息，惊得差点从床上跳起来。

赵尔巽久居官场，定力还是有一点的。他心急火燎地从黑龙江赶回奉天，经过开会研究，便定出了两条应对的措施。

第一，成立"奉天国民保安团"，赵尔巽担任会长，用以对抗蓝天蔚的

"和平驱逐"计划。

第二，速调老实忠厚，出身没有污点的吴俊生领兵到奉天，和平不成，就上枪杆子。想从老赵的嘴里抢肉，那是要付出沉重代价的。

张作霖不仅会领兵剿匪，他做情报工作也是二齿钩子挠痒痒——纯粹一把硬手。奉天城中，就潜伏着张作霖大量的耳目。

赵尔巽准备调吴俊生"进京勤王"的消息，在第一时间便被在张作霖的耳目报告给了在奉天讲武堂中学习的张景惠。

张景惠趁着军队无战事，到奉天讲武堂中充电来了。

张景惠知道了消息，立刻给张作霖拍电报，电报的速度，再快的赤兔马也追不上。张作霖手捧电报，激动得一拍桌子，叫道："机会来了！"

张作霖的实力，绝对要远超吴俊生好几条街，现在可以这样说，张作霖一口气上五楼，气都不喘一口的。但张作霖是胡子出身，手段鬼精，赵尔巽对他可是超级不放心。而调职业军人出身的吴俊生来奉天城，充当赵尔巽的保镖，他心里还是比较落地的。

但赵尔巽面对的情况紧急，脑袋里也是断掉了一根弦儿，吴俊生绰号——吴大舌头，是个不善言辞的军人，让他和那些喝饱了洋墨水，又占据道理的蓝天蔚等人打交道，这场"舌战群儒"的大戏，吴将军能撑下来吗？

关于吴俊生有一个流传得很广的段子，有一次，他在双辽县看到学生在篮球场上赛球，场上为了一个篮球，你争我抢，他大动肝火，对校长训道：你这校长是怎么当的？十个人拼命抢一个球子，你看不见？给学生每人发一个，不然，要累死人的。妈，妈妈的。"

面对革命党，首先需要文斗，也需要武斗，文斗吴俊生显然不成，论武斗，吴俊生也像是在刀尖上走路——玄乎。

张作霖那双犀利的小眼睛，确实能够聚光，能够望远，他从一个完全不关自己的事件中，看到了一个千载难逢的机会，这机会，可以让他入主奉天，能够让他像坐着电梯一样快速飙升到奉天的权力中心。

赵尔巽不请张作霖，张作霖可以领着五百名精锐的骑兵自己去。

赵尔巽关上了两扇权力之门，张作霖抬脚将这两扇门踹飞，让赵尔巽的规矩彻底见鬼去，这事儿就是这么简单。

赵尔巽调吴俊生的电报发出，他正盼星星盼月亮地等着小吴将军，让人惊掉下巴的是，让他放心的小吴将军没来，来得竟是让他担心的小张将军。

张作霖看着手拿一幅糟牌，正愁得不知道咋打的赵尔巽，他"嗖嗖"两声，便塞给了赵督军"大王和小王"两张狠得直冒火星子的狠牌，赵尔巽将这两张狠牌攥在手里，他当时就说不出话来了！

张作霖送出的小王，代表着担当，他对赵尔巽说："奉天城局势紧迫，卑职为国家为黎民的安全着想，未接调令便擅自调兵，如果督军大人怪罪，作霖甘愿接受任何惩罚！"

张作霖送出的大王，代表着实力，他对赵尔巽说："卑职即使舍出了这条性命，也会保督军大人万无一失！"

张作霖为国为民为赵尔巽，性命都可以不要，你还想叫他咋地？张作霖到奉天"平叛勤王"的那颗心火炭一样的滚热，水晶灯泡一般的"赤诚"，赵尔巽的要求，张作霖不仅能达到，而且人家还承诺"一切为用户着想，一切为用户负责"。赵尔巽心里就是有一百个不愿意，他也不能往外撵张作霖了，因为张作霖待在奉天，不见得就对他不利，蓝天蔚的革命军，说得好听一些是"和平驱逐"，真要到时候，双方打起来，谁能保证蓝天蔚等人不会要了赵尔巽的脑袋。

赵尔巽终于想明白了，为保脑袋不能整天一副臭脸，要对张作霖好点。当下与张作霖勾肩搭背，就好像多年未见的好兄弟。

赵尔巽有张作霖的枪杆子撑腰，胆气飙升。

赵尔巽从来都认为，先下手为强，让后下手遭殃。蓝天蔚要动赵尔巽，赵尔巽就决定先对蓝天蔚发大招，看看究竟是老虎拿武松当点心，还是武松弄死了老虎泡药酒。

景阳冈不仅是蓝天蔚等人的景阳冈，更是赵尔巽的景阳冈。

第二天，赵尔巽在奉天省咨议局，召开了军、政、农、工等各界代表大会。有道是：人不犯我，我要犯人；人若犯我，我挖你祖坟！赵尔巽面对蓝田蔚，准备要下黑手了。

蓝天蔚办事相当地靠谱，在来咨议局开会之前，革命党人已就驱除赵尔巽的步骤，以及奉天省独立之后的人事安排，做了详细的规划。

蓝天蔚为关外革命军的讨虏大将军。

张榕为奉天省的都督兼总司令。

吴景濂为奉天省的民政长。

蓝天蔚要达成东北独立的主政目标，首先要将保皇顽固派赵尔巽赶走。

在赵尔巽的心中，从来就不信蓝天蔚能成事，他一个心眼地认为，只有跟着皇帝走，才有肉吃，什么革命，都是瞎扯淡。

咨议局的会议召开，赵尔巽首先以一个受打击，被迫害的面目出现，他先诉苦似的说了一通自己兢兢业业，为奉天做出的贡献，然后劝说大家，非常时期，稍安勿躁，不可蛮动！……

台下的革命党人，早就准备对赵尔巽那一套陈腐的说辞开炮了，他们当即将清政府官吏腐败、丧权辱国的那些破事，全都一件件地抖落了出来。

清政府这些年的所作所为确实肮脏。赵尔巽被驳斥得面红耳赤，几次张口，可是却无法说出完整的话来。

张作霖一见赵尔巽已经没有咒念了，他便以保驾护航的姿态，几步冲上主席台，并将枪牌撸子"啪"地一声，重重拍在了桌子上，叫道："赵督军的话，句句都是真理，谁若敢大逆不道，公然造反，先问问我张作霖的手枪答不答应！"

武林中有一个规矩，说不明白，那就兵器上见真章。耍横，玩狠。

跟随张作霖到奉天勤王的汤二虎和孙烈臣等人，早已经领兵，鸟悄（肃静）地埋伏在了会场外面。

张作霖一拍手枪，汤孙二人立刻气势汹汹地领兵冲了出来，偌大的会场中，全都是"哗啦，哗啦"拉枪栓的声音。

黑洞的枪口，比乱瞪眼睛，更具威慑效果。拉枪栓的声音，绝对比摔杯的动静吓人十倍，因为那是最接近死亡的声音。

事实再一次证明，没有暴力的革命，纯属是唬小孩。

蓝田蔚没有办法，只得领人退出了奉天咨议局。而他那个和平驱除赵尔巽的计划，最后变成了一个笑话。

很多政治人物，最擅长的就是秋后算账。咨议局会议结束后，赵尔巽奏请朝廷，将蓝田蔚曲线解职。吴景濂被赶走，而张榕却被张作霖派人暗杀。张榕牺牲后，张作霖为了斩草除根，他又派手下杀害了张榕的战友，革命党人宝琨和田又横。

随后，张作霖领兵在奉天城中，大肆开始搜捕革命党人。只搞得奉天城笼罩在一片白色恐怖之中，市民人心惶惶，几乎不可终日。

在《辛亥革命》（中国近代史资料丛刊）第七册397—398页。曾经有如下记载："（张作霖）率党羽三百余贼，每夜分投（头）烧抢惨杀，凡剪发易服（剪掉了辫子，换了新款衣服）之人无一幸免，陈尸累累，惨不忍观！"

在那段历史资料中，一个"贼"字，用得有点重了。张作霖一个清廷的军官，期盼他能有多高的觉悟，纯属就是一厢情愿的事儿。张作霖杀害三名革命志士，干了阻碍革命的坏事，这永远都是他身上无法抹去的污点，但这件事和慈禧太后杀害戊戌六君子，曾国藩剿灭太平天国，又有什么区别？

唯一的区别就是慈禧和李鸿章距离我们的时间远一些，隔着历史的鸿沟，朝代的城墙，让我们难于嗅到当年屠刀下的血腥气而已。

正义的革命党运动，因为指挥得不得法而惨遭失败。

一个团队的领导人，就是一个团队的灵魂，对于一个团队太重要了，重要得就好像是红缨枪的枪尖，宝剑的剑刃，枪口的准星。

如果东北革命党的领导人是一个雷厉风行的人物，他用霹雳的手段，麻溜地干掉了赵尔巽，并夺取了奉天的政权，那么，张作霖就会成为被革命党捕杀的对象了。

你杀我，我杀你，谁手快谁占便宜。革命不容许虚头巴脑（假设），历史更不可能推倒重来。

现在就是张作霖胜了，而胜利就是道理。

《辛亥革命在辽宁档案史料》中，曾留下了这样一段任性的记录，赵尔巽在给朝廷的奏折里，曾经大笔急挥，武马张飞（很凶的样子）似的写道：该统领不动声色，连毙三凶（革命党代表着进步，"凶"字应该改为英烈），实足以快人心而彰显戮！

张作霖因为清剿革命党有功，被赵尔巽上奏朝廷，请求末代皇帝溥仪一定要对张作霖重重地"意思意思"。

辛亥革命后，南方各省已经纷纷宣布独立，清廷政府已经成了重症监护室中奄奄待毙的病人，可是关外的张作霖，高举手中枪，蝎虎在当场，稍显稚嫩的革命党，没搞过生猛的张作霖，革命党在奉天搞独立失败，张作霖取得的成绩，应算作是殊功一件。

奉天省清除革命党的消息传来，清政府那冰凉的胸口上，好像被心室除颤仪狠狠电了一下，末代皇帝溥仪立刻便觉得龙神附体，满血重生——如果不对"国家级栋梁人才"张作霖加官晋爵，这就显得下对不起地，上对不起天，对不起生我们养我们的老祖先了。

末代皇帝溥仪，隆重地封张作霖为统制兼奉天巡防营总办，并领关外的练兵大臣的官职，张作霖的职位又"嗖"的一声，提升了一大截。

张作霖现在手下的兵力扩充到了24营，共有士兵12000余号人。张作霖现在实打实是师长的待遇，他手下的弟兄也都水涨船高，跟着老大官升一级。

张作霖就这样成了赵尔巽身边的红人。在不久之后，他就祭出了自己在官场上无往不利的大杀招——拜赵尔巽当干爹。反正张作霖一个头磕在地上，下面的事儿，赵尔巽就看着办吧，张作霖身后的干爹一大群，他们都有事罩着张作霖，你赵尔巽不会当个另类干爹，在背后捅干儿子一刀吧？

赵尔巽哪会在背后捅刀子，他对张作霖的帮助也是极大的。

赵尔巽极力在东北推行清政府的新政，他设立了仕学馆及法政学堂，培训地方官吏，建学堂，开办官商合资的官银号，发行银行券（官帖）等举措，但这些举措也让某些利益集团有一种世界末日的感觉。

赵尔巽在奉天省是老大，但他也有饭罐子没耳朵——提不起来的短处，那就是没有儿子。

就在这一年腊月二十九漆黑的夜里，赵尔巽得罪过的权利集团，为了出一口恶气，他们就派人偷着在赵尔巽的府门前，贴上了一副对联：尔小生，生疮长病；巽下断，断子绝孙。

要说写对联骂人，骂骂普通人也就罢了，赵尔巽是谁，他是张作霖的干爹，是凡和张作霖沾边的人，记住，没有一个平凡的。赵尔巽纯属老当益壮，内心狂野，绝非一般战士可比。

赵尔巽虽年以古稀，但发奋努力，勤于耕种，他的三夫人终于怀胎十月，给他生下了一子——赵天赐（字世辉，博士学位），赵天赐在20世纪40年代曾在联合国任职，是国际的知名人士。

赵天赐小的时候，便和张作霖四夫人许澍旸（张学思将军之生母）之女张怀瞳，经常在一起玩耍，两个人的关系可谓两小无猜，赵尔巽便找到张作霖，替自己的唯一儿子，向张怀瞳提亲。

18. 努力踮起脚尖，是不是就更接近权利的阳光

赵尔巽是张作霖的领导，要说上级提亲，可是好事，但张作霖看着赵尔巽下的庚帖，竟被一下子难住了。

赵尔巽是张作霖的干爹，张怀瞳得管赵天赐叫叔叔，这辈分不对，如何结

亲——张作霖还挺古板，而且还不是一般的守旧。

张作霖虽然没有答应这门亲事，但心里却一直觉得对不起自己的这位老领导，他去世后，在张学良的主持下，赵天赐和张怀瞳终于结成了百年之好，这也算弥补了张作霖对赵尔巽的深深愧疚。

张怀瞳和赵天赐生有一女，后来这女儿，又成为白崇禧三儿白先诚的媳妇。

1926年中国国民革命军参谋长白崇禧

张家嫁女，这本不足道，但张怀瞳许配给赵天赐之时，清政府倒台，张家坐拥东北，权势冲天，赵尔巽早已失势，他当时的身份是清史馆馆长，纂修清史，怀念先朝。

张怀瞳嫁给赵天赐，应该算是"下嫁"，张学良身为少帅，能为妹妹主持婚礼，这样做完全是得益于张作霖对他的"义"字为先，不忘旧交的教育。

张家的儿女亲事，还有一件事不能不提。日俄战争时，张作霖曾结识了手握兵权的张勋，张作霖当时就做主，将四女儿张怀卿许配给张勋的儿子张梦潮。

张勋丁巳复辟，结果仅用12天便破产失败，张勋权势一落千丈，沦为寓公，人人避之，唯恐不及。许夫人找到张作霖，担心地说："咱不能眼睁睁地将亲生女儿往火坑里推吧？"

张作霖当时眼睛一瞪，狠狠地批评了四夫人一通："人家有权的时候，咱同意了这门亲事，人家遭难了，咱就悔婚，这是咱们张家人干的事儿吗？"

张作霖，未来的张大帅，绝对是屌丝一族的救星，他那一诺千金的风度，可让现实社会里嫌贫爱富的"丈母娘"们，情何以堪？

张怀卿和张梦潮在张作霖的主持下,顺利成亲。张作霖一开始的时候,也许会以权、以势和以钱相交,可一旦订交,则一辈子都会是兄弟。不问对方是否贫富贵贱,也不管对方宦海浮沉,也不关对方是否负恩背义。啥叫爷们,这就叫爷们,小肚鸡肠的人哪里称得上是爷们。

无例子不说话,在第一次直奉大战时,张作霖的结拜大哥张景惠,曾任西线总指挥,张作霖在自己这位大哥"雄赳赳,气昂昂"上前线之前,曾经千叮咛,万嘱咐,说:大哥,这场仗,你可以一定要铆足了劲,给我好好打,老弟可就靠你了。

张景惠虽然答应得挺快,可是他却和直系"勾勾搭搭",这仗打得可就有些"暧昧"了,战争开始之后,张景惠所部陆军第十六师师长邹芬临战叛变,领兵投奔了直系这个"娘家",随着邹芬第一块多米诺骨牌的倒塌,张景惠的西线军队在长辛店一线败得"稀里哗啦"。张景惠打了败仗,连累得张作霖第一次直奉大战全线失败。

战争结束后,张景惠不敢回奉天,他寓居北京,曹锟贿选大总统成功后,张景惠摇身一变,就成为了全国国道局督办,月薪高达两千元银洋。

两千元银洋,折合成现在的人民币大约是四十万左右,高薪,这绝对是让人感到眼热心跳的高薪。

张景惠干的事儿,让张作霖曾多次咬着牙说:"这还是兄弟吗?"

兄弟要两肋插刀,可是张景惠手里拿着刀,却专往张作霖肋巴扇子上招呼。

1925年冬,张景惠的母亲在家乡台安病逝。作为孝子的张景惠却不敢回家奔丧,他坚信,只要他回来奔丧,张作霖不把他"犬决",也得支起一百挺机枪"突突"他。

张景惠躲在北京西苑的四合院里,正一边喝闷酒,一边掉眼泪呢,张作霖派吴俊升到北京找他来了,吴俊升一见垂头丧气的张景惠,就开始嚷嚷:"咱娘在台安病逝,你还有心思在北京喝酒,赶快跟我回东北,给咱娘发丧去!"

吴俊升把脑袋晃成了货郎鼓，说："不去，不去，我怕作霖会收拾我！"

吴俊升眼睛一瞪，说："别扯了，作霖说了，大家都是兄弟，你的母亲也是我们的母亲！"

张景惠也被感动了，他跟在吴俊升身后，回到了奉天城，张景惠见到张作霖后，跪地叩头，哭道："作霖，我对不起你，我有罪，你把我枪毙了吧！"

张景惠那日忏悔的哭声，远在大帅府的门口都听得到。等待张景惠的一不是"犬决"二不是机关枪"突突"，而是张作霖大度的一挥手："哭啥，事儿都过去了，咱们以后还是兄弟，摽着膀子一起接着干吧。"

一日为兄弟，一世为兄弟，张作霖原谅了一步走错的张景惠，并任命他为奉天督军署参议，仍为张作霖的代表，常驻北京、天津等地。

张作霖主政东北后，他在帅府的东北角建有家庙，正殿中供奉的关羽，东殿中供奉张家的祖宗灵位，而西殿供奉的却是——兰谱，就是张作霖与结拜兄弟磕头时所换的金兰谱。

从这一点上，可以看出来，这些结拜兄弟在张作霖心中，沉甸甸无可代替的位置。

令人敬佩的东西，往往并非事实，而是比较。张作霖的结拜弟兄，有很多都去偷他的菜，但张作霖从来都是不计前嫌，孟子说，以德服人，张作霖说：以义气服兄弟。

穷搬家，富挪坟。张作霖现在是奉天城中跺一脚，四城门楼子都会乱晃的实力派人物，他决定给父亲张有财迁坟再葬，这时候的王小鬼，他怕张作霖抓住他点天灯，早就逃到外面躲了起来。

躲起来的王小鬼整天烧香拜佛，嘴里还一个劲地念叨："求路过的各位大仙保佑，千万别让张作霖找到我，只要让我躲过这场灾星，我就送每位神仙一个大猪头！……"

哪个有点正义感的神仙，会稀罕你一个代表卑鄙的死猪头？

王小鬼怕啥来啥，他刚念叨完这句的话，张作霖的手下，便上门查水表来了。

王小鬼大声叫道:"不管你们多么牛狂,也无法剥夺我自杀的权利!"

王小鬼早就准备好了一瓶卤水,一把菜刀,可是他喝下卤水,发现嘴里只有一股苦了吧唧的咸味,这自杀的卤水竟是坑爹的假货。他抡起菜刀,对着自己的肚子猛砍,只听"咔"的一声,裤子掉了下来,他竟把自己的裤袋给砍断了。

王小鬼自杀不成,他被绑成了一个大粽子,送到了张作霖的面前。

张有财被王小鬼所杀,张作霖年轻的时候,曾经发誓,一定要报仇雪恨。他要让王小鬼死得要多难看,有多难看。

张作霖葬完父亲后,他走到王小鬼身边,亲手解开了王小鬼的绑绳,说:"我请你来,只是想跟你说一声,你杀了我爹,我们也杀了你们家的一名女眷,这事就算翻篇、过去、扯平、完事,谁以后再提,谁就不是人!"

王小鬼跪在地上,感动得连哭再叫,嘴里"依里哇啦",讲的都是人听不懂的鬼话。

王小鬼真的不知道再说什么——感谢活命,他真的没有脸说,谢谢不杀,他真的说不出口。那就说鬼话吧,还是讲鬼话最安全。

杀父之仇,张作霖都能拿得起来放得下,他还有什么不能放下,这就不能用爷们来形容他了。

爷们也有苦恼。1912年的春节过后,张作霖的大夫人赵春桂身患重病了。

张作霖一口气娶了好几房太太后,烈性的赵春桂有一次因为小事,和张作霖口角了几句,便领着女儿张首芳、长子学良和尚不懂事的张学铭搬到了新民府,回到杏核胡同的老宅居住去了。

婚姻的痛苦,没有人能与赵春桂分担,她目前只能将担子从一个肩,换到自己的另一个肩——这叫所有问题都自己扛。

而张作霖却将养妻教子等自己应该挑的担子,全都丢给了赵春桂——这叫啥?超级不负责任。

四 "争权"就在老奉天

张作霖和子女在一起

赵春桂并不是温柔型的"娇妻",她可以和张作霖同患难,却不可以共富贵。故此,1909年夏天,她口角之后离开张作霖,搬回老宅去住,也许对她就是最好的一个选择。

对于成功后的张作霖来说,赵春桂就是可有可无的女人,有她在身边,他还不自由。赵春桂一赌气走了,张作霖尚能落个耳根子清净。一开始的时候,张作霖还能按时给赵春桂邮寄生活费,可是时间一长,他就好像一个事业做大的老板,对于一个可有可无的员工,态度逐渐冷淡,每月的"工资"就开始拖欠了。

欠薪的老板,绝不是一个好老板。

赵春桂如果放在现在,以她的性子,没准就报考蓝翔技校,自谋生路去了,可是在民国重男轻女的时代,她生就了女儿身,也只能领着儿女,光阴似面,日月如锅地苦熬岁月了。

赵春桂得病的消息,传到了奉天城,张作霖一开始的时候,还以为这是赵春桂找他要钱的手段，便没当回事，可是赵春桂随后几封告病的信，接连飞来，张作霖觉得这事不能不重视，他就派卢夫人代替自己，去新民府"探病"。

事实上，张作霖这丈夫是别人能替代的吗？

赵春桂得的是心病，心病又引发了实病，这种病，需要两种药物，即丈夫加药石，才可以彻底治好，药不对症，治也是钱花得多多的，收效小小的！……

张学良的妻子赵一荻（赵四小姐）夫人，一次对别人谈起赵春桂当时的情形，曾这样说："别说他们（张学良新民的老宅）家有钱。他妈妈睡的那个炕，连垫的褥子都没有，睡在铺草的砖上。"

赵春桂当时真的很贫困，简直可以说日子已经过不下去了。是谁说——做女人真好？

事实真的很残酷，残酷得就好像编造出来的故事一样。赵春桂是一个不平凡的女子，她身上充满了中国女性"宁死不低头"的特质。

卢氏将赵春桂已经一脚踏进了鬼门关的消息，写成一封急信，然后派人给张作霖送了过去，张作霖带着医生赶去新民府，那就是过了霜降收玉米——晚了三秋了。

贫困加疾病就是两把杀人不见血的刀，赵春桂去世后，被葬在了辽西北镇的驿马坊，张首芳、张学良和张学铭这三个没娘的孩子，便被张作霖带回了奉天。

张学良等三个孩子在新民和母亲度过了将近四年的贫苦岁月，人家的爹爹

赵一荻

"望子成龙，张作霖这"甩手"爹，绝对是个不合格的"产品"。

张作霖作为一个军人，即使对得起他服务的政府，对得起需要他保护的百姓，却对不起赵春桂和她抛下的三个孩子。

没有张作霖，历史不会记取赵春桂的名字。

张作霖在起步阶段，如果没有赵春桂的帮助，他就当不成未来的大帅。

没例子不说事儿。1908年前后，张作霖被派到洮南和蒙古等地剿匪，因为灭匪不力，曾被免职。张作霖甚至一度萌生了摔耙子不干，重返绿林逍遥快活的想法，伴随张作霖剿匪的赵春桂，并没有一哭二闹三上吊，而是深明大义，跟他讲事实，摆道理，才让张作霖坚定了继续剿匪的决心。张惠景知晓这段内情，他就感叹地说："当年如果没有赵夫人开导，也许张作霖一赌气就回辽西当土匪去了！"

1909年到1912年，时间只是走了四小步，可是放在张学良等孩子身上，却是四大步。这时张作霖的长子张学良，已经是一个11岁的翩翩少年了。

张大公子即使年轻，也已经显露出了一种将要迷死一班年轻少女的风流和倜傥，张少帅，你凭地不要这么潇洒好不好？

张作霖风风光光地办完大夫人的丧事，随后，三个流落在新民的孩子归家，可是张作霖的脸上却一点笑容都没有。因为1912年，对于

张作霖长子少年张学良

他来说，绝对是一个魑魅魍魉吐口水，妖魔鬼怪伸舌头的凶年。

1912年2月12日，清帝下诏退位，清朝覆亡。3月10日，袁世凯在北京就任

临时大总统，赵尔巽仍然被留任，一开始的时候，赵尔巽称东三省都督，7月改任奉天都督，11月告退离任，隐居青岛，赵老爷子掸掸身上的尘土一走，奉天的督军的位置就空了下来，袁世凯几经呕心沥血的琢磨，还是觉得自己结拜兄弟张锡銮可靠，便让他担任了奉天都督。

一朝天子一朝臣，到了民国，这句话，依然实用。张作霖因为和袁世凯的关系不靠，督军的位置，跟他一毛钱关系都没有。

其实，袁世凯若想安心地当自己的大总统，必须有自己的班底，官员是否有干才，这暂且不论，是否效忠袁氏政府，这才是他选官的第一标准。

如果民国各省的老大，全都不是袁世凯的亲信，而都是一些"带刺的玫瑰"，老袁想要伸手整理一下"国家的大花园"，他可怎么下手？

火车不是推的，泰山不是堆的，张锡銮担任奉天都督，那绝对是有底气的。因为当时东北最具力量的四支军队，都认张锡銮当老大。

东北地区的四支军队，分别是：驻北镇的冯德麟的陆军第28师；驻洮南的吴俊升的陆军骑兵第2旅；还有凤城的马龙潭的巡防营右路。不过这三支部队，都无法和张作霖精锐的陆军第27师相比。

张作霖的陆军第27师，属于国家正式不差钱的部队，由原来单一的步兵，经过逐步扩编，已经变身成为步兵两个旅、骑兵一个团、炮兵一个团、工兵一个营、辎重兵一个营。而且装备精良，枪械崭新，基本上可以这样说：拍拍手、摸摸头、东三省、你最牛了。

财大气粗，炮筒子粗脾气就倔。江湖谚语说得更好：谁的拳头大，谁就是老大。

张锡銮干得就是替袁世凯看家护院的活儿，而张作霖就是张督军力量最大的那只右臂。

陆军第28师、骑兵第2旅和巡防营右路这三股力量，如果论掰手腕，铁定又是冯德麟最厉害，这道理很明白，张作霖刚出道的时候，冯德麟就已经是胡子头了，1906年，冯德麟被张锡銮招抚，官职一路飙升，如果在东北地区，张作霖选一个最强的对手，这光荣的名字，除了冯德麟，绝不会落到第二个人的头上。

除了冯德麟最让张作霖顾忌之外，最让张作霖讨厌的人，这时候也出现了，这人叫金寿山。

当年金寿山领着大团，将张作霖赶出了赵家庙，害得赵春桂在马车上生下了张学良。

金寿山当年差点改写历史，可是现在，张作霖要改写他的命运。

金寿山在几年前，也接受了朝廷的招安，他一开始干的是护路队，民国后，升为正式的国家干部——巡防营帮统。

在袁世凯时代的新军中，帮统相当于现在的副营长，金寿山升为巡防营帮统后，就悲催地归张作霖直接领导了。

金寿山现在是民国的正式军官，他拿着俸禄，本应该干点正事，可是这小子披着军人的老虎皮，背后却经常领着手下化妆成土匪，打家劫舍，拦路抢劫，捞偏门，发外财。

自己不作死就不会死！

张锡銮恨透了败坏军队名声的金寿山，他找到张作霖一商量，张作霖决定公报私仇，他就以开会为由，调金寿山来奉天，接着就把他送大狱体验生活去了。不久之后，他命人将金寿山押到了刑场上"练胆"，金寿山确实挺有胆，那就是不怕死，但随着一声枪响，他的生命也就画上了句号。

惹了英雄，一定挨打，而惹了枭雄，保证送命。

金寿山你醒醒吧，有时候，需要怎么吃进去的就怎么吐出来。

张作霖是应该是一个实用主义的坚定践行者，他干的事情，一切以权力和利益为出发点，只要对这两点有好处的事儿，他汗珠子掉地下摔八瓣抢着干，要是一点好处都没有，张作霖保证躲一边喝凉茶去了。

人都说：没有理想，空忙一场。

张作霖就是信老母猪上树，也不愿意相信"理想"这俩字。

不管是末代皇帝溥仪在位，还是袁世凯当上了大总统，不管是君主立宪，还是民主共和，这些事儿张作霖都老关心了，不关心这些事儿，他怎么能在奉天立足稳稳的，官升得飕飕的，财发得多多的？

张锡銮接任奉天都督时，已经年逾古稀，用农村老大爷的话：都快啃不动黄瓜了。而张作霖还不到四十岁，正是上山可打虎，下海可捉鳖的猛汉子。张作霖满心都是想法，风水轮流转，督军到我家，张锡銮也该挪挪窝，奉天都督的虎皮椅子，老张也该坐坐了吧。

19. 自己选的督军，哪怕一路都是黑也要走到底

不想当元帅的士兵，不是好士兵，不想当都督的关外的练兵大臣，不是一个好统制。

张作霖其实很久以前，就想要搞定民国的老大——袁世凯。

袁世凯一不缺权，二不缺钱，想要搞定他，确实有超高的难度，再说张作霖只是一个小小的师级军官，他想向袁世凯抛媚眼，等于在棉大衣外面挠痒痒，隔着太多的层。

张作霖是谁，他的官职虽然不高，但内心无比强大，他身上充满着剽悍的行动力。当时，袁世凯表现出的是一幅忠臣模样，他要效忠朝廷，甚至拿出了谁敢动太后老佛爷，我就轻则叫他变黔之驴，重则变木乃伊的劲儿。

张作霖曾不止一次地给袁世凯拍电报——并向袁表示，一定要跟着袁将军走，保卫大清就是我最为崇高的使命。作为一个新式的军人，我就是大清的一块砖，只要哪里用，就往哪里搬，最好还是要往好地方搬！……

袁世凯一开始并没有对张作霖的电报，多加注意，可是时间一长，张作霖的名字就被他记住了。

张作霖目的达到，他一顿电报，为得就是要和袁世凯先混个脸熟。

袁世凯哪里是想为清朝政府流尽最后一滴血，他真正的目的是想把清廷的

最后一滴血榨干。袁世凯就给张作霖复电，暗中讲明皇帝应退位，共和要先行的想法。

张作霖不是没有立场的人，只不过他的立场，随着风向变化得太快。

袁世凯露出了狐狸尾巴之后，张作霖立刻表示，自己绝对拥护共和，什么帝制，早就应该丢进下水道了。

袁世凯一见张作霖很明白事，便在电报里许诺：好好干，将来，嘿嘿，你懂的……

1913年3月，张作霖终于获得了一个去京城去见袁世凯的机会。

当然，这机会对张作霖来说，就是在袁世凯面前好好表演一番。张作霖觉得，只要抓住以下三点演戏的要诀，定能将袁老师唬得不知道东南西北。

其一，礼数要周全，最好是跪拜，态度要诚恳，最好有眼泪。

其二，礼物要厚重，最好硬通货，送出要巧妙，领导好接受。

其三，表达要保真，忠臣就是我，铁杆好部下，将来一起玩。

张作霖见到袁世凯后，他先是一番声泪俱下的效忠表演，演出结束后，袁世凯对张作霖的表演才能表示了肯定，但对他表达出的忠心，却更蒙上了一层怀疑的阴影。

1913年的时候，张作霖38岁，而袁世凯已经54岁了。

袁世凯比张作霖年长差不多20岁，论官场上的经验，袁世凯可以说是巴掌上长胡子——绝对的老手；秦始皇墓里的花生——非常的老人（仁），太和殿门口的旗杆——超级的官场大光棍。

张作霖玩的声泪俱下的套路，袁世凯早就在慈禧太后、溥仪皇帝面前，更"真诚"地表演过很多回。

在这"官场靠忽悠，厚黑是真理，今天唬老张，明天骗老李"的时代，袁世凯的脸皮，要比张作霖更厚，他的心，要比张作霖更黑，他的忽悠水平，至少比张作霖要高好几个段位。

张作霖为了在袁世凯面前表现出胸无大志的样子，他还干了一件大事，那就是任性地，将八大胡同的一等妓院全都包下来，供手下人昏天黑地的胡闹。

张作霖还对袁世凯无比忠诚的表示："内省若有反对者，作霖愿率所部以平内乱，虽刀斧加身，亦不稍怯。"

这句话的意思是：不管关里关外，谁要敢反对大总统，我就发扬刀山敢上，火海敢闯的精神，让他立刻灰飞烟灭！"

张作霖表演的才能颇佳，可是在袁世凯这个成名的演员看来，张作霖表演的细节，还有许多需要完善的地方。

袁世凯对张作霖嘉许一番后，还赏给他一块金灿灿的一等勋章。

张作霖离开总统府，坐上了马车之后，他将那块一等的勋章在车厢内的包铁上蹭了两下，看着里面露出的铜色，他心里不由得暗骂：袁世凯，比溥仪皇帝还要小抠，溥仪皇帝还赏给了张作霖一件龙袍，这块镀金的勋章，即使找个废品收购站卖掉，恐怕连串糖葫芦都买不来吧。

袁世凯算计的是张作霖手里的枪杆子。

张作霖算计的是袁世凯手中的权把子。

1914年，袁世凯先出招了——调张作霖去内蒙古当护军使。

护军使这官阶可不小，权利仅次于一省的都督。老袁够意思了吧，张作霖你感不感动？

张作霖感动个屁，他接到这份调令，差点没将这张调令直接带进茅房，当手纸用去。

袁世凯这份调令里，暗藏着两个阴招。

其一，奉天是张作霖的一亩三分地，让他去两眼一抹黑的内蒙古，瞎子都看明白了，这叫调虎离山计。

其二，张作霖如果去了内蒙古，他就变成了光杆司令，张作霖如果不去内蒙古，说明他就对袁世凯存有二心，这是袁世凯对张作霖两难的考验。

张作霖可不想一个人去内蒙古"裸奔"，他也不想接受什么两难考验。袁世凯这总统要混不讲理，我找陆军总长段祺瑞讨说法去。

现在袁世凯和段祺瑞搭伙组建了一个领导班子，袁世凯是一号，段祺瑞是二号。他们表面上精诚团结，暗地里却互相拆台。

张作霖找来秘书，拟了一份电文，然后"噼里啪啦"地给段祺瑞就发了过去。

这份电文带点嚣张、带点吓人、带点威协、带点暴力、带点儿童不宜，其内容如下：

辛亥癸丑之役，大总统注意南方，皆作霖坐镇北方之力。今天下底定，以逸夫之排挤，鸟尽弓藏，思之寒心。中央欲以护军使将军等职相待，此等牢笼手段施之他人则可，施之作霖则不可……

这段话如果用谁都明白的语气翻译是这样的：干啥，你这个总统也太牛狂了吧，不是我老张替你在北方顶着雷，革命党早把你龟孙子弄焦黑了，想干过河拆桥的事儿，你可以试试！……

民国确实是个好时代，镇守四方的军人心里不愉快，也可以对段祺瑞这陆军总长发点小爆脾气。

段祺瑞是个人精，他深深懂得，军人的脾气就像炮筒子，爱发火你们尽管发火，只要发完火，老实地还给老子还干工作，那就没的说！

其实段祺瑞跟着袁世凯干，那也藏着老大的奸心眼儿，别对民国的军人们说"何惜百死报家国"这样得话，高声唱着"我愿守土复开疆"的是岳武穆，不是袁、段和张这些小算盘珠子打得贼精的军人。

段祺瑞为了笼络张作霖，便力劝袁世凯——还是别惹张作霖这样的狠茬了，他可当过胡子，一旦急眼了，真要是摔了碗、砸了锅、烧了房、踹了墙，你可咋整？袁世凯没有办法，只能收回调令。

张作霖，你的胆儿太肥了。

你难道不知道，跟袁大总统过不去，那就是跟自己过不去，那就是跟自己的官帽子过不去，要知道，袁大总统收拾人的手段，那也是窑炉里的瓦盆一套一套的。

张作霖从袁世凯那里，要不来自己梦想中的东西，他决定自己争取。正所谓奉天都督虽有主，我要勤奋松松土，没有撬不走的老大，只有不努力的将军。

张锡銮别看是张作霖的干爹，张作霖要想对付他，那绝对是起重机吊鸡毛——毫不费力的事儿。

张锡銮如今已经是七十高龄的老人了，如果说句真心话，老爷子早就该回家，找个青花罐，手里拿着根草棍，然后和孙辈一起玩斗蛐蛐去了。

张作霖作为张锡銮的干儿子，确实有一份孝心，他首先要替张锡銮分忧解愁。张锡銮一旦有个头痛脑热，感冒发烧，堆积如山的公事，张作霖就帮着他处理。

江湖中有句名言：跟着官霸混，分分钟涨姿势。

在张作霖的勤奋努力之下，本来属于张锡銮的公事，就都被他办得贴服的，张作霖字雨亭，他的名字一定叫错了，应该叫张先进字劳模才对。

张锡銮一开始的时候，还以为"他工作，我休息"，张作霖是替自己分忧，可是时间一长，他就发现不对劲儿，奉天府的大小官员整天都围着张作霖的屁股后面转，甚至有些重要公文，竟都迈过了张锡銮的门槛子，直接找张作霖批阅去了。

反了，张作霖竟敢篡位夺权，这还了得，一开始的时候，张锡銮肚子里的气，简直比吹风机都大，可是后来一想，他的气也就消了，这奉天都督的印把子，掌握在自己干儿子的手中要总比落到外人的手中要强上一百多倍吧。

张锡銮拟了一道公文，以岁数大，牙口不好，啃不动黄瓜（老病之身不胜重任）为由，向北洋政府提出了狗头白（good-bye）的要求。

张锡銮回去和孙子一起斗蛐蛐的愿望很快就被北洋政府批准了，但奉天的继任都督却不是张作霖，而是段芝贵。

段芝贵之所以被奉天封督，因为他是袁世凯的干儿子。

张作霖是张锡銮的干儿子，他只能算小黄牛，袁世凯的干儿子段芝贵，绝对可称大犀牛了。

张作霖胆超肥，竟敢顶大总统，不服命令调动，想当奉天的都督，别说门路了，窗户都被袁世凯用砖头子给堵死了。

段芝贵哼着嚣张的小调，迈着告捷的步伐，伴着胜利的节奏，欢蹦乱跳地来到奉天省，当上了奉天都督。

张作霖你幸福吗？张作霖确实很幸福，他幸福得都快找不到回家的路了。

段芝贵是段祺瑞的族叔，可是却被人称为小段，而反过来，段祺瑞却被人称呼为大段，这是人品的问题。

段芝贵有一个超级猥琐的绰号——民国第一皮条客。

想干皮条客，需要两大硬件条件，脸皮厚，心够黑。

一般的皮条客，厚着脸皮，赚点见不得人的昧心钱也就罢了，可是段芝贵却不同，他靠着过硬的拉皮条的功夫，竟让自己的官职"嗖嗖"地往上蹿。

段芝贵是有原则的人，换句话说，他可不是谁的皮条都给拉。翻开充满了香艳调调的《段氏皮条日记》，他的处女拉，便拉得让人瞠目结舌，他竟将自己的爱妾，献给了"敬爱"的袁大总统。

段芝贵的第二拉，是买来了坤伶杨翠喜，献给了庆亲王奕劻之子载振。

段芝贵的第三拉，是想借坤伶王克琴的力量，搞定袁世凯之子袁克定，虽然这事儿办得秃噜扣（黄）了，但经过《大汉报》的揭发和曝光，"段皮条"也成为轰动一时的民国政坛的大丑角。

段芝贵就是一位百拉不倦的皮条战士，他凭着自己低端粗俗甩节操的拉功，竟拉到了奉天都督的位子，这就好像把一把咸盐，撒进了滚烫的油锅里，不仅张作霖火大了，冯德麟也炸庙了。

冯张二人是竞争对手不假，但他们的今天，都是靠一颗子弹一滴血打出来的，让一个高级皮条客当自己的领导，这不仅是对他们军人职业的侮辱，更是对他们胡子精神的亵渎。

总之一句话，老子们就是不尿你这一壶。

张作霖和冯德麟凑到一起，两个人咬着耳根一嘀咕，一个用大扫帚清除段芝贵的计划便被定了下来。

在计划中，冯德麟要唱黑脸，而张作霖唱红脸，两个人要合唱一出吓人道怪（唬人）的双簧，不愁段芝贵不戗毛耷翅（很衰的样子）地离开奉天。

唱戏选角很重要。

如果你唱英雄，也许很快就会大红大紫，而且还有青春靓丽的女子偷偷地给你写情书。

可是你要唱反派，想要唱红，简直比吃大肠刺身都难，而且还得承受台下观众赏给你的香蕉皮。

张作霖和冯德麟要合唱一出双簧戏，冯德麟勇挑重担，成了戏中准备发兵到奉天，干掉段芝贵的大反角。冯德麟绝对不白给，如果他的智商有问题，哪会年纪轻轻就成了单雄信似的绿林瓢把子。

冯德麟忘记了一点，瓢把子一般是被人抓在手里，接着就成了被人用来舀水的工具。

冯德麟曾经坚定地认为，如果他在驱除段芝贵的过程中，出力最多，那么在未来奉天都督的角逐游戏中，他胜出的机会便越大。

冯德麟的脾气就是犟，他总是固执地相信，自己年纪比张作霖大，经验比张作霖足，出道比张作霖早，还曾经做过张作霖的老大，所以上位的机会应该是他的。总之一句话，冯德麟即使当不成开往春分的列车，也要做一辆开往清明的坦克。

张作霖和冯德麟的手"砰"的一声拍到了一起后，冯德麟领兵就开始了"驱段"的行动。

段芝贵的耳朵挺长，冯德麟的军队走马灯似的调动，好像要干点啥事的样子，很快便被他觉察出来了。段芝贵正在何仙姑下凡——六神无主的时候，张作霖这个唱红脸的，就在一阵"锵锵锵"的锣鼓点中闪亮登场了。

张作霖用一种大白天见鬼的语气，说："都督大人，大事不好，冯德麟领兵要摘您的瓜（砍脑袋）！"

段芝贵一把抓住了张作霖的胳膊，叫道："雨亭，你，你一定要救我！"

张作霖哪是段芝贵救命的活菩萨，说他是一分一分，攒到督军，一点一点，不服你管的官场"小蜜蜂"还差不多。

张作霖给段芝贵开了一个超灵的单方，那就是——走。

段芝贵千里当官为发财，他到奉天不过是为"钱"而来。段芝贵立刻拍电报，以到天津养病为由，很快得到了干爹袁世凯的同意。于是，他先从东北的官银号提出了200万元的巨款，又顺手到东北军械库中划拉了不少枪支弹药，然后装车一起运往北京，给自己的干爹当见面礼去了。

段芝贵乘坐的专列从奉天刚开到沟帮子，连人带火车被张作霖事先埋伏的人马给拦住了。段芝贵几乎成了愤怒的小鸟，叫道："老子是段芝贵，我爹是袁世凯！……"一个胡子样的军汉，瞪着鸡蛋大的眼睛，一巴掌就将段芝贵扇坐在车座上，另一个更凶的军汉恶狠狠地叫道："要枪、要钱还是要命，麻利的，选一样吧！"

段芝贵吃了火药地说了一句——我啥都要。车厢内立刻响起了一片拉枪栓的声音。据说，这拉枪栓的声音可是奔向死亡的节奏。

悲催的段芝贵叫道："我都不要了！"

段芝贵虽然回答错误，但张作霖还是亲自拍来电报，这帮粗鲁的军汉们，遵照张作霖的指示精神，给段芝贵留了一条活命。

段芝贵真的伤不起，他本该在奉天"先拿青春赌明天，再用官位换金钱"，令段芝贵超级不爽的是，他干不过人家，目前只能揪着自己的头发表达愤怒的情绪。冯德麟手里有枪，段芝贵有一样东西，冯德麟绝对没有，那就是干爹。段芝贵很快便向自己的干爹袁世凯打了冯德麟一个小报告，有道是：张张嘴，不花钱，够你老冯恶心半年。

20．丁巳复辟的歪风，请你不要迷住了我的双眼

这世界上有三种人不能惹，女人，小人，官人。

我们可以掰着指头算一算，冯德麟一下子惹到了几个？

段芝贵离开了奉天省，奉天一下子就出现了权利的真空，谁将是奉天城权利的老大，这块利益的槽子糕该如何分切，一下子就成了奉天官场人人关心的问题。

很快，结果出来了。段芝贵打的小报告果然起了作用，袁世凯虽然觉得张作霖也不可相信，但总比冯德麟强上一点点，便封张作霖为奉天的盛武将军，代理奉天的军务——看好了，是代理，张作霖并非是实权派，奉天的督军，还虚悬在了天空上。

冯德麟也有封赏，他被任命为奉天军务帮办。帮办的意思就是帮着张作霖办。

冯德麟虽然对军务帮办，心里老大意见，但奉天督军的位置一天不定，就代表着他就有一天的机会。

冯德麟不受袁世凯待见，张作霖也是一样。大家半斤八两，都是胡子出身，豆腐炖鲤鱼和鲤鱼炖豆腐，全是一个味道。

冯德麟驱除段芝贵，确实是出力最大，而且在奉天城的大小官吏心中，都留下了正面的形象，要知道，担当这个词的重量，要远超逃避这个词三条街。

可是接下来牌局的发展，让张作霖和冯德麟完全没有预料到，袁世凯觉得当大总统不过瘾，他竟脱下

着洪宪帝制朝服的张作霖

官袍，换上了龙袍，一下子成了洪宪皇帝。张作霖和冯德麟本想着袁世凯成了洪宪皇帝，当上了大庄家，大家一起怎么也得玩上几年，可是还没等打出几张牌，袁世凯就在全国汹汹的声讨中，着急忙慌的翘了辫子。

老庄家死了，牌局散了。

这时候，新的庄家又出现了，这位新庄家名叫黎元洪。

黎元洪是新任的民国大总统，和他搭班子的是总理段祺瑞。两个人虽然貌合神离，但这不耽误大家打牌，黎段二人"稀里哗啦"地洗好了牌，然后招呼大家——打麻将了，打西洋新式共和麻将了，跟领导打麻将，你知道规矩不？

黎元洪和段祺瑞重新打鼓另开张，在袁世凯留下的废墟上，准备空手套白狼，也要缔造"共和"的空中楼阁，为了吸引股东加盟，只要过去袁世凯不喜欢的官员，都在他们的吸引之列，敌人的敌人，就是我们的朋友。袁世凯就不喜欢张作霖，段祺瑞向黎元洪建议——吸引张作霖入伙打牌。

黎元洪只是个傀儡，实权都掌握在段祺瑞的手中。

黎元洪行宪不久，即宣布恢复国会，同时进行地方官制改革，将军改为督军，巡按使改为省长。

张作霖日思夜盼并筹划着怎样使奉天省督军的帽子尽快落到自己的头上。于是，他拍了一封电报，向黎段两个人，分别汇报了奉天的工作。

张作霖的电报，就是他的投名状。段祺瑞心领神会，他便向黎元洪建议，你看，你看，奉天城张作霖就会来事，那就让他当奉天省的督军吧。

鸡公叫，鸭公叫，各人捡到各人要——张作霖虽然捡到了奉天省的督军，但那个位置张作霖暂时却不能坐。

不是所有的椅子都能坐。

想要坐在上面，首先第一点，就是要把椅子摆稳当。

现在的奉天城中，张作霖和冯德麟正在进行着一场为争夺奉天省督军宝座而举行的公开赛。

任命张作霖为奉天督军的命令，交到了张作霖的手中，这份委任状，就是张作霖最厉害的大招只要张作霖这个大杀招一使,冯德麟立刻便会出局。

张作霖真的不能让冯德麟这么快就出局,人家有枪有炮,如果面子上过不去,将奉天城打得乱七八糟,张作霖奉天的督军还怎么当?

张作霖给京城回电,告诉段祺瑞,奉天督军自己干不了,你看看,冯德麟难道不是这位置最合适的人选吗?

张作霖演戏演得太假。假得竟被冯德麟一眼就识破了。

冯德麟一见张作霖要跟他玩"鬼吹灯",他索性帮办也不做了,回奉天的宅子里睡大觉去了。

冯德麟撂了挑子,张作霖一个人怎么玩?

张作霖急忙找人去请冯德麟,这位冯帮办立刻狮子大张口,开出了一大堆条件,让我当帮办,需要给我弄个办公室吧?然后拨给我一笔经费吧?在办公室里,我怎么折腾(人事和财政的自由),你都不要干预!

张作霖要当奉天督军,求得就是要风行风,要雨得雨的绝对权力,冯德麟的一堆要求的后面,就是要成立国中之国,政府中的政府。

张作霖一见冯德麟把球踢了回来,他又将冯帮办踢过来的球传给了"裁判"段祺瑞。他连声说道:"这些条件很好办,我报给总理后,让他立刻批准实施!"

段祺瑞一见报告,这鼻子差点气歪,一个省的帮办虽然也算高官,但还没有另设公署的必要,这口子一开,以后各省的帮办们,还不得都找他托钵要饭来。

段祺瑞毫不客气地将球又踢回奉天,冯德麟另设帮办公署的事儿想都不要想,但段祺瑞为了照顾下面人的情绪,还是每个月特批给冯德麟15万元的办公费,至于经费怎么使用,他就不过问了。

冯德麟不缺钱,缺的就是头上督军的官帽子。这就好像结婚要彩礼,"穷屌丝"达不到"本公主"的心愿,咱们就永远不再见。

冯德麟离开奉天,回到了28军的驻地——北镇。北镇最大的山是医巫闾山，冯德麟心中的痛苦，简直比医巫闾山都大。

冯德麟不和张作霖玩了，不代表着张作霖不和他玩。张作霖左一个回请，右一个问候，前一个是以德服人，后一个为博取同情，直向冯德麟频频打来。

张作霖的球，冯德麟可以不接，但冯德麟却不能不让张作霖打。

奉天观众不干了，张作霖如此敬业，你冯德麟没事竟耍大牌，占窝不干事，你拿观众的情绪当星期天过吗？场上场下的嘘声和口哨声响成了一片，甚至冯德麟的手下都不同情他了。

冯德麟这时候想要造张作霖的反，恐怕观众们都会喝倒彩。张作霖见时机已到，便遵从"民众的心愿"，当上了奉天省督军并兼任奉天省省长。

张作霖现在钢刀在手，终于可问天下，奉天谁是英雄了。

张冯二人一开始搭伙"当胡子"的时候，用同一个碗混吃喝。接着双方都被政府招安，张作霖住在奉天，而冯德麟长住北镇，兄弟两个长期两地分居，心中渐渐生出了猜忌。接下来，为了权势和利益，张冯二人开始了内斗，你恨不得轰我一顿迫击炮，我恨不得搂你一火箭筒。

一吵二闹三上吊，张冯二人关系的发展，完全就是在走"离婚"的节奏。而且很快就发展到了第四步——散伙。

张作霖为了治理奉天省，另有了"新欢"王永江，而王永江就是张冯二人最后散伙的导火索。

军人扛枪打天下，但是治天下却不能仅仅依靠枪杆子，还要靠笔杆子。

王永江字岷源，他是吃海蛎子长大的大连金州人。王永江是奉系军阀中的重要成员，他不仅是张作霖的笔杆子，而且号称张作霖的大管家，东北的财神爷。

王永江的官职一开始是奉天省的警务处长。他上任伊始，便开始整顿警纪，令奉天城的治安从根本上为之好转。

治安好转，奉天城的老百姓满意，张作霖也是满意，可是冯德麟却不满意了。冯德麟不仅是28军的师长，他还兼任着奉天城的密探队司令，密探队伍的组成成员，多是流氓、地痞和混混，密探队本来就是个三百年的老痰盂——藏污纳垢的地方。

冯德麟手下的密探们，一个个可都是路边摊喝茶、大饭庄喝酒都不给钱的主。

打狗要看主人，打虎要看什么？要看你有没有种。城墙上的砖、门上的栓、生铁的犁头、电线杆，这是关东四大硬，王永江身上的硬气，绝对完爆这四大硬家伙。

王永江可不管你什么密探，只要祸害百姓，见一个就抓一个，见一对就抓一双，最后抓得冯德麟实在坐不住炕了，他去找张作霖评理，却被张作霖给狠狠地训了出来。

轰轰烈烈的曾经兄弟过，卿卿我我变成了传说，官场的故事分分合合，痛苦的人不止我一个。痛苦的不止冯德麟，而且还有汤二虎。

汤二虎也是"胡子"出身，他对手下的管束，也都是螃蟹上岸——水里啪嚓（稀松的样子）。汤二虎很多在街上晃膀子的手下，也都被王永江抓去喝茶了。一来二去，汤二虎和王永江的关系也闹得非常僵，他找张作霖去诉苦，也是挨了张督军的一顿爆呲，汤二虎的一张脸都被呲成了茄子色。

冯德麟和汤二虎同样的伤心经历，让他们的心紧紧地贴到了一起，他们决定卧薪尝胆，不放过任何一个机会，等将来，看域中，究竟是谁家天下。

两个人曾经密谋兵变，让王永江瞧一瞧枪杆子的威力，可是由于张作霖早做防范，他们两个人不管怎么样折腾，也没掀起来多大的风浪。以至于他们的兵变，就好像变戏法的丢了猢狲——最后没得要了。

汤二虎被张作霖免去了53旅旅长的职务，一气之下，领着心腹，重操旧业，上山又干起了胡子。

汤二虎也不想一想，现在都已经共和了，还要上山干胡子，这简直就是马尾巴穿豆腐，提都提不起来的事儿。

张作霖允许有些人跟他耍大刀（欺骗），但请一定要注意次数。

张作霖本想领兵抓汤二虎回来，摸摸他身上究竟生了几块反骨。汤二虎听到风声，立刻领人背起行李卷，急忙离开了奉天省地界，投到了辫帅张勋的麾下。

冯德麟和汤二虎如此大胆地敢和张作霖叫板，除了他们表面上气不顺，其实背后，是有一个大魔兽在背后狂顶着两个人，怂恿他们颠覆奉天政权的缘故。

黎元洪和段祺瑞同床异梦，他们为了压对方一头，也是在暗中，拔河似的拉拢各自的势力。张作霖是个实用主义者，他对傀儡派的黎元洪，并不太感冒，背地里，他和实权派的段祺瑞却穿了一条裤子。

黎元洪得不到张作霖的支持，他便转而支持冯德麟和汤二虎，这就是冯汤骄纵跋扈，敢和张作霖对着干的真正原因。

很快，一个让冯汤二人翻盘子的机会来临了。

随着平地一声巨响，辫帅张勋闪亮在北京登场了。

张勋，江西省人氏，清末曾任云南、甘肃和江南提督。文治武功，属于大众普及型水平，真正让历史记住这个倔老爷子的，是他以"辫帅"的身份，干了一件让人哭笑不得的"复辟"闹剧。

清朝的十二帝为彰显统治的魅力，他们便硬性规定了国内男人的发型，必须是——金钱鼠尾式。

此发型很有特点，首先是将人的脑壳剃成一个大秃瓢，只在头顶心，萝卜樱子似的，留金钱一块大小的头发，然后编一个比鼠尾粗细的发辫，发辫要能穿过铜钱中的方孔才算合格。虽然后来，头顶金钱的面积，逐渐扩大成了棋子、烧饼大小，鼠尾辫子也变成了猪尾和牛尾，但这头型，怎么瞧都像马戏团里的小丑，真心的很难看。

顾炎武曾经写下《断发》诗："华人髡为夷，苟活不如死！"

顾老先生不喜欢这种发型，但不代表着张勋不喜欢。

张勋为了表示对清朝历代皇帝的无尚忠心，即使民主共和后，他在他的军队中立有一条规矩雷打不动——那就是辫子谁也不能剪，谁剪辫子，张勋就让他看不到明天一早初升的太阳。

1917年6月，黎元洪与段祺瑞因为"府院之争"，鸡生鹅斗地闹起了矛盾，张勋以劝架为名，率五千"辫子兵"鸦默雀静地开进北京。张勋来到京城后，他就开始鼓捣起了复辟大业。

张勋这位复辟的大佬，为保年仅12岁的溥仪皇帝复辟成功，张勋便给国内的军阀们，广发"英雄帖"，帖子上写得邀请词，大意是我要寻求天下各方枪杆子的支持——说英雄，谁是英雄，老张正在寻找复辟的英雄，来吧，英雄们，进京一起扒掉共和破头尺烂（不好）的城门楼子，这场稀拉马哈（稀松）的复辟大业，将在我们的手下疙瘩喽嗖（质量不好）地完成。

奉天省接到张勋"英雄帖"的只有两个人，一个是张作霖，另一个是冯德麟。

复辟是啥，就是要开倒车。

就是让已经臭了八条大街的帝制重新复活——简称诈尸。

宋朝的朱熹朱老夫子，就曾在《朱子谏类》卷五十一说过："程子说天命之改，莫是大势已去。"

大势已去，人心思变。

有个笑话这样说：一只蚂蚁在洞口伸出了一条细腿，一只屎壳郎问，你想干什么？蚂蚁答：我要绊大象有一个跟斗。

蚂蚁很勇敢，但是却搬起踝盘打月亮——太自不量力了。

任何人想要阻拦这种进步和发展形势，无异于拿着自己的胳膊去挡火车，用自己的大腿去别坦克。

张勋可是张作霖的儿女亲家，张勋要是成功，张作霖就将"一步升天"，他至少也能去朝廷的军机处，混个高官当当，但帝制早已经被打倒再地，并被踏上了亿万之脚，想要翻身？翻车还差不多。

张勋干的这种复辟的活儿，绝对比被绑到草船上去借箭还要危险，鼓捣到最后，还能不能剩下一把老骨头回来，都很难说，张作霖办事，首先要看看风向，让他去北京掺合这场闹剧还是等等吧。

可是冯德麟看到了张勋的"英雄帖"，就好像被打了一针鸡血，当时就菊花一紧、虎躯一震，身上立刻充满了使不完的力量，随后，冯德麟做出了一个决定，那就是跟着感觉走，誓要当一个复辟的"英雄"。

冯德麟认为，北京之行，是一次白捡官帽子的行动，必须要去，一定要去，就是爬着也要去。只要跟着张勋复辟成功，别说奉天省的督军是大炮打兔子——没跑，东北三省的督军都是他牧场里的小绵羊。

冯德麟说打就打，说干就干，他为了稳重起见，先派自己的亲信，55旅旅长张海鹏领着二百名精兵进京，先到京城去练一练手中枪，刺刀手榴弹。

张海鹏此时的作用，就是一枚问路的小石子，冯德麟这块小石子被投出去后，很快消息就反馈了上来。

黎元洪和段祺瑞发生府院之争后，段祺瑞的官职便被黎元洪一撸到底了。段祺瑞是皖系军阀的大佬，目前正在联络各省军阀闹独立，拆黎元洪的台。段祺瑞觉得，既然张勋替自己出头，用复辟来让大总统黎元洪下台，那就大撒把让他干一场。

张勋复辟，在国内有最大的实力派段祺瑞的捧场，有康有为、陈宝琛等文臣的支持，有冯国璋、陆荣廷等各省督军的喝彩，现在的形势真是老鼻子（很）火爆了，换句话说，张勋复辟，分分秒秒就可成功。张海鹏立刻急如星火地拍加急电报给冯德麟，电报的内容可以用六个字概括：人傻、钱多、速来！

冯德麟接到这封就差插着九根鸡毛的电报，当即领着三十名随从，以最快的速度进京。冯德麟到京后，马上去见复辟的大主角张勋，两个人一见面，四只大手紧握脸上露出笑容。

他们真可谓扁担窟窿插麦茬——绝对是对上眼了，可是溥仪这个小皇帝却不给力，冯德麟一心想当奉天督军，溥仪竟赏赐他"穿黄马褂，紫禁城内骑

陆荣廷 1859 年生于广西南宁，跟袁世凯同年，比张作霖还大了 16 岁，张作霖拜他为大哥。

马，御前侍卫大臣的头衔"。

丁巳复辟之时，溥仪才12岁，封冯德麟一个什么官当，鬼才会相信，官职的安排会出自溥仪那颗整天琢磨着如何玩耍的"龙脑"，很显然，冯的职位是张勋等人刻意安排的。

张勋复辟，需要得到冯德麟的支持，更要得到张作霖的同意。张作霖是奉天督军，要是将这顶官帽子戴到冯德麟的头上，势必将得罪张作霖，张勋和张作霖可是儿女亲家，冯德麟这点你要明白哟。

当然，溥仪封冯德麟官职，也让冯德麟的心中感到了一种仰头灌下了一壶烧刀子酒的温暖。

穿黄马褂——以后他就可以在京城中腰上挂扁担——横着逛了。

紫禁城内骑马——这就是铁扇公主的老公，喝下两百斤的钢水——纯属铁牛了。

御前侍卫大臣——这职位更了不得，它不仅是正一品的官职，按照清朝的祖制，此职位，负有保护皇帝安全的重责，故此只有上三旗的人员或宗室才能担任，奉天督军只能算二品官，现在冯德麟终于可以扬眉吐气地说——张作霖，你服不服？你老实不老实？野鸡脖子（一种蛇）吃烟袋油子——你只剩下哆嗦了吧！

冯德麟被溥仪封官之后，立刻给驻扎北镇的28师拍电报——想要升官发财，以最快的速度前来。

五

"夺势"成为东北王

21. 兄弟下雪不打伞，我们是否能一路走到白头

可是让冯德麟万万没有想到的是，他仅仅得意了十二天，升官发财的美梦好像白云和彩虹谈恋爱——一股风就吹散了。

张勋复辟之后，立刻遭到了全国人民的反对。

孙中山首先在上海发表讨逆宣言，黎元洪也拒绝与复辟分子合作，逃入日本使馆，再也不出来了。段祺瑞做得更绝，他收回支持张勋的话，在天津马厂组成"讨逆军"，很快便攻入北京，张勋手下的辫子军，根本就干不过"讨逆军"，张勋仓皇逃入荷兰使馆，再也不提复辟的事儿了。

讨逆军和辫子军几万人大战，从道理上说，应该打得鬼哭神嚎神仙发飙才对，可是事实却完全不是这样子，根据当时的记载，此战双方射出的子弹，绝对要超过五千万发，可是伤亡人数，总共才25人，而且这些人大多死于流弹。

因为交战双方，枪口都冲着老天爷的凌霄宝殿的方向在打，战场变成了市场，他们打一阵，双方派人谈一阵，谈不拢，接着打，那激烈的枪响变成了欢快的爆竹声，充满了喜感和幽默感，可以说，参加那次战争的士兵，绝对是世界上最幸福的士兵。

7月12日，战争结束，椅子都没有坐热的溥仪再次宣布退位。段祺瑞于7月14日到北京，重掌政府大权。可是段祺瑞掌权后，却没有恢复国会，而是重起炉灶，成立了临时参议院。

他要用自己的锅，自己的油，自己炸符合自己口味的大果子吃。

留给冯德麟的路只剩下一条路——逃。

冯德麟首先躲进北京的六国饭店，然后化妆成了日本人的模样，悄悄地离开，可是他那张"不平凡"的脸，最终还是出卖了他。

曹锟的手下认出冯德麟后，随后将其逮捕，冯德麟的黄马褂丢了，紫禁城

没马骑了，他的御前侍卫大臣也没影子了，最最可怕的是他28军的师长也做不成了。

磨刀水洗头——简直是脑筋生锈，冯德麟就是脑筋生了锈。而且是生了大锈。

历史就是一个可以任人打扮的小姑娘，书面上的历史，是经过胜利者涂脂抹粉，仔细粉饰过的历史，虽然表面光洁，但背后隐藏的真东西，让人看不清楚。那些流传在坊间的野史，关于丁巳复辟的记载，更是觉得让人可信。

这件事的起因还得从"府院之争"说起，黎元洪通电免了段祺瑞的总理之职，但段祺瑞手握兵权，如果他要推翻黎元洪只在分分秒秒之间，可是这事，段祺瑞却没法干，他作为北洋政府的总理，即使假的，也要拥护共和而不是破坏共和，贸然兴兵，只能让他的政治资本丢得精光。

段祺瑞此时的心理，正处于一种干、不干以及怎么干的三难的状态。

其一，如果段祺瑞干了，他师出无名，破坏共和，即使推翻了黎元洪，却失去了政治本钱，他以后就没法再当领导了。

其二，段祺瑞如果不干，凭他"北洋之虎"的性格，又怎么能咽得下这口恶气。

其三，这时候，辫帅张勋出现了。段祺瑞决定让张勋帮自己干，但张勋却排斥共和，独对"复辟"爱得死去活来。

张勋和段祺瑞是利用和被利用的关系，但他们一个为何甘心被利用，另一个肆意地利用被利用者，这事儿，还是让苏锡麟替我们来回答。

苏锡麟字玉书，直隶省宁河县人，他跟随张勋多年，作为张勋复辟的重要参与者，他曾就丁巳复辟的内幕，做过一次"深喉"揭秘。

段祺瑞被解职后，他的势力范围——安徽省，首先通电独立，不跟黎元洪玩了，皖地独立，就是第一块倒下的多米诺骨牌，接着冀、鲁、豫、陕、奉、浙、闽七省相继响应。大家准备一起开唱"请黎总统下台"。为了将这场声势浩大的大合唱，唱到"民国好声音"的水平，各路军阀的代表，齐聚徐州，共同商讨讨伐黎元洪，该如何定调子的问题。

当时，参加合唱团的都是军界的大腕，以及他们的代理人，这团队有段祺瑞的亲信徐树铮、湖北督军王占元、河南督军赵倜，福建督军李厚基，徐世昌的代表李席珍，冯国璋的代表胡嗣瑗，当然也有曹锟的代表、张作霖的代表等人……

段祺瑞经过一番咬耳根、捅腰眼，最终让各路军阀同意了黎元洪下台后，新的民国总统将由冯国璋出任的主张。冯国璋为了能坐到总统的宝座，他便在段祺瑞的撺掇下，派辫帅张勋进京"调停"府院之争……

张勋派自己的秘书长万绳栻，也来参加了这次会议，万绳栻在会上，毫不客气地提出了让溥仪复位的要求。

现在民国的百花园中，处处吹拂的都是共和的春风，让溥仪复位，冯国璋大总统往哪里摆，难道要把将来的冯大总统，摆到城隍庙里，供善男信女们膜拜，顺便解决点家庭纠纷、求子求职的问题吗？

无利不起早，不让张勋复辟，张勋才不会出兵进京，去解决什么府院之争。而张勋的性格，也决定了他是一个刻板、守旧和执拗的老古董，段祺瑞便命自己的代表徐树铮，联络各路代表，假装一起赞同张勋复辟的想法。

万绳栻怕口说无凭，便找来一块黄缎子，让这些代理人，在上面签署了各自的名字。

张勋见到了黄缎子之后，这才率领五千名"辫子兵"进京，开始闹腾起了丁巳复辟。

张勋开历史的倒车，引起了公愤，段祺瑞起兵，赶走张勋，不仅捞取了政治的资本，而且还顺道解决了黎元洪挡道的问题。

张勋那块签署了各位"合唱团巨星"名字的黄缎子，并没能够挽救张勋的倒台，那块留在天津的黄缎子，早就被冯国璋派心腹用二十万元的价格，从看守者的手里买走了。

证据被销毁，张勋只能吃了哑巴亏。

张勋丁巳复辟虽然失败，但让历史记住了张勋的名字。

张勋也干成了自己梦想中的事情——复辟。

张勋丁巳复辟，阻碍了历史的发展和进步，这绝对没有任何的正义性可言，但他复辟，为何能坚持了十二天，并取得了一些人的支持和认同，究其原因，是各路军阀虚民主，假共和的失败，导致国内战争四起，民不聊生，有的人便开始怀念清政府好歹有个章程，也算天下太平的岁月。

军阀们假民主，真私利之罪不容许任何人抵赖。

正如康有为的预言那样："以共和立国，以我国的国情，只会导致军阀割据，国分裂而民涂炭。"康有为一不是江湖术士，二不是算命先生，他只是深深地懂得国情和人性，他知道那些军阀，只会假借共和的幌子，而在背后，大干鸡鸣狗盗的事情而已，果然，此后几十年军阀内战不休，人们不由得一遍遍地追问，当初民主许下的画饼，究竟在哪一只锅里？

其实，拥护丁巳复辟的军阀，绝非张勋一个，而是众多，但张勋却一个人承担了"复辟"的恶名。

张勋年幼的时候，是个苦孩子，他很早便失去父母，以孤儿身份长大的他，绝对是一个敢作敢为，有担当的角色。

那些军阀的代表们，在黄缎子上签完名，然后都袖手一边，让张勋一个人在台上折腾，张勋不会不明白，那些军阀是在拿他当枪使。

军阀要的是权利，文人要的是主义，而老百姓要的是饭碗。

可不可以这样说：军阀和文人没法给老百姓一个安定的饭碗，张勋就试着用帝制给老百姓争取一下，可是事实证明，张勋错了，恢复帝制，无异于死人诈尸、精神病抽风、二傻子得了癔症，都与活人无益。

黎元洪没得玩了，他随后辞职，冯国璋进京任代理总统，段祺瑞还继续干自个的总理。

冯段二人搭班子后，上台要干的第一件事就是清算丁巳复辟的余孽残毒——简称秋后算账。

张作霖在丁巳复辟闹得锣鼓喧天，满街龙旗的时候，觉得张勋的前途不明朗，想要自己公开表态，还有待于进一步的观察，张作霖除了宣布奉天省中立，更为可赞的是，他并没有掺合这场"诈尸"般的闹剧。

张作霖在局势明朗后派人进京，向段祺瑞表达了自己继续支持共和的心愿，张作霖的反应确实快，甚至比掐诀念咒都快，他竟能在段祺瑞那里，得到了一个——支持共和的"英雄"称号。

冯德麟就闹腾吧，闹得自己跟坐过山车似的"嗖"的一声，从权利的顶峰，一下子跌落到了黑暗的谷底，最后成了京城监狱里的一名囚徒，这落差真是太大了，结局真是太悲催了，总之一句话，冯德麟真的是被"坑惨"了。

冯德麟入监的罪名是"参与复辟罪"，这罪名就等于清朝的谋逆叛国大罪，铁定是要拉到菜市口砍脑袋的。

冯德麟在监狱里潇洒走一回，他还有一个昔日的战友，这人就是汤二虎，他的日子过得比冯德麟稍强了一些，汤二虎在复辟失败后，他立刻领着残部跑到蒙古草原上，当游击司令去了。

蒙古草原上有什么，除了可以套几只獐狍野鹿打打牙祭，简直就是回归原始人般的"糟心日子"。

不管汤二虎有多苦，也比冯德麟要强。

现在摆在冯德麟面前的只有两条路，一条是被段祺瑞的手下拉到刑场，吃一颗绝对美味的老醋花生米。

第二条就是求张作霖帮忙，让段祺瑞高抬贵手，放他一条生路。

冯德麟的夫人为了救自己的丈夫，急忙去找自己的闺蜜，张作霖的二夫人卢寿萱，卢夫人找到张作霖，一吹枕头风，张作霖胸脯一拍，二话没说，当即给段祺瑞拍电报，电报的内容很简单，归结到一起只有俩字——放人。

段祺瑞可以不给别人面子，却不能不给手握重兵的张作霖面子。

接下来戏剧性的一幕发生了，冯德麟"参与复辟罪"经过法院的核查，发觉证据不足，被免予起诉，但冯德麟却有一个恶习，那就是抽大烟——"吸食毒品"的罪名冯德麟逃不掉，他被罚款八百元后，便被放了出来。

北洋政府的监狱，可是个正经的机关单位，冯德麟住了一段时间监狱，吃的窝窝头，都有一大马车，法院让他交的八百元罚款，就只能当监狱的住宿和伙食费了。

"请问冯先生，如果您没有参与复辟，那么谁参与复辟了？"假如这时候监狱的门口，站着各大报馆的记者，他们一定会齐声问冯德麟这问题。

冯德麟说："闭上眼睛，这世界哪有悬崖！"

"请您说一下被无罪释放的感受？"

冯德麟说："幻觉，那一定是幻觉！……"

冯德麟坐火车回到奉天，这时候，跑到蒙古草原上，体验原始人生活的汤二虎也被他老娘，以及张景惠、汲金纯等人给劝了回来，他跪在地上，对着张作霖号啕大哭，说："大哥，是小弟错了！"

张作霖毫不在意地一挥手，说："哭啥，我又没死，算屁事吗，咱们哥们在一个锅里吃饭，哪有马勺不碰锅沿的，你先干中将顾问吧，等过了这阵风，我再给你做合适的安排！"

汤二虎成了没人顾也没人问的中将顾问，但这也比他在蒙古大草原上拍蚊子、听狼叫、数星星要好上一大截。

冯德麟回到奉天后才发现，张作霖已经提汲金纯当了28师的师长，冯德麟则被张作霖任命为"三陵督统"，即为皇家看守东陵、北陵和永陵的大臣。这活儿可是肥活，不仅好处大大的，名声也是响响的。

有这样一句名言：在哪里跌倒就在哪里躺下。这句话放在冯老爷子身上并不合适，他干了几年三陵督统后，便下海开始经商，他不仅在北镇创办了中医院，而且还当上了大冶铁工厂的厂长，成了跨军、政、商界经营的奇才。

冯德麟转型非常成功，他辞职下海后，就很少去奉天了，即使去奉天见张作霖，他也会在袖子里藏一只手枪，可是这只手枪，偏偏有一次当着张作霖的面"啪嗒"一声，上眼药似的掉在了地上。

张作霖也是一愣，他说："大哥，你到我这，不用带着这个吧？"

如果张作霖想要借段祺瑞手中的刀，弄死冯德麟，估计冯德麟就是有八个脑袋，也不够丢在北京的。

张作霖是个有仇报在当场的人。

他不喜欢秋后算账。

倒是冯德麟见到张作霖之后，遇到他看不顺眼的事，经常以老大哥的身份，批评张作霖几句。张作霖也从来也没有和冯德麟急过眼。

1926年，冯德麟因心脏病在北镇去世。张作霖领着一干官员，为冯德麟这位大哥，在北镇举办了七七四十九天的葬礼，并破例在北镇的南门出殡。南门是北镇的凯旋门，只有打了胜仗才可以走，自明朝大将李成梁之后，冯德麟是几百年来从南门出殡的第一人。

冯德麟即使死后，也该知足了。

他交张作霖这兄弟，并没有交错。

两兄弟斗斗更健康，斗斗更开心，斗斗更和谐。但两个人始终都没有斗到兵戎相见。

人即使穿上了新鞋，也不一定会走对路，一旦走上了岔路，保证回来的时候，脚底上的水泡数量，要照穿旧鞋走错路的人要多上很多。

人生原本就是一笔烂账，本来想花高价点一桌满汉全席，可是被几个烂厨子鼓捣出来的，却往往是一锅糊涂汤。

张作霖一身都是铁，也打不出多少颗钉子，张作霖的巴掌再大，也不可能捂住奉天省偌大的一块天。

张作霖急需招募合适的人才，帮着自己治理奉天省。人才是什么，对于张作霖来说，人才就是他右手中的枪牌撸子，就是他左手中的翡翠嘴的烟枪，人才对于张作霖来说，就是三个字——离不开。

张作霖的奉系班底，经过他的招兵买马，现在已经呈现出一种人才济济的良好事态。

跟着张作霖战天斗地的班底除了张景惠、汤二虎、张作相、吴俊生、汲金纯和孙烈臣，还有袁金铠、王永江、王树翰和杨宇霆等人。这些人有的善于带兵打仗，有的善于理财，有的则长于施政。

而后来加入张作霖奉系班底的姜登选、郭松龄、李景林、韩麟春和常荫槐少壮派，他们则是正规学校毕业的高才生，他们有的善于经武整军、有的开办兵工厂，有的兴建学堂，可谓帮助张作霖甚多。

奉天省想要发展，必须要军事、政治、经济和文化这四个方面起头并进才成。张作霖曾经说过：地方俊贤如不弃我，当不辞厚币以招之。这句话翻译成白话就是——只要你是人才，肯老实地干活，张大帅就是不差钱。

公元前314年，燕国闹起了内乱，临近的齐国不地道，趁火打劫，侵占了燕国的部分领土。燕昭王为了招揽人才，便去请教郭隗。郭隗就给燕昭王讲了一个千金买马骨的故事。

该故事非常经典，也非常有趣，一个好马的国王，想买一匹千里马却买不到，可是有个帮他买马的办事员，却给他花了500两金子，买回了一副千里马的马骨头。

国王指着那个办事员的鼻子骂道："花钱买马骨头，你说你是不是脑子进水了？"

办事员非常自信，简直就像飘柔一样自信。他一拍胸脯说："您就瞧好吧，用不一个月，就会有人来对您献最好的千里马！"

重金买马骨，这位国王就是对天下人表明，他对千里马超级强烈、无与伦比的购买欲望，果然不久之后，献马者纷至沓来，国王购买千里马的愿望，终于得到了满足。

千金买马骨的故事，真实性已没法查证，但近代的曾国藩，却成功地运用了这种智慧，解决了久攻九江不下的难题。

曾国藩为攻取九江，正在愁得直揪自己头发，这时府门上，竟被人贴上了一张纸条，上面写着几个字——奇计出卖，价格面议，旁边尚有一行小字，

"问计者请到状元街灰土巷找邹半孔"。

邹半孔是谁，一个默默无闻的穷儒，如果他有真才实学，早就应该发达了，何止沦落到上赶着（主动）上门当推销员？

曾国藩派人用八抬大轿请来了邹半孔，当他恭恭敬敬地听完这位邹先生"驴唇不对马嘴"的计策后，竟连声说好，并送给了他十两白花花的银子。

22．既然选择远方，没有什么能阻挡我风雨兼程

邹半孔的一条烂计，都能赚来十两银子，随后，献计的人，蜂拥而至！……曾国藩终于得到一条切实可行的妙计，最后取下了九江！

千里马常有，而伯乐不常有，而不心疼钱的老大就更不常有了，没有哪个人才，想尝试过年敲锅盖——穷得丁当响的日子，

张作霖只要认定你是人才，他的确花钱不心疼。

张作霖以枪杆子起家，在东北实行的也是先军政治。也就是说，在东北发展军事工业，张大帅绝对舍得大把大把地往外掏银子。

民国时期的中国生产力低下，军事工业更是落后。1912—1927年这将近15年的时间里，北洋政府新建了巩县兵工厂，扩建了汉阳兵工厂，另外一些军阀，也建立了几十个大小不等的兵工厂。最值得一提的有两个狠人，一个是比较狠的人阎锡山，另一个就是超狠的人张作霖。

阎锡山建立了全国第二的山西兵工厂。

张作霖建立了东三省兵工厂，则首屈一指，全国最大。

下面就是张作霖由东三省兵工厂生产的一系列"山寨"产品：

其一，仿造捷克毛瑟98/22式步枪生产的13式79步枪、13式毛瑟98步枪；

其二，仿日制92式重机枪造17式轻机枪，造联勤36式冲锋枪；

其三，仿"日式37"平射炮370门，"奥式76"野炮300门，"奥式100"榴弹炮300门，"日式105"加农炮12门等；

兵工厂述生产火药、子弹、炮弹等大量军用产品。

民国时代的东北地区，由于张作霖实施了一系列刺激经济发展的政策，东北从经济落后的地区一跃成为了全国的"富裕特区"。当年闯关东的难民背着大包小包齐奔东北。

由于东北的人口的猛增，兵源不缺，而到奉军中吃粮当兵，甚至成了许多青年的第一理想。

制约奉军迅速扩大的瓶颈就是武器。当时国内制造的武器，质量差到了垃圾箱里。故此，军阀们只有咬着牙，花高价，向国外黑心的军火商购买军火。

购买完军火之后，才真正是噩梦的开始，子弹、炮弹以及枪械的配件、维修的价格，就好像去国内最南端的某一个海岛去吃海鲜，宰得你"蟒蛇进去，蚯蚓出来；西装笔挺进去，穿裤衩子出来"。

东三省兵工厂生产的武器，虽然大多是"山寨"产品，但正如一句名言所讲：不管什么枪射出的子弹打在身上的滋味都是一样的。

东三省兵工厂堪称民国时代的奇迹，该兵工厂号称亚洲最大，被日军占领后，缴获的军火甚至比日本全年产量还多，你真的没有看错，张作霖不仅是一位军事家级别的军阀，他还是一位军工业大佬级的董事长兼总经理。

莫非有钱，就可以任性地建一家土豪兵工厂吗？北洋政府可比张作霖阔气多了，因为他们毕竟是一家全国性的大托拉斯（联合公司），而张作霖只能算是这家企业中经营得最有特色的一家分号。

北洋军阀统治中国的年代，好枪炮，东北造！

北洋军阀政府经营的巩县和汉阳兵工厂为什么只能排在东三省兵工厂的后面，成为可怜兮兮的小弟弟？一个点燃了的香火头，便可知道整挂的鞭炮响不响，只说张作霖的一件事，便可知道东三省兵工厂为何能够稳坐国内兵工厂的第一把交椅。

东三省兵工厂有两个重要的分厂，一个是无烟火药厂，另外一个是枪弹分厂。

枪弹的动力来源是无烟火药，而枪弹分厂造的则是枪械用的子弹。换句话说，这两家兵工厂，就是为奉军生产"口粮"的地方。

这天一大早，无烟火药的负责人叶禾、枪弹厂负责人吴伯琴接到电话，让他们去大帅府去见张作霖。

两个人接到命令，叶禾是十五个吊桶打水，心里面七上八下；吴伯琴是一张口吞下了二十五只小兔子，立刻开始百爪挠心。

张作霖一开始冷手抓热馒头，建设兵工厂的时候，他饥不择食地雇佣了不少日、德、俄、瑞典和奥地利的专家，可是这些外国专家，有的竟是间谍，他们不仅不老实地玩活，还鬼头蛤蟆眼地大量窃取张作霖兵工厂的情报。

张作霖气得连骂"妈了个巴子"，随后便"喊哩喀喳"地连炒这些外国专家的鱿鱼，叶禾与吴伯琴是两个只知道低头干活，不知道抬头看路的军械工程师，莫非是哪个坏小子，打了两个人的小报告，张作霖听到谗言，要收拾他们俩不成？

叶禾和吴伯琴硬着头皮，进了大帅府。让人没想到的是，张作霖伸着巴掌，连拍他们两个人的肩膀，说："二位不仅是军械制造的专家，而且是本大帅最敬重的人才，无烟火药厂和枪弹分厂，以后就靠两位兄台帮我管着了！……"

张作霖深深知道，一伙大老粗，造不出枪炮，他们顶天能造出鞭炮。知识看不见但很重要。

面对两位专家，张作霖此时的心情就很好，为了表达自己对"长城永不倒，国货当自强"的敬意，他一摆手，一人送了他们一张五万大洋的奉票。

五万大洋究竟是个什么概念。

当时一个高级工人一年赚200元，也就顶破天皮了；而一个名教授，一年差不多能赚2000元，张作霖送给他们的这笔钱，等于一个高级工人汗珠子掉地下摔八瓣地干250年（按80岁一辈子，约定于工人干三辈子），等于一个名教授满嘴喷吐沫星子地站在讲台上白话25年（一个人如果35岁成为名教授，他讲课到

60岁的时候，估计也就退休了，约定于名教授一辈子）。

五万大洋换算成现在的币值，约为100万元人民币，这绝对算作一笔巨款。

有了这笔巨款，叶禾与吴伯琴不会在自己的老婆面前抬不起头来，跟我耍女汉子的脾气，老子再娶一房小的成不成？

有了这笔巨款，叶吴两个人，终于可以挺起腰杆子说，我就是东三省兵工厂超级牛狂一族的厂长了。

有了这笔巨款，他们真的再也不用抬头看路，只需低头干活就成了。因为张作霖已经给了他们一个稳定的将来。

张作霖在奉天不断地夯实自己的地位，他和日本方面的关系，那可是讲《三国演义》必提三英战吕布——特别需要重点唠一唠（说一说）的地方。

一开始，张作霖拉队伍干大团的时候，因为枪稀人少，马瘸车歪，日本人除了低价卖给他一些武器，双方基本上是老林家的傻小子，全都是——木木的感觉。

随着张作霖在东北逐渐做大，变得关公卖火车头——人强货也硬，张作霖终于有了和日本国讨价还价的本钱了。

张作霖想要在奉天立足，他不仅要在北洋政府里寻找后台，他还要在国际上，找到一个能给他撑后腰眼子的靠山。

而日本国也急需在东北地区，找到和他们的"对撒子（合适）的小伙伴"，就这样，一个要补锅，一个锅要补，两只手掌"啪"地一声，拍到了一起，双方就开始了互相利用，你心里信不着我，我心里也信不着你的合作。

张作霖一开始使用瞎掰（忽悠）的手段，以及表演的才能，攀上的关系是日本驻奉天的总领事落和谦太郎。1915年，他又利用日本政府，在汉城举办侵朝胜利5周年的"始政博览会"，用随身携带的古玩和字画，敲开了驻朝总督寺内正毅的大门。

落和谦太郎和寺内正毅可都不是简单的"战士"，他们除了上班，剩下的时间，都在研究《孙子兵法》。能唬住这两个用中国古典高科技、日本的武士道等"特殊材料"武装起来的日方精英，可绝非容易的事，可是张作霖却办到了。

张作霖忽悠日本人的手段在奉天自报第二，真的没人敢称第一，但袁世凯政府倒台之前，曾被日本政府逼着签署臭不可闻的《二十一条》，后经两国磋商，又改签了《中日民四条约》。

张作霖成为奉天督军后，已经和张作霖成为"好朋友"的日方人士找上门来，说："人死账不能烂，别说你不知道条约存在的废话，麻溜地给我们兑现《中日民四条约》里面《关于南满洲及东部内蒙古之条约》不然，哼哼！……"

这《中日民四条约》可是一把把剔骨刀，刀刀都往张作霖的肉上剜——其中包括：旅顺、大连租借期限并南满洲及安奉两铁路，日本方面要拥有99年的租借期；日本人在南满洲随便居住、往来，并经营商、工业等，反正就是一切生意不受限制；中国政府允诺，为外国人居住、贸易起见，从速自开东部内蒙古合宜地方为商埠等等的一堆强盗条约。

这些条款，如果张作霖不能履行的话，日本人绝对得跳起来暴喊——巴嘎牙路，撕了撕了的。

张作霖敢上景阳冈，自然有打虎的手段，他敢当奉天省的督军，必然不怕日本人跟他玩鬼吹灯。为应对东瀛强盗狼嗥狗掳地蚕食，张作霖准备变身成为一颗铁蚕豆，崩掉掠夺者的大门牙，让他们知道张作霖不是好惹的。

张作霖为了应对《关于南满洲及东部内蒙古之条约》采取了如下的手段：

其一，对于日本占领的南满洲区域问题据理力争。

其二，秘密制定了土地不许私租与外人（日本人）的土政策，限制了日本人向东北移民的脚步。

其三，抵制了日本在郑家屯、掏鹿、海龙、农安、通化新开设五处领事分馆的要求。

张作霖虽然美其名曰为封疆大吏，但北洋政府和日本国签署的条约，他作为一个地方官，确实没有什么针锋相对反抗的实权。他只能"曲意上达"，即委婉地将自己的意见，转达给北洋政府。北洋政府作为打嘴仗的巨人，行动中的矮子，故此外交中的所谓反制，对日本人根本没起到任何作用。

张作霖采取的三点手段，第一和第三条彻底失败，日本关东军用枪管子一划拉，便硬将辽西十县，划入了自家占据的南满的势力范围；而郑家屯等五处领事馆，也在不久之后落成。虽然张作霖的抵制办法，是张飞玩鸟——死多活少，但有一分成就，就代表着日本在奉天省扩张的局面，受到了一分的限制。

张作霖一方面暗中抵制日本对奉天的蚕食，一方面在明处也要和日方重要的政要搞好关系。

落和谦太郎和寺内正毅这两名高官，成了张作霖的"朋友"，他们在日本国充当张作霖的宣传员和推销商，张作霖本以为和日本人手拉手，路会越走越亮堂，可是令人没想到的是，生猛的满蒙决死团，却"赏"给了他一颗炸弹。

日本的政客，也分左翼和右翼两派，左翼就是激进派，右翼就是保守派。

当时日本国内正在蓄谋满蒙独立，当时日方政客中的左翼和右翼，便对张作霖有着"冰火两重天"的态度。

一种是右翼的"火锅派"：以日本国参谋本部次长田中义一、驻奉总领事等人就是该派的代表，他们认为，实现"满蒙独立"，张作霖可以大大的帮忙，手拉手，我们一起走的确很有必要。

另一种是左翼的"冰箱派"：此派的代表是日本关东都督和浪人川岛浪速等人，他们认为，张作霖胡子出身，良心大大的坏了，只有死了死了的干活，才是我们依靠宗社党和内蒙古叛匪，加快实行"满蒙独立"的唯一出路。

"火锅派"的支持停留在口头上，而"冰箱派"的反对，却落实在了行动上。

这就是宁可得罪十个马驹子，不得罪一个马蜂子的道理。

"冰箱派"的头子一发怒，满蒙决死团立刻就展开了行动……

满蒙决死团是一个得到国内（清廷）保皇派——宗社党的支持，由东瀛亡

川岛芳子

命徒川岛浪速、三村丰、伊达顺之助等人组成的暴力黑社会性质的暗杀团伙。满蒙决死团现在已经接到了上峰的行动命令，准备干掉个子小、心眼多的张作霖，然后扶持一个"奴才型"的奉天督军上台。

川岛浪速是谁，恐怕没有多少人知道，但提起他的养女，却没有几个人不知道，他的养女就是大名鼎鼎的川岛芳子——金壁辉。

张作霖支持共和，他就变身成为国内保皇派——宗社党的眼中刺。为了除掉张作霖，宗社党就开始暗中支持满蒙决死团，一场可怕的刺杀计划，随后瘟疫似的爆发了。

这场送张作霖去"天国"的计划书是这样写的——

1. 刺杀时间：日本关东军都督中村雄次郎来奉天访问当日。

2. 埋伏地点：小西门和督署斜对门的图书馆。

3. 出场人物：三村丰、伊达顺之助等。

4. 刺杀武器：高爆土炸弹。

可是计划总没有变化快，刺杀行动开始，浪人杀手们在执行的过程中，却出现了偏差。

关东军都督中村雄次郎是日方的高官，他来奉天视察，张作霖必定要远接近送。可是在奉天方面迎接关东军都督的队伍中，赫然出现了五辆威风凛凛、同样款式的俄式马车。张作霖也怕遇到刺客，这种用同款马车分散目标的办法，经证实是相当的管用。张作霖接到中村，二人同乘马车，直奔大和宾馆。

张作霖陪同中村在宾馆下榻后，在返回督军府的途中，两名手持炸弹的浪人杀手，在小西门附近鬼魂似的冒了出来。

这两名浪人杀手的功课没有做足，刺杀之前，他们并没有看过张作霖的照片（那时候的照片是稀罕物），两人见马车过来了，立刻将冒着黑烟的炸弹，奋力投向汤二虎坐着的马车。

如果汤二虎和张作霖并肩站在一起，虎背熊腰的汤二虎确实非常抢镜，很多人都会误认为汤二虎是大帅，而真正的大帅张作霖只是汤二虎的马弁而已。

人不可貌相，经验主义会害死人的。

汤二虎被两名浪人投掷的炸弹炸成了轻伤，保护他的卫兵却死了五六个。

一地的鲜血、满街的惨叫、漫天的硝烟。

张作霖那颗冷静的头脑，让他迅速脱下大帅的服装，然后从马车中冲出来，骑上一匹卫士的马，直奔督军府飞驰而去。

张作霖骑马还没到督军府的门口，就见督军府的斜对面，那个躲在图书馆里的浪人，冷不丁儿地（突然）出现了。

一个流氓似的浪人，连丢出的炸弹都是歪的。

浪人杀手丢出的炸弹滚落在街上，"轰"地一声爆炸，激飞的弹片，只是削掉了张作霖的帽子，这枚没长眼睛的炸弹，却将悲催的东瀛刺客炸死在地，让他魂归北海道，一边唱着拉网小调，一边吃生鱼片去了。

奉天的捕快抬走了尸体，警局的验尸官确实有两把刷子，验尸报告很快就送了上来。

倒毙的刺客虽然穿着国人的服装，但因为他们常穿木屐，大脚趾和二脚趾分得很开，用个通俗的比喻，就好像一分两半的牛蹄子，从脚型上一眼就可以看出，刺客就是来自日本。

以张作霖目前的实力，确实无法和日本国直接对抗。

张作霖又觉得实在很郁闷，那三颗大炸弹，可不是三个大炮仗，不是张作霖反应快，身手高，骑马便蹽（跑），恐怕现在，他的"头七"都快过去了。

23．冲动是魔鬼，但没有冲动事业也就不会成功

张作霖在心里不断地安慰自己：冲动是魔鬼，低调不吃亏。

奉天城的各大报纸遵照督军府的指示，对张作霖勇斗炸弹一事，集体失语，片言未报。奉天的黎明静悄悄，现在的各大戏院，正在上演一部名叫《太平轮》的电影，听说那是一部期盼和平的好片子。

民国时代有这样一首儿歌：小崽儿，你莫要叫，你妈妈住在化龙桥。好多号？十八号，打得你娃呱呱叫！这本是一首带有挑衅色彩的"约架"童谣。一唱起来，战斗的语气比川味火锅还要浓！

奉天城的日方机关，心都提到了嗓子眼。他们都知道，张作霖是"胡子"出身，一般有仇当场就报了，如今吃了这个大亏，他一定会对日本方面干出"劈脑门，扎眼仁，剃排骨，砍嘴唇"的狠事来。万没想到，张作霖竟一点儿都没有要找"仇家"麻烦的样子。

硬钢丝怎么变成了软面条？因为张作霖目前压力山大，暂且还不能得罪日本方面，受了委屈，也只能暂时在心里暗暗记着。

张作霖目前有两件急事一定要干。

第一件事：奉天境内，有一股搞满蒙独立运动的"勤王复国军"等待着他收拾。

第二件事：张作霖要对吉林和黑龙江这俩地方下笊篱，他要将这两省的军权和政权，全都牢牢地抓到手中。这两件事，如果没有日本关东军的支持，张作霖单靠奉军的力量，绝对玩不明白。

1916年10月，寺内正毅正式组阁上台。寺内正毅是张作霖的老朋友，他上台后，日本政府和奉天省的关系，都得到了明显的改善。随后，张作霖通过日籍顾问菊池武夫，暗中向寺内正毅递上了自己的"投名状"。

张作霖这样"真诚地"表示："我对日方在满蒙有特殊地位一点十分了解，对日本开发满蒙一事抱欢迎态度，现在中国的南北冲突事所难免，但我积

张作霖

极避免卷入战争，一心一意和贵国友好下去……"

菊池武夫把张作霖的"投名状"递交上去后，日本政府也像打了鸡血似的亢奋了起来，他们通过菊池武夫向张作霖表示："帝国对张作霖的立场充分同情……如张对冯（冯德麟）采取行动，日方绝不加妨碍，请你放心！"

历史的镜头如果有定格功能，一定会给冯德麟一个特别惊诧的大特写，日方同情张作霖的立场，为何会说——如张作霖对冯德麟采取行动，他们绝不加妨碍？

答案只有一个，那就是在张作霖之前，日本人重点培养的、在东北利益的代理人就是冯德麟。

日本政府经过长期观察，认为冯德麟"沉着诚实远甚张作霖，刚毅勇武胜过汤二虎"。应该是未来日方在东北利益的首席代理人。可是人算不由天算，一场丁巳复辟，冯德麟跌落于权利的巅峰，成为了东北政局一个可有可无的闲人。

日本政府感觉自己太失败了，他们重新擦亮眼镜，在东北手握权利的官员中，又开始按照既定条件，仔细地寻找。

日方寻找东北利益代理人的条件，如果细分，可有以下三条：

其一，亲日反俄；其二，能力一流；其三，缺乏信念，能为日方所用。

这时，日本政府在选择冯德麟失败后，他们就改变了单一选择的老路子，而是广泛接触，重点选择，刻意培养，当时可供日方选择的目标有以下人物：

一是清宗室善耆。二是蒙古叛匪巴布扎布。三是段芝贵。可是这三个人，很快便被证明同为阿斗级的人物，即使给他们插上翅膀，这三个人也做不了天使。

接下来可供选择的人物是袁金铠和于冲汉。前者是张作霖最重要的智囊之一，后者在王永江死后，于冲汉和袁金铠合称为奉天文治派的双璧。

1916年6月，日本政府决定摸着石头过河，他们派出重量级谋臣后藤新平，让他以满洲铁路总裁的身份，亲赴中国东北进行"政治考察"。

后藤新平受到了张作霖热情的招待。

后藤虽然不是算命先生，但察言观色、走访摸底，他干得比袁天罡都熟。袁金铠、于冲汉二人首先被排除，这两个人只是文臣，想在东北攫取利益，不能手握刀把子几乎是不可能的。后藤几经权衡，终于将心中的红绣球抛向了张作霖。

张作霖脱颖而出，成为后藤心中的日本政府在东北利益最合适的代理人。

后藤写给日本政府的调查报告中，曾经罗列了选张作霖为自家在东北利益代理人的几大理由。

第一，张作霖"朝中无人"，在中国官场没有靠山可以依赖，地理上、政治上都远离中央，国家统一的概念淡漠，日本政府对他使坏也就有了可能。

第二，张作霖无官场经验，处理复杂问题就容易有漏洞，日方可以钻空子，有缝好下蛆。

第三，张作霖根基在东北，有势力更有能力，智者当借力而行，日本政府可借张氏之力外抵其他侵略者染指东北。

第四，张无学问、无理论、无信仰，唯权是重，唯利是图，日本政府只要帮其固权获利，即可换来自家想要的东西。

第五，张认识到了日本在东北的特殊地位，有投日方之倾向。

第六，张作霖有成为东北王之实力，一旦将来的东北大权控制在手，东北就会成为日本政府衣袋中的玻璃球。

其实上面的六点理由，用更浅显、通俗的语言说：张作霖刀把子在手，而且没有文化，在官场属于一个"孤独者"，是日方最好拉拢入伙的对象。

张作霖得到日本政府的承诺，心里就好像亮起了一盏聚光灯。可是，还没等他一声令下，对"勤王复国军"四面合围，将其"包成一个人肉馅的大饺子"，日本人就挑起事端，制造了震惊中外同时也令张作霖直吸溜冷气的"郑家屯事件"。

"郑家屯事件"简单地说，就是一个西瓜籽引发的战争。

1916年8月13日午后3时，一个中国孩子在郑家屯的街上吃瓜，不小心将瓜子甩在广济药房日商吉本喜代吉身上。

吉本大怒，他的两只大巴掌将中国孩子狂殴得"哇哇"乱叫的时候，正巧吴俊生的手下路过，吴的士兵上去拉架，结果双方起了冲突。日方警署的警士川濑找来二十多名日军，双方的火越呛越大，最后用枪杆子说话了。一场混战之后，虽然互有伤亡，但总体上算来，还是日本兵吃了亏。

弱肉强食的地方，人们不同情弱者。

但这次吴俊生手下的兵，狠得却不是时候。

日军在南满的势力强大，北洋政府拿他们都没咒念，吴俊生招惹了这个大家伙，这可让张作霖如何帮他收场。

事态接下来的发展，让人有一种世界末日就在眼前的感觉。事件发生后，辽源县的县长，点头哈腰亲自去日军的兵营去道歉，可是没说两句话，蛮横的日军军官嚎叫一声："你的良心，臭豆腐似的坏了，抓起来，撕了撕了的干活！"

随后，日军在八面城、铁岭等地抽调1500多名精锐，开到了郑家屯，并在屯外架起大炮，黑乎乎的炮口，对准了吴俊生的军营。

张作霖也知道，日军不会真的和他最后摊牌。张作霖在东北有很多事情要干。日军也是一样，他们在南满虽然势力很大，但却立足未稳，如果他们要是忙三叠四地真的开枪，得到的东西，恐怕就比失去的还要多。

果然，日军拉弓不放箭地秀了一阵肌肉后，他们就对张作霖提出了八条要求，这些谁见了谁骂的条款包括——惩办凶手；以后奉天军队不许再对日军挑衅；奉天军队以后必须聘请日本顾问等等。

惩办凶手，不许挑衅还好理解，无非是让奉天的军队以后夹起尾巴当孙子。聘请日本顾问是什么意思？这更好理解，就是日军可以公然地往奉天省的军队中安插间谍。

公然安插间谍，这不是骑着脖颈拉屎还是什么？张作霖也不知道将"妈拉个巴子的"这句粗口，重复了多少遍，但骂人除了痛快一下嘴巴，好像解决不了什么问题。张作霖站在大帅府的军用地图前，他用手一指四平郭家店的方向，眼睛里灼灼的亮光，仿佛都能将地图引燃，他骂道："该死的小日本，老张就在这就给你们下一副八部断肠散，让你们尝尝祸祸（害人）人的滋味！"

四平郭家店，那里有一伙"勤王复国军"，已经被张作霖的军队完成了战略性的包围，这伙"勤王复国军"的头子名叫巴布扎布，他每天发癔症似的高叫——满蒙独立运动，其实就是日本人在他背后上的发条。

日方想利用巴布扎布，当满蒙独立的先行官。

可是巴布扎布胸无大志，屁股底下却有大痔——他的臭毛病太多。他只想趁乱发财，满蒙独立运动他基本没干出啥成绩，但复国军，快乐多，骑着大马把酒喝，搂着女人吃饽饽的坏事可没少干。

日本人培养巴布扎布，真是憋气带窝火，可以说成是：请了一些水鸡尿蛋（无能）的人，吃一些稀了光汤（不好）的饭，花一些瘟了大灾（不该花）的钱，干一些的血糊淋拉（杀人）的事，最后只能稀喽哗啦（败得很水的样子）地败……

巴布扎布现在被奉军揍成了"瘪三"，张作霖想解决郑家屯危机，巴布扎布就是一枚至为关键的棋子。

张作霖一边用充满"弯弯绕"的"诚意"和日方谈判，一边丢出了自己的杀手锏——他要利用日本人的南满铁路运兵，然后彻底剿灭这伙欠揍的"勤王复国军"。

日本军方一肚子都是气，我们拥有主权的南满铁路，怎么能给你运送奉军，去打自家的队伍"勤王复国军"？张作霖你是不是喝醉了。

张作霖是故意这样做的，是有目的地告诉日方，我要对"勤王复国军"下手了，既然不允许我们坐火车去，我们开动11路走着去，这个你们管不着吧。

张作霖还是放过了巴布扎布，日本方面也就只能同意大事化小，小事化了地处理"郑家屯事件"。

经过双方代表研究，最后张作霖决定吃哑巴亏，他以惩办有责任军官；赔偿吉本五百元之恤金；奉天督军以相当方法表示抱歉等憋了巴屈的条款，结束了这场由一个西瓜籽引发的"郑家屯事件"。

所罗门王有一句胜不骄败不馁的名言：这也会过去！

张作霖急于得到日方的默许，让他解决吉林和黑龙江姓不姓"张"的问题。故此，他根本没有考虑奉天的青年学生和老百姓的整体感受。

张作霖你虽然是一省的老大，但你不是皇上，你忍个肚子痛，但这不代表老百姓也肯吃个哑巴亏。

段祺瑞政府可以奉行"凡对于无碍主权各款所可让步者无不让步"的亲日

政策，但老百姓却认为那就是个屁！

随后，学生游行，群众集会，商团请愿，抗议之声此起彼伏！

张作霖对日军不敢下手，但对闹得最欢的奉天师范学院的学生们，他可绝不客气，当即命令27师将奉天师范学院包围起来……

小胳膊没拧过大腿。

秀才在没有彻底发怒之前，一般斗不过枪杆子。

学生们的抗议和游行，被张作霖用暴力手段镇压了下去。

张作霖即使在利用日本政府，但表现得太像个"汉奸"，老百姓会不会真的把他当成"卖国贼"？

张作霖闲来没事的时候，也喜欢对政法机关插一竿子，他有时候到法院检察工作，翻阅到罪不至死，但却让人生气的案卷，便会毫不留情地写上一个"杀"字。他还嘲笑过哪些判案的文官，说他们心太软。

普通的老百姓杀只鸡，都会踌躇半天，普通人真的无法体会到张作霖的内心，究竟有多么的剽悍和强大！

让我们将历史的镜头回放到十年前，即1906年。

张作霖领兵驻防新民府。有一个在赵家庙成立大团时便跟随他打江山的弟兄，他手下这弟兄除了喜欢窑姐之外，也没有什么其他不良的嗜好。

令人悲催的是，他喜欢的窑姐，驻新民的日本兵也喜欢。

神争一炉香，兵争一姑娘。张作霖这弟兄在和日本兵争姑娘的时候，被那个日本兵给一刀攮死了。日军驻新民的军政署长京户少佐为了大事化小，小事化了，便主动赔给了死者五百两银子。

这是新民张作霖营长的军营，不是医院的结石科，可以"大石化小""小石化了"地乱忽悠。

张作霖咽不下这口恶气，他命令手下的弟兄，一口气弄死了两个日本兵，然后赔给了对方一千两银子。

张作霖敢杀日本兵，这爆炸性的消息传来，新民府的老百姓震惊，奉天省的政界震惊，当时的国人全都震惊了，都觉得张作霖是条汉子。奉天政府怕张作霖继续再惹乱子，张作霖你不是狠吗，张锡銮就急调他去洮南清剿蒙匪！……

可是时间刚刚过去十年，那个不怕日本军队和政府的张作霖不见了，为了私利，他不仅开始向日方低头，而且一副甘愿充当日本政府在东北的利益马前卒的形象。

张作霖是真当汉奸，还是假装卖国，看完下面得事例，大家自会小葱拌豆腐——一清二白。

张作霖为了日本政府在东北的利益，一路狂奔的表现，让日方的高官相当满意。日本朝野一致同意支持张作霖。日方不仅提供高新技术帮张作霖建造了兵工厂，而且提供大笔有偿贷款，帮助张作霖发展经济建设。

经济是羽翼，武力是爪齿，张作霖现在的翅膀，已经渐渐长硬。1917年3月，北洋政府陆军部为了摸清家底，曾对各省陆军正规部队进行过"点验"。当时，奉天省共有军队三万三千五百人，吉林省一万二千人，黑龙江省稍多，但也只是有也一万五千人。

张作霖手下的兵，竟比吉黑两省军队的总和还多。

兵多就是任性，张作霖在日本关东军的默许之下，开始对黑龙江和吉林两省下手了——取得黑龙江和吉林的统治权，这才是张作霖利用日本政府的目的。

黑龙江的"督军"名叫许兰洲。许兰洲有个绰号叫"赛天霸"。

许兰洲的督军官衔上，为何挂着一对引号，这是因为，许兰洲的黑龙江的督军和省长是他自封的，从来没有得到过北洋政府的确认。

许兰洲自封黑龙江督军，他真的够生猛，用现在的话说，他绝对是个一等一的狠人。

1912年辛亥革命结束，到现在1916年，短短的5年时间，黑龙江的督军换了一个又一个，黑龙江省的形势，可以这样说——嘴里咬猪毛，一派乱糟糟。

黑龙江之乱，全是拜贪得无厌，一心垂涎黑龙江的沙俄的"厚赐"。许兰洲曾任陆军的第一师的师长，故此在黑龙江历任的督军中，属于握有枪杆子的实权派，张作霖想要动他，首先要做两手准备——

第一，必须要有撬走许兰洲的方法。

第二，必须要有一个心腹，能够担任黑龙江亲奉系的督军。

张作霖的办公桌上，放着一大堆花名册，他正一张张地翻阅着册子，准备矬子里拔大个，胡萝卜地里寻人参，发现一个黑龙江的督军的合适人选，可是这些人，都是乱坟堆里找人——死硬货，根本不适合当黑龙江的督军。

要当黑龙江督军，首先必须保证要和张作霖一个鼻孔出气。

接下来，这个人要和段祺瑞有一定关系，否则上面也不会批准他当黑龙江的督军。

再往下说，这个人要是个人才，但才干还不能太低，否则一旦上任，黑龙江的政事会鼓捣不明白，这个人的才能也不能太高，才能太高会不服张作霖管。这个人要老实，却又不能太老实，否则有可能受沙俄的欺负，这个人要聪明，但却不能太聪明，否则将来有可能尾大不掉，另立山头，总之这个新督军的人选，确实是手指头穿针——实在太难为人了。

24．拿下黑龙江，剽悍的人生根本就不需要解释

张作霖思想卡壳，心眼停摆，脑筋短路，他抬起手来，将那堆花名册"哗啦"一声，全扫到了地上，就在这时，听外面响起了一声报告，他的秘书走进来，说："鲍贵卿求见！"

张作霖听到鲍贵卿三个字，他兴奋得身子底下，就好像安了弹簧"嗖"地一声，从椅子上直接跳了起来，说："快请！"

鲍贵卿是谁？他是五路财神，还是禄位大仙，再不就是九福老祖？否则怎么能让张作霖如此兴奋？

鲍贵卿跟那些神仙一毛关系都没有，他只是张作霖小时候一起撒尿和泥、放屁崩坑的好朋友。

鲍张两家，同住小洼屯。古语这样说：远亲不如近邻，近邻不如对门，两家偏偏就是对门。张娘生张作霖时，奶水不足，正巧鲍贵卿的老娘生了一个女儿夭折，饿得"嗷嗷"叫的张作霖，根本就是吃着鲍母的奶水长大的。

借粮食能还，吃了人家的奶水怎么还？这些年来，张作霖始终欠着鲍家的人情。

几年前，两兄弟在奉天见过一面，张作霖曾把自己的大女儿张首芳，许给了鲍贵卿的儿子鲍英麟，故此，两个人不仅是发小，还是亲家。

但张首芳嫁入鲍家，鲍英麟对她总是一副西伯利亚寒流般的冷脸，两个人的婚姻是否幸福，当事人如鱼饮水，也只有他们自己清楚了。

不管年轻人的婚姻是否幸福，张作霖和鲍贵卿绝对是铁杆的亲家。有一首童谣是这样唱的：亲家婆上炕里，烟荷包烟袋递给你，亲家婆上炕梢儿，一撅屁股俩小猫儿，亲家婆上炕头，一撅屁股俩小猴儿。

亲家的关系可是不得了，张作霖的家规最后一条就是，女儿的婚事由他做主，其目的就是可以利用姻亲，结成对张家有用的利益集团。而且该集团的成员，可以在"谈笑间，一切协议达成！"

鲍贵卿绝不是一个白丁，他可是天津北洋武备学堂工程科毕业的高才生，曾经被段祺瑞称为"忠勇异侪辈"。鲍贵卿不仅是段祺瑞的人，而且还和张作霖穿一条裤子，他当黑龙江的督军，简直就是何家的姑娘嫁郑家——正合适（郑何氏）。

鲍贵卿被张作霖接进大帅府，他听张作霖说自己有当黑龙江督军的机会，兴奋也是直搓手，谁要不想当一省的督军，那绝对就是傻子。

接下来，鲍贵卿就和张作霖做了分工。

张作霖要干的，就是督军虽有主，他要松松土，让许兰洲彻底挪挪窝。

鲍贵卿要做的，就是做好北洋政府的公关工作，让段祺瑞同意他干黑龙江的督军。

若论事情的难度，用个不恰当的比喻，鲍贵卿搞定段祺瑞，只是给新华门抹上油漆，费时费钱。而张作霖让许兰洲挪窝，完全就是血拼性命了。

因为许兰洲手里有枪。张作霖真要把人家逼急了，许兰洲要是发起飙来："谁敢抢黑龙江督军的位子，老子跟他拼了！"——故此，张作霖也得拿着鸡蛋走夜路——需要特别小心才成。

要知道，许兰洲的"督军"帽子，也是从原黑龙江督军毕桂芳的手里抢来的。但他抢毕桂芳督军位置的同时，也为自己的倒台，埋下了深深的祸根。

黑龙江原任督军毕桂芳是外交官出身，他本想凭着嘴巴指挥许兰洲手里的枪杆子，可实际上是根本不可能的事儿。

许兰洲在黑龙江带兵十二年，在当地可谓树大根深，高粱穗子顶破天，在黑龙江只有他动别人，根本没有别人动他的份儿。许兰洲为了将毕桂芳挤下台，在当地找来两名身高体壮挤人功夫洲常厉害的旅长——英顺和巴英额。

英顺、巴英额和毕桂芳都是旗人，他们二人向毕桂芳下手，应该算猪八戒啃猪蹄——自残骨肉，可是许兰洲许给他们的师长的帽子太大，让二人一时间有点找不到北的感觉，两个人就抱着许兰洲的后腰，三个人一起用力。

毕桂芳在黑龙江的督军干到顶了。面对许兰洲等人的排挤、威协，尽管他心里憋了巴屈但也只能同意通电下野。毕桂芳离开黑龙江，随后便被北洋政府派去了冰天雪地的沙俄，毕大外交官从此就着辛辣的伏特加，吃着干硬的大列巴，喝着醇酸味的格瓦斯，办理外交事务去了。

许兰洲目的达到，他黑龙江的代理督军和省长的印把子在手，可许兰洲随后就不讲究了，他许给英顺和巴英额的师长职务，却迟迟不肯兑现。

许兰洲有自己的小九九，英顺和巴英额那是外人，要提拔，也得提拔自己的亲信任国栋当师长。英顺和巴英额你们还是到一旁凉快凉快去吧。

英顺真是气炸了肺。

巴英额把肺都气炸了。

许兰洲、英顺和巴英之间的矛盾，让黑龙江政坛的这块铁板"喊哩喀喳"裂成了好几块，现在双方剑拔弩张，很有可能因为一颗小火星，双方便真刀真枪地干起来。

不能打，真的不能打，张作霖的目的不是砸烂黑龙江，而是要将其囫囵个地装到张氏的菜篮子里。

张作霖是个行动派。张作霖马上找到孙烈臣，让他赶快到黑龙江走一趟。

孙烈臣，锦州黑山县人，童年时，父亲早逝，他也是个喝着黄连水长大的苦孩子。青年时代的孙烈臣，不甘心当一辈子的穷小子，他便选择了贩马，贩马虽然危险系数挺高，但却是一个有出息的行业。

晚清时代的名人马永贞，就是因为贩马，练就了一身的绝技，这才得以称雄上海滩。

孙烈臣虽然没有马永贞那样的身手，但是，三五个人跟他过招，也会被他打得王八吃西瓜，滚得滚，爬得爬。

孙烈臣凭借一身见人打人、来鬼杀鬼的好身手，受到了盛京将军增祺的赏识，一步步地成为了国家正式的军官。后来，张作霖与孙烈臣等八人在洮南结拜，成立了奉系早期核心八人管理团队，孙烈臣就是其中一位很重要的成员。

奉系的管理团队中，虽然不缺剽悍能打的狠人，但名字后面带帅字的却凤毛麟角，孙烈臣因为忒忠心、忒忠勇则被人称为赞帅。

张作霖之所以派孙烈臣去呼兰县见英顺和巴英额，是因为他们三个人曾经在东三省的讲武堂一起读过书。

英顺和巴英额被许兰洲压制的太久，他们一见自己的讲武堂同学，当时眼泪就好像小金豆子一样"噼里啪啦"地掉了下来。

孙烈臣握着面前两位同学的四只大手，用真诚的语调说："只有追随张大帅才是你们的唯一出路！……"

英顺和巴英额也被孙烈臣的真诚感动了，英顺拍着胸脯表示："听你一席话，我终于明白，只有跟着张大帅才有肉吃！"

巴英额接着也下了决心："我就是张大帅的一块砖，哪里需要就往哪里搬！"

孙烈臣说："你们稍安勿躁，静等大帅为你们安排，只要度过了黎明前的黑暗，相信美好的明天就会到来！"

孙烈臣挥一挥衣袖，不带走一片树叶地离开了呼兰县。

孙烈臣的下一站是齐齐哈尔，他要去见许兰洲。

在达斡尔语中，齐齐哈尔是"边疆"或"天然牧场"之意。因世界珍禽丹顶鹤在此栖息，又名鹤城。

许兰洲的驻防之地，就在鹤城，许兰洲和张作霖的关系不错，但这种关系，只是建立在均衡利益，以及互相利用之上。如果许兰洲肯当张作霖的小弟（许兰洲年长张作霖3岁，张作霖对其称呼为大哥），张作霖何苦要惦记黑龙江的督军，只需将许兰洲扶上马，送一程，也就万事大吉了。

许兰洲瞧着英顺和巴英额的势力就闹心，不将他们彻底干掉，他晚上睡觉都得睁开一只眼睛。

许兰洲憋足了劲要当黑龙江的老大，而且地球人已经不能阻止他快要蛮干了。

黑龙江靠近沙俄，三位戍边的将军窝里反，一定会让该省内亲沙俄的势力占便宜，他们任要是大干一场。黑龙江就有可能乱得不可收拾。

张作霖派孙烈臣这位"消防员"到黑龙江省，首先灭了英顺和巴英额这股火，接下来的工作，是要继续灭掉许兰洲这股火。

许兰洲心里战争的小火苗烧得正旺，岂是轻易就能灭掉的。孙烈臣针锋相对甩出了两把杀手锏——

第一，谎称奉系决定支持许兰洲图谋黑龙江督军的宝座。

第二，请给张作霖处理英顺和巴英额的时间。

这两把杀手锏正中许兰洲的胸口要穴，他当时就表示不闹了，说："只要让我得到了黑龙江督军的位置，以后张大帅让我打狗，我绝不撵鸡！"

孙烈臣说："你就放一千二百个心吧！"

孙烈臣离开齐齐哈尔的时候，正是七八月的大太阳，火盆一样扣在头顶的夏天，可是随后发生的事儿，却让许兰洲有了一种"千里冰封，万里雪飘"的严冬感觉。

一个月后，许兰洲正在做着自己的督军梦，鲍贵卿被张作霖派兵当"国宝"一样保护着，威风凛凛地到黑龙江省当督军来了。

鲍贵卿手里有北洋政府的委任状，委任状上面那个陆军部的大红戳，比马蹄子都大了一圈。

许兰洲会武术，而且很负责任地说，他还为我国的武术发展，做出过一定的贡献，但会武术又管什么用，伴随着冷兵器成长起来的武术，面对热兵器（枪炮）的兴起，已经式微了。没有实例不说话，大武术家程廷华功夫练得好，但他不是也殉命在枪口之下了吗？

鲍督军背后有段祺瑞和张作霖两个大狠人的支持。张作霖为防止许兰洲闹事，假段祺瑞之手，命许兰洲的5营骑兵，3营步兵即刻调防，离开鹤城到奉天省西丰县驻扎。许兰洲代理督军被免，他的新官职是东路剿匪总司令。

许兰洲虽然心里极度窝火，但他是个聪明人，聪明人一般都知道，什么事情能干，什么事情不能干。

张作霖另立督军，这"偷天换日"的一招，许兰洲无从招架。许兰洲最后败了，他服了张作霖，手拿北洋政府的调令，先跟黑龙江的督军彻底说了声——狗头白（good-bye），然后转身领兵，来到了奉天省西丰县，挑起了东路剿匪总司令的担子。

人在矮檐下，怎能不低头。

有的人低头，生闷气，结果气坏了身体。

有人借着低头的机会，美美地抽了一袋烟。

暂时的低头，是为了将来能抬头。

许兰洲心里的气顺之后，他到奉天找张作霖，递上了自己的"投名状"，然后实心实意地认了张作霖当"大哥"，向张大帅无距离地靠拢。后来他不仅干过当过东三省巡阅使署参谋长，而且还担任过陆海军大元帅府侍从武官长等的高职……许兰洲"退休"后，还不忘勤于练武，最后活了93岁。

鲍贵卿当了黑龙江的督军，英顺和巴英额这两个刺头可就不干了，干啥我们兄弟们抛头皮洒热汗地忙活，你鲍贵卿美滋滋地当了督军。你要给我们兄弟一个说法。

英顺和巴英额领兵直奔齐齐哈尔，找鲍贵卿讨说法来了。

鲍贵卿"说法"没有，"枪管"倒有一个。

张作霖得知鲍贵卿即将被人"逼宫"的消息，急忙派吴俊生领着精锐的29师前去支援。

这场因抢夺黑龙江督军那顶官帽子即将引发的战争，最后还是没有打起来。

英顺和巴英额的实力，跟张作霖比起来，就像拿鸡蛋碰石头，即使将全东北的鸡蛋都联合起来，就能打破张作霖这块硬石头吗？不靠谱的事儿，谁干谁就是傻子。

鲍贵卿抹去了额头上的冷汗，他随后以挟制长官、吞没公款等罪名，将乱折腾的英顺和巴英额的旅长职务一撸到底。黑龙江骚乱的进程戛然而止了。

出来混，总是要还的。

鲍贵卿担任黑龙江督军后，虽然也像张作霖期望的那样，能够"励精图治，强于政务"，为巩固张作霖在东北的统治，尽了一份心。而在他任职两年的时间里，为了中饱私囊，他采用"招标"的办法，卖官鬻爵，也算开创了当官"创收"的一种新途径。

黑龙江省成了张作霖的跑马场。

黑龙江省到手，吉林省就是秋后的蚂蚱，还能蹦跶多远？

可是张作霖想取吉林，真好比大海里寻针——那叫一个难。

吉林的督军名叫孟恩远,这位孟督军的出身和张作霖惊人的相似,好比要饭花子喝黄连——那真是又穷又苦。

从小,孟恩远的身上就充满了暴力的细胞。一次,他将一名恶霸按倒在地,用砖头子在他脑壳上削了十八个窟窿。为防恶霸报复,他便来到袁世凯的小站,报名参军,然后每天在兵营高唱《劝兵歌》:朝廷出利借国债,不惜重饷来养兵。如再不为国出力,天地鬼神必不容……

孟恩远的发迹,实属瞎猫子撞到死老鼠——运气好、茶壶镶金边——嘴好、慈禧太后头上的玉钗落地——他捡的好。

1896年,慈禧太后脑袋一热,特意到小站来检阅袁世凯的练兵情况。领导视察,将士发麻,这位老佛爷拿阅兵当成了逛市场,她正东瞧西看,一不小心,头上的一根宝石玉钗"啪"的一声掉到了地上。

掉钗可是超级不吉利的事儿。

慈禧老佛爷绕场完毕,准备回去休息的时候,孟恩远手捧宝钗上前,跪在慈禧脚下,说了八个字——凤簪落地,重返佛山。慈禧老佛爷一下子就记住了这个有胆量、有智慧、会讨他欢心的年轻人。

孟恩远得到了老佛爷的赞许,那就等于仕途光明灿烂。他从此步步高升,终于成为了吉林省督军。

从"小兵到将军"说的就是满血奋斗的孟恩远。

张作霖的后台是段祺瑞。

而孟恩远的后台则是冯国璋。

张作霖想吃掉孟恩远。而孟恩远做的梦和张作霖一样,他好想好想干掉张作霖。

可是随着张作霖胸部的六块肌日渐强壮,孟恩远吞并奉天省的计划,就是老太太打哈欠——一望无涯(牙)了。

张作霖将黑龙江装到了自己的菜篮子之中后,孟恩远为防张作霖对吉林下手,他睡觉的枕头底下,都塞着一把磨得飞快的匕首。

孟恩远变省成了一只危险的刺猬,张作霖想对他下手,可是蚊子肚内找苦胆——真是有些难度。

张作霖的眼毛都是空心的,要是对付不了孟恩远,他就不叫张作霖了。

张作霖当初被贫苦的命运牵着小手,一路在流浪的道上飞奔的时候,他曾经吃过刺猬。刺猬的味道像是鸡肉,可是鲜味却超过了鸡肉三条大马路。

杀刺猬也用刀子,但杀它之前,要将其丢在水里,先淹得它个不知道东南西北,然后这"刺球"就任人宰割了。

刺猬偷果啃瓜,在民国的时候,绝对是害虫,可是现在,刺猬的本性未变,却咸鱼翻身,成了国家二级保护动物。

孟恩远干过晚清的兵,接着又当过袁世凯、黎元洪和冯国璋的官。如果一个人路走多了,鞋帮上会粘上泥,孟恩远也不例外,他也是一个身上有污点的人。

这污点张作霖早就知道得一清二楚,因为他们曾经一起干过支持张勋复辟的"坏事"。

只不过张作霖是在暗中支持,而孟恩远的支持却放在明处。

张勋当初复辟成功之日,孟恩远不仅将五色共和旗改为龙旗,还敲锣打鼓地在吉林全省"讴歌复辟"。

诈尸般的复辟被扫进了历史的垃圾堆。孟恩远赶紧做了两件事:

一是及时和复辟派做了切割。

二是急忙找直系军阀的靠山疏通关节。

一番运作下来,他黑龙江督军的位置,并没有因为"丁巳复辟"事件而闪腰岔气,而是继续雄赳赳、气昂昂地一路当了下来。

25. 谁能告诉我,天上掉下来的是馅饼还是陷阱

孟恩远身上即使没有污点,张作霖也要往他的衣服上泼点墨汁,更何况孟恩远在张勋复辟之时,出现过那么大的纰漏。

千里之堤毁于一个小蚂蚁，张作霖的意思是，在国内督军的队伍之中，怎么能容忍孟恩远这样的害群之马？张作霖添油加醋，倒酱撒盐地写了一份弹劾报告，递交到了主持国务院的段祺瑞手中。

段祺瑞一见张作霖的报告，当即大笔任性地一挥——孟恩远在丁巳复辟中，确实有错，但念其知错能改，且劳苦功高，可上调京城当诚威将军。吉林省督军可由皖系的干将田中玉接任。

孟恩远接到调令，真好似一个雷劈中了他的脑门。当时他的头顶，便飘出了一股焦糊的味道。诚威将军就是一个牌位，让他上京城去当牌位，难道这是直系军阀的掌舵人冯国璋的意思吗？

孟恩远急忙派人进京，去找冯国璋。冯大总统当得真是窝囊，他竟不知道段祺瑞发出了调令。孟恩远得知情况，手拿电报，气得他冲着京城的方向跺脚直骂，然后上书内阁——你们的调令，没经过总统批准，属于擦屁股的草纸一张，老孟就是不同意去干这倒运背运的诚威将军，限三天之内给老孟一个说法，不然老孟就去京城给你们一个说法！

孟恩远绝对是个狠茬子。在吉林有个民间故事，讲得就是孟恩远草书一笔"虎"的故事。

孟恩远草根一枚，他当上督军之后，为改变缺少文化的草根形象，便经常勤练草书一笔虎送人。他写一笔虎时，笔力苍劲雄健，虎虎而有生气，他写虎字最后悬针一笔时，停笔在虎字上方不动，这时，等在一旁的秘书便会上前，趁势将宣纸往怀中一拉，笔借纸走，墨痕由天至地，便被拉成了迅猛平直，力道遒劲的虎筋一笔。

从孟恩远写字的习惯上，我们至少看出了两点信息：

其一，勤于完善，不断争取进步。

其二，善于借助外力，头脑绝不简单。

总之一句话，孟恩远真的不好对付。

接下来普及一下民国政体的知识。如果老太太上坟——不唠叨一点儿废话，实在让人无法明白，段祺瑞一个总理，怎么比总统还要牛光闪闪亮。

要想说明问题，首先要弄明白"府院之争"。

府是总统府。

院是国务院。

"府院之争"即总统和总理之间的争斗。

北洋军阀时期有两场府院之争。第一次是指民国五至六年（1916年至1917年），以黎元洪为首的总统府集团与段祺瑞为首的国务院集团进行的权力"掰手腕"。

第二次是民国六年夏（1917年8月），冯国璋继任总统后，他主张和平统一，借此讨好西南军阀，保护直系的利益，而国务总理段祺瑞，却主张武力统一，借此扩充皖系势力，两人为此各种狠招齐出，此为第二次府院之争。

中国实行了几千年的帝制，当民主和共和摇头摆尾地破门而入的时候，国内某些政治精英即使思想落后，脑袋上也要戴个前进帽，用以彰显自己的思想进步。

国内的政体，当时究竟是要效仿美国的总统制，还是学习法国的内阁制？换句话说，我们的政体，究竟是应该让总统说了算，还是让总理说了算？这让国内的政治精英们，打了很长一段时间的嘴炮。

冯国璋和段祺瑞手里都握有兵权，他们都想说了算。一旦冯国璋在争斗中占了上风，就是总统制说了算；而段祺瑞在"搏击"中拔了头筹，就是内阁制说了算。

"府院之争"说白了也是权力之争。

究竟是冯国璋厉害，还是段祺瑞生猛，这问题等同于问狮子老虎谁厉害一样，几乎无法回答。

这种歪瓜裂枣制度的存在，已经变成了某些人窃取权利的一块"遮羞布"，最后往往因为权利分配的不均，还是引发了战争，正所谓，富了有枪有炮的军阀，穷了空着两手的百姓。

段祺瑞虽然是国务院总理，但孟恩远手里握有兵权，他要是急了，大家干脆就乌蝇爬马尾——一拍两散了。

段祺瑞因为"府院之争"，搞得头如麦斗，他哪有精力去管地方上的事儿，但一见孟恩远坐在火药桶上抽烟——不拿命当回事，他便来了个一推六二五，发下了一份踢皮球的公文，他首先准备派自己的心腹田中玉到吉林当吉林督军，接着提拔张作霖为东北三省的巡阅使，吉林省的事是你自己闹起来的，如何擦屁股，你还是自己看着办吧。

张作霖得到了段祺瑞的授权，兴奋得就好像被打了一剂强心针，他当即调兵遣将，命27师师长孙烈臣为讨吉总司令，许兰洲为副总司令，准备狠狠地干一家伙。

孟恩远的实力不如奉天当局，一见张作霖磨刀霍霍要玩真的，他心里也有点发虚，当即给冯国璋拍电报，大事不好，您那大招赶快发，不然我的小命就要哧溜花（将没了引线的爆竹从中间折断，用香火将里面的炸药点燃，引申为很快完蛋）了。

冯国璋大总统目前希望"以德服人"。

冯国璋首先给好战分子张作霖摆道理：在丁巳复辟中，跟着张勋屁股后面闹腾的不止孟恩远一个。在支持复辟的名单中有一大串军阀的名字，包括皖系的重要人物倪嗣冲、张敬尧……如果本大总统没记错的话，你张作霖好像当时也很亢奋，口头也支持来的吧？

姜是老的辣，冯国璋又狠又准的一记黑拳，正捣在张作霖的肋巴扇上。

冯国璋占着道理，张作霖吃了他一拳，当时就闷声不语了。

冯国璋的第一记黑拳揍得张作霖几乎岔了气，接着第二记黑拳又发了出来。冯国璋找到北洋元老徐世昌、王士珍等人，让他们力挺孟恩远，接着让湖北直系督军王占元联合其他几省的督军，联合对张作霖施压。

冯国璋远水不解近渴，张作霖要是把孟恩远包了饺子，这并不费他多大事,但是不管他多么不喜欢冯国璋,冯毕竟是他的老板,以张作霖的实力对阵整个直系,好像也是在对着石头丢鸡蛋。而且还有一点,让张作霖也很不痛快——段祺瑞竟要派皖系的田中玉来当吉林的督军,干啥,下山摘老张的果子?姥姥,我不干了!

张作霖隆重地种下西瓜,却郁闷地收获芝麻。张作霖目前只能忍了。

忍字头上一把刀,这把刀,就被张作霖握在手里,一旦将来出手,那肯定就是刀刀不离孟恩远的后脑勺。

1918年东北的冬天,天气是嘎嘎地冷,北风是呜呜地刮,雪花是嗖嗖地下,一场疯子丢棉花似的暴雪后,关东的大地都被厚雪掩埋,鸟雀无食,饿得乱跳,这时候,正是捕捉鸟雀的超好良机。

在地上扫雪弄出一片空地,撒上秕谷,在谷物的上面,用带绳子的木棍,支起一个草筛子。鸟雀飞落到草筛子下面寻食,只要一拉系绳木棍,只听"啪"的一声,觅食的鸟雀就被草筛子扣住,最终失去了自由,一个个就都成了囚鸟。

张作霖坐在大帅府会议厅的虎皮椅子里,他和奉系"董事会"的班底,以及超级智囊们,正在研究奉军进关,会不会成为囚鸟的大问题。

在开会之前,首先重温一下张作霖做事的底线——我不下地狱,谁爱去谁去。

可是这底线,却正处于被打破的边缘。昨日,段祺瑞的心腹——小扇子军师徐树铮来东北,老鹰给鸡拜年似的找张作霖,跟他研究奉军入关,京师论剑,如何争夺"武林副盟主"宝座的大问题。

武林副盟主——就是北洋政府的副总统。

段祺瑞已经通过徐树铮许给了张作霖——民国副总统的职位,条件是,张作霖从奉天出兵,帮助段祺瑞彰显武力,实现段祺瑞统一全国的伟大梦想。

段祺瑞嘴里的口号喊得震天响,可是目前却遇到了麻烦。而且是大麻烦——他被冯国璋给免职了。

下台后寓居天津卫的"解职"总理段祺瑞，应该不会再有重新上台的可能，但请不要忘记，这是在神奇的民国，在那个七彩超绚的时间段里，不仅徐树铮坚信段祺瑞会复活，张作霖也信。因为段祺瑞是皖系的老大。

黎元洪当年继任大总统后，经过国会补选，冯国璋成为副总统，办公地点设在了南京。张勋复辟，黎元洪政权被推翻后，段祺瑞做回总理，徐州七省军阀召开"合唱团"会议之前，段祺瑞给冯国璋发出一封电报，电文很简单，只有四字"四哥快来"，冯国璋心领神会，随后来到北京，成了代理的总统。

从那封简洁的电报上看来，冯国璋和段祺瑞一开始交情匪浅，绝对属于互相抱团取暖的好哥们，可是权力之争，最后还是让他们又成了竞技对手。

1917年7月，孙中山先生为打倒北洋军阀专政的虚头巴脑（假）的共和，维护《中华民国临时约法》，恢复国会，他联合西南军阀共同进行了反对北洋军阀独裁统治的斗争——护法战争。

孙中山用战争为手段，反对冯段政府，但冯段两个人，对护法战争的态度，却是冰火两重天。

冯国璋不想打仗，准备和孙中山和谈，但段祺瑞却根本不想和谈，要知道他用武力埋葬了张勋的丁巳复辟，现在军政大权独揽，打仗就打仗，段祺瑞开的是打仗的作坊，不打仗还不发家，他拒绝恢复《临时约法》和召开国会。

孙中山便联络海军总长程璧光及西南军阀，以维护《临时约法》为号召，于1917年9月在广州成立了与北洋政府对峙的护法军政府。

一个天上，好像不能有两个太阳。

一个国家，也不应该有两个政府。

北洋政府和护法军政府谁才是真正的政府？

从历史的角度分析，孙中山先生代表着正义和进步，而冯段的北洋政府代表的是反动和落后。

冯国璋和段祺瑞才不会同意这观点。

所谓观点，就是枪杆子掌握在谁的手里的问题。

只许军阀放火，不许百姓点灯，拿枪的北洋军阀就是这样任性。

北洋军阀们蛮横地认为，他们的专政那是千足金的专政，那是世界上最好的专政，孙中山的《中华民国临时约法》，早就翻篇了，再说段祺瑞手里有枪有炮，干啥要听你孙中山的？

打仗，谁怕谁？北洋军阀最喜欢打仗，不打仗那是会手痒痒的。

段祺瑞战神附体，他完全就是——你要战，我便战，打赢了西南军阀，皖系就是国内老大的态度。

段祺瑞的皖系要是当了国内的老大，你让冯国璋代表的直系情何以堪。故此，冯大总统在段祺瑞全力对南方用兵之际，他在后方紧锣密鼓地提出了"和平统一"的政策，即承认西南各省军阀割据的现状，以换取他们对北京中央政权的支持。

总统下令，要和平不要战争，打仗的军阀们就好像泄了气的皮球，纷纷放下了手中枪，回家各自抱小孩去了。冯国璋背后一闷棍，只削得段祺瑞差点背过气去。段祺瑞征讨南方的战争也随后败得一点名都没有了。

段祺瑞心里生气：老子在前线拼命，你却在后方议和，陆军总长和国务院总理的职位，老子都不干了，你冯国璋不是厉害吗，你自己玩去吧！

段祺瑞的辞职是停留在口头上的假摔耙子，但冯国璋巴不得段祺瑞露出辞职不干的口风，有道是，没了胡屠户，咱家也不会吃带毛猪。他顺坡下驴，当即免了段祺瑞的职务。

冯国璋经过斟酌，准备启用赞成"和平统一"政策的王士珍，接替段祺瑞国务总理的职务。

王士珍是号称北洋三杰之首的"龙"、段祺瑞为北洋之"虎"，而冯国璋则为北洋之"狗"。

王士珍虽然有才，也赞成冯国璋"和平统一"的政策，但不代表着他愿意去趟这场浑水，让他去接段祺瑞撂下的挑子，只有傻子才会去干。

冯国璋就不相信请不动王士珍，他派一帮人到王家门口，大家冲着王家的门口，扯开嗓子，就好像到"龙王庙求雨"似的高呼："请聘老出山组阁，以巩固北洋政体。"

这事放在现在，完全就可以去法院告冯国璋骚扰，但在那时候，冯国璋就是法院，冯国璋就是道理。王士珍被这帮疯子一样的"呼喊派"逼得实在没有办法，只得答应出任内阁总理，但宣称："本总理今天一个人来，将来一个人去，决不更动内阁的一个人。"

王士珍不仅知实务，明进退，他对当北洋总统的位子，曾有过如下一针见血的评论："如与人有仇，即可请其做总统。"这句话的意思是，谁当北洋政府的总统，谁就是二傻子，你要想报仇，那就请你的仇人当总统。

从这区区十二个字，便可以明白，北洋三杰，王士珍排在第一，这绝对是有道理的。

段祺瑞下野后回到天津，他的肺气得都要炸开了，段祺瑞随后在日租界宫岛街（今鞍山道）的公馆里，主持召开了一个督军扩大会议，参加会议的有：直隶督军曹锟，山东督军张怀芝，以及山西、奉天、黑龙江、福建、安徽、浙江、陕西七省和察哈尔、热河、绥远三个特别区的军阀代表，上海军阀卢永祥、徐州军阀张敬尧都有代表前来天津。

这次会议的阵容太可怕了，因为除了西南各省和长江三督没有代表参加外，大半个国家的督军都来参加会议了。

张作霖是段祺瑞的"铁杆"，故此，他这次派了智囊人物，奉天军署参谋长杨宇霆前来凑热闹。

大半个国家的督军一起要造反？别说冯国璋，这事放秦始皇和汉武帝身上，他们也同样麻爪（害怕、手哆嗦）。

冯国璋急忙找来段祺瑞的族叔段芝贵，让他快去天津，找段祺瑞唠唠，有事好商量嘛，和谐知道不，打仗那是野蛮人做的事儿，我们是有身份的文明人，注意尺度、节操，三观尽毁，北洋何在！

段芝贵急匆匆地来到了天津，他见到段祺瑞之后，将冯国璋的意思一说，段祺瑞将脑袋一晃，他看着自己的这位族叔，说："西南军阀，拥兵自重，而孙文'妖言蛊惑'，悍然挑起了护法战争，冯国璋的和平统一方针，看似利国利民，其实对于政局，绝对是不能充饥的画饼而已……如今时局动荡，正是我们这些扛枪的军人，需要担起责任的时候，不知道段总长同意我的意见否？"

王士珍当上总理后不久，他便将陆军总长的位置，让给了段芝贵，段芝贵被段祺瑞"劈头盖脸"地教训了一通，如今他只能一边小学生似的擦着冷汗，一边小媳妇似的答应了。

段祺瑞虽然丢了总理和陆军总长的官帽子，但他还有一个"参战督办"的职务，他不仅可以利用职务，大举向日方举债，用以购买国外的军火，而且他还可以暗中操纵"安福国会"（安福国会是中华民国第二届国会，"安福"是北京一个胡同的名称，因该政治组织的办公场所设在安福胡同，所以叫"安福俱乐部"；其成员也被称为安福系，相当于被段祺瑞掌握的一个政党。）内定徐世昌为接替冯国璋的下一任大总统。

可是段祺瑞要完成武力推翻冯国璋的行动，目前尚嫌力量不够。这时候，徐树铮就向段祺瑞提出了请张作霖的奉军入关，逼冯国璋下台的建议。

张作霖虽然是段祺瑞的人，但段祺瑞却从心里不喜欢胡子出身的张督军。要知道张作霖无利不起早，心眼比卢沟桥上的狮子都多，话再说回来，不久之前，张勋进京，大搞复辟，龙旗飘舞的阴影，始终盘踞在他的心头，让他担心的是，张作霖如果领兵进京，再搞一次"丁巳复辟"，那局面就将变成稀泥巴掺水——不可收拾了，故此段祺瑞对于徐树铮的提议，一开始是极力反对。

六
"直奉"战争显威风

26．你不是去打仗，就一定是行走在打仗的路上

可是徐树铮随后"啪啪啪"地在桌面上摆出了请张作霖入关的理由，这些堂皇的理由，竟被上升到了理论的高度，真的让段祺瑞一时间光剩下嘎巴嘴，而讲不出任何话来了。

首先，张作霖虽然不让人相信，但总比冯国璋强上一些吧，段祺瑞武力统一全国进行得"翻天覆地慨而慷"，不是冯国璋搞什么和平统一，阴了段祺瑞一道，段祺瑞怎么会下野？

其次，以张作霖目前的实力，对于段祺瑞来说，应在可控之内，如果张作霖进关后，敢于犯上作乱，岂不是除去他的最好时机？

再次，想要搬倒直系军阀冯国璋，单凭前几天开的一场督军联手针对冯政府的大会，那是远远不够的。虽然这场会能将冯国璋吓一跳，但却并不代表着那些督军会按时出兵，出兵不等于会卖力打仗，卖力打仗不等于会打胜仗。段祺瑞只要答应给张作霖一个副总统的虚名，徐树铮就能保证——张作霖按时出兵，卖力干活，将冯国璋挤到阴沟里。

徐树铮绰号小扇子，有小必有老，老扇子就是诸葛亮。

诸葛亮一生为西蜀刘备出过千千万万个主意，他出的每一个主意，都能拿到台面上，并可以被放进课本，供后来者研究和学习。

徐树铮号称小扇子，出的主意不可谓不高，但能拿到阳光之下的却少之又少，真正让人记住的，更是非常少见。历史对于他，也有着冰火两重天的评价。

1911年，辛亥革命爆发，在沙俄的煽动下，外蒙古宣布独立。1919年10月，徐树铮仅率领一旅边防军出塞，他采用雷霆手段软禁了外蒙古伪政权的"内阁总理"巴德玛多尔济，仅用了一个月时间就收复了外蒙古。使外蒙古最

终于1919年11月17日正式呈请民国政府"情愿撤销自治"。孙中山对徐树铮收复外蒙古这样评价："吾国久无班超傅介子其人，执事（指徐树铮）于旬日间建此奇功，以方古人，未知孰愈？"

徐树铮在袁世凯时代，曾任北京政府军政执法处处长，杀人如砍麻秸，被人送了一个"屠夫"的血腥绰号。他为人阴险，经常宴请"客"人赴饭局，送客时，再把人从后背开枪打死，人们称他的请客红柬为"阎王票子"。直接和间接发动直皖战争和第一次直奉战争的"导火索"与他相关，战争让人民流离失所，使国家疮痍满目，徐树铮难辞其咎。

世间若无段祺瑞，史上必无徐树铮。徐树铮就是段祺瑞的灵魂。

段祺瑞虽然同意徐树铮到奉天请张作霖出关作战，但他还是狐疑地问："张作霖会乖乖地听话吗？"

徐树铮将胸脯"啪"的一拍，道："芝帅放心，我此次去东北，不仅能让张作霖同意出兵，而且用不三个月，我保证您不仅能复职，并且可以重掌阁揆（国务院）！"

徐树铮手里真的有个"法宝"。只要拿出来，不愁拘不来关外的奉军。

第一，段祺瑞许给张作霖民国副总统的宝座。

第二，徐树铮给张作霖带来27000支步枪和几百万发弹药，足足可以装备三个整编师。

张作霖有一条底线，那就是绝对不做赔本买卖。徐树铮许官送枪，可谓利润丰厚，张作霖再无动于衷，那么他就不是一个合格的老大了。

张作霖当即拍板同意，出兵关内。一定要让冯国璋尝尝奉军铁拳的厉害。

徐树铮这两个"法宝"有虚有实。

虚的是民国副总统的位置。徐树铮为了拉拢直系军阀曹锟反对冯国璋，已经将副总统的位置许给了曹锟一次，今日再许张作霖，已经犯了官场中的大忌。

那些足够装备三个整编师的军火，是日方根据段祺瑞签订的中日军事借款协定，海运过来的武器。段祺瑞购买这些军火，当然是想组建"段家军"，这些先进的武器，就是段祺瑞的命，送给张作霖，那是草绳子拉倒石牌坊——想都不要想的事儿。

徐树铮送给张作霖武器，那是"假传圣旨"，他未经段祺瑞同意，便将这批武器送给了奉军，纯属是伙计当了东家的主。为了能让张作霖顺利地取得这批武器，徐树铮还拿出了自己当陆军部次长时，偷偷藏起来的一封陆军部的介绍信，那上面已经被徐树铮事先填好了可以凭此提取枪械等字样，下面还盖着陆军军部红彤彤的大戳。

徐树铮一颗"黑心"，两手准备。张作霖那颗不羁的心做出了好几种准备：

其一是胜势：奉军出关，如果形势大好，那就开疆扩土，将奉军的势力范围无限扩大。

其二是守势：奉军出关，假如在对决直系的战斗过程中遭到顽强的抵抗，那就改攻为守，并在关外当一个钉子户。

其三是败势：如果形势不妙，奉军则退回东北的一亩三分地，接着等待时机，天上掉馅饼的机会，将来总是会有的！

张作霖早就有出关抢地盘的打算，他拥兵十几万，实力在手，目前已经不用管徐树铮忽悠不忽悠了，奉军不能永远地窝在东北三省，抬头向前看，关内的世界，也许更精彩，张作霖在通往权利的单行线上，终于实质性地迈出了问鼎中原的第一步。

张作霖一边借着调兵遣将，准备与直系展开决战，一边派杨宇霆领兵秘密来到秦皇岛码头，将日方用货船运来的第一批原属于段祺瑞的武器装备全都运回了奉天。

段祺瑞被张作霖这种行为气爆了，他一边埋怨徐树铮胡搞，一边立刻派人给张作霖发电，要求将那批武器立刻送北京来！

张作霖从不否认截了段祺瑞的武器装备,他接到段祺瑞的电报后,马上以满腹委屈的口气回电:为了义无反顾地出兵关内,我是没打招呼,就将那些枪炮运了回来,但我们的目的不是一样的吗,我的枪不就是你的枪,我的军队不就是你的军队吗?

段祺瑞虽然吃了一个哑巴亏,但张作霖拿了人家的枪,他绝对非常认真地在办事!

张作霖首先领人来到京城,参加了吉、黑、奉、直、鲁、晋、陕、豫、甘、新、皖、浙、闽十三省督军及代表参加的"督军团"如何讨伐西南的具体行动会议。

在这次督军团会议上,一些准备参战的督军,各自报出了他们出兵的人数:山西和陕西各出五千,山东和安徽各出一万,曹锟为争副总统的位置,也出兵一万。有实力的张作霖语出惊人——我出兵两万,如果有需要,随时可以再增加!

徐树铮第一个带头起立鼓掌,看来他那几万条枪、几百万发子弹,真的没有白送。

想要出兵,有一个最大拦路虎,那就是军费的问题。大家为段祺瑞出兵,军费总不能还自己掏腰包吧?

徐树铮正准备说动大家"免费出兵",就听张作霖用坚定而有力的声音说:"此战是'正义之战',有钱也要打,没钱也要打,奉军参战的军费自筹,我不要芝帅的一分钱,而且即使战至一兵一卒也在所不惜!"

张作霖在这次多省督军会议上,做得可圈可点,徐树铮送一堆军火给张作霖,张作霖也通过具体的军事行动,堵住了段祺瑞的嘴。

这次天津会议段祺瑞提出了三个主张。

第一,各省督军分路出兵西南。

第二,推直鲁两省督军为主帅。

第三,不肃清西南就不收兵。

段祺瑞明着是讨伐西南，其实是暗中跟冯国璋过不去，可是他却不能和直系"硬"掰手腕。因为他代表的皖系和代表直系的冯国璋比起来，段祺瑞的力量还是稍弱一些。

下面简单回顾一下北洋军阀的由来。

北洋军阀的始祖是清末权臣李鸿章，而接了李鸿章衣钵的是袁世凯。1895年，袁世凯在天津小站编练新军，他担任大总统后，由北洋新军的主要将领组成的北洋军阀正式形成。袁世凯死后，旗下的北洋军阀分裂成直系和皖系，皖系代表就是段祺瑞。直系代表就是冯国璋，曹锟和吴佩孚等人。

北洋军阀在1912年到1927年之间，轮换着控制着中央政府时间长达15年之久。

孙中山联合西南各省军阀高举护法运动的大旗，讨伐拒绝执行《中华民国临时约法》的段祺瑞……冯国璋立刻置身事外，并大唱"和平统一"的论调，一方面讨好孙中山，另一方面是想借助护法军的力量消灭皖系。

段祺瑞的皖系前些日子被护法军打败，冯国璋躲在在暗地里笑得前仰后合。段祺瑞手中有枪有炮，现在又有张作霖抱他后腰，他觉得实力大增。出兵讨伐西南之前，他为报一箭之仇，首先要干躺下直系的干将江苏督军李纯。

段祺瑞首先给江苏督军李纯头上扣了一顶有罪的高帽，他的罪名是干扰段祺瑞对西南用兵，阻止冯玉祥"援闽"。

1917年段祺瑞曾亲临前线，指挥对西南用兵。冯玉祥当时任第16混成旅旅长，驻扎京师重地，是直系中的一张王牌。

冯国璋的王牌，对于段祺瑞来说，就是他追逐权力的最大障碍。

段祺瑞以前线吃紧为由，曾调冯玉祥的第16混成旅开赴福建前线。段祺瑞的意思是，不能在京畿重地消灭冯玉祥，那就借刀杀人，让护法军消灭冯玉祥。

冯国璋哪会眼睁睁地看着自己的王牌往战场的火坑里跳，他就派冯玉祥的舅舅陆建章直奔南京，找到江苏督军李纯，让李纯拦住冯玉祥，准其驻扎在淮

冯玉祥、张作霖、段祺瑞

口……

段祺瑞可是陆军总长，李纯拦住冯玉祥，不让其上战场，还为其提供庇护所，这可是赤裸裸的抗令不遵，放在古代，李纯铁定是要被砍脑袋，放在现在，李纯也要吃枪子。

段祺瑞抓着李纯的小辫子，跟他秋后算总账。

李纯惹不起段祺瑞，他首先发出"江电"声明自己从来就没有阻拦冯玉祥。然后闭门装病，不问政事……

民国时的军阀、政客和社会上流人士，为宣布某种政治主张在报纸上公开发表的电报，叫做通电。一个月31天，民国时代的人为了显示有学问，便在作诗用的《韵目表》中挑选出30个字来，比如用马、冬、江等来代替日期，又添上最后一个《韵目表》中没有的"世"，代表31日，而江电是3日发出的电报。

如果皖系和直系真的干起来，天下大乱，民不聊生，冯国璋的大总统便绝对做不成了。于是，他派段芝贵到天津询问段祺瑞有什么要求，有话好商量。

段祺瑞不仅善于打仗，谈判更是高手。

段祺瑞提出了四点要求，核心内容是一句话，西南方面立刻来降。

冯国璋看着段祺瑞的四点要求，真的是无语。西南方面有枪有炮有地盘，又是组建护法军，又是成立政府，他们怎么会听冯国璋的？

于是，段祺瑞制订了三路出兵的路线图。

总司令：曹锟。

第一路执行人和攻击路线：吴佩孚为第1路司令，率第3师向岳阳进攻；

第二路执行人和攻击路线：张敬尧为副总司令兼第2路司令，率第7师由湖北向湖南进攻，指向长沙；

第三路执行人和攻击路线：张怀芝为第3路司令，率第5师由江西向醴陵进攻。最后三路军会师长沙。

冯国璋在北京的总统府卫队有两个师，力量单薄。面对强势的段祺瑞。冯国璋应对以拖延之术，他一会说这场南北战争，应该是"局部讨伐"，一会儿说皖系如果打了胜仗，他再下讨伐令也不迟，总之就是不肯正式下讨伐令。道理很简单，不下讨伐令，战争就跟他这个总统没关系。

冯国璋虽然没下讨伐令，但南北战争还是开打了，局势基本上处于失控状态，既然制止不了，冯国璋除了表达自己反对的态度之外，只有偷偷地在背后搞小动作，他几次给直系的曹锟发电，要他适可而止。

很快，战争两败一胜的结果就出来了。

段祺瑞的第二和第三路人马，在冯国璋等直系军阀的掣肘之下，都败给了对手。只有吴佩孚战岳阳，打长沙，最后将湘军赵恒惕、程潜，湘粤桂联军总司令谭浩明等打得满地找牙。

吴佩孚在打仗中，也受到了直系的干扰，但他为何能打胜仗？

吴佩孚打仗的功夫确实精彩。

东北的张大帅登场的时间到了。

张作霖出兵的口号喊得震天响，但他一直躲在关外听动静，段祺瑞虽然两败一胜，但吴佩孚取得优势后，他觉得总体的战局对皖系有利。1918年2月25日，奉军27师53旅开赴滦州，组成了以张作霖为总司令，徐树铮为副总司令的"关内奉军总司令部"。

张作霖在发兵入关之前，一再叮嘱随队出征的孙烈臣和杨宇霆二人，第一，不能和皖系走的太近，小心皖系往咱们后背插刀子；第二也不能和直系走得太远，得罪直系那样的傻事儿咱们更不能做；第三：奉军出兵为的是利益，当炮灰这样差事还是留给别人干吧。

滦州就是滦县，现在为河北省唐山市的下辖县，距离北京才四百多里路，骑马赶路用一天的时间就能到北京城根了。冯国璋还没琢磨明白，张作霖是不是会学习他的儿女亲家张勋，要给他也来一场丁巳兵变，奉军的先头部队已经到达北京的天坛一带，并且在天坛设置营房开始驻军。

奉军一旦进驻北京城，不管他们发动不发动兵变，那都等于在冯国璋的家门口埋下了一颗大地雷。

冯国璋虽然是直系的实权人物，但他目前能调动的兵，仅限于总统府卫队的十五师、十六师而已，而且他理政的能力照自己的"老师"袁世凯差得不是一星半点，他被张作霖逼迫、被段祺瑞欺负得实在透不过气来，只得接受了段祺瑞提出的"哀的美敦书"：

一、参陆办公处仍然迁回国务院，以靳云鹏为主任以代师景云。

二、国务院决议，总统保证不擅改一字。

三、阁员由总理选择，不必征求总统同意。

四、公府秘书长由总理推荐。

五、中央（指总统）致各省的电报，须由院方核发。

冯国璋大总统彻底沦为了段祺瑞身旁的"盖印"工具，一个"点头"的傀儡。

27．人生像愤怒的小鸟，而军人更像愤怒的老鹰

1918年3月23日，冯国璋准署国务总理王士珍辞职，特任段祺瑞为国务总理——这是一个让冯国璋没有丝毫选择余地的任命。

段祺瑞曾经有一个参陆办公处，这是一个很重要的军政机构，他仿照袁世凯时期统率办事处而设。新任主任为靳云鹏、徐树铮、吴光新和傅良佐，他们成为段祺瑞手下的四大金刚，其中以徐树铮最能呼风唤雨。

职务恢复、班子也组建好了，段祺瑞以为自己能"号令天下"了，可是等待他的实际是一伙督军将其架在炭炉上进行"烧烤"的局面。

有钱好当家，没钱当家难。

连年战争，北洋政府国库中已经空空如也，沦落到向外国举债混日子的悲惨境地。跟着段祺瑞打仗的督军们，今天你要官，明天他要饷，段祺瑞的脸上写满了烦恼。

北洋政府的穷困潦倒，段祺瑞在上台之前，心里便有准备，现在最让他担心的是，西南的战局出了大问题。

吴佩孚将护法军打得特别熬糟（愁苦），如果吴佩孚难够乘胜追击，那绝对可以杀得护法军一败涂地。

但是让任何人都没有想到的是，吴佩孚突然命令前线部队停战不打了，这一下子护法军不仅蒙了，段祺瑞也给闹楞了。

吴佩孚按兵不动，是想要官要饷？还是要和段祺瑞打八刀（离婚）？

段祺瑞立刻给吴佩孚颁发了二等大绶宝光嘉禾章，并授予他第三师中将师长的职务，随后派徐树铮带了巨款前去。可是令人失望的是，吴佩孚对奖章和巨款照单全收，可在战场上依旧丝毫不动。

段祺瑞同时命令敬尧率四个师来到湖南，名为助战，实为监视吴佩孚。

张敬尧搜刮地皮绝对是一流好手，让他直接和吴佩孚对阵，还不够给人家塞牙缝的。

吴佩孚先是冬眠了一阵，然后连发请求撤防的通电，其中有一封通电表示，"远戍湘南，瓜期两届，三载换防，不可谓速。阋墙煮豆，何敢言功。既经罢战议和，南北即属一家，并非寇仇外患，何须重兵防守？对外不能争主权，对内宁忍设防线？"

这份通电棉里藏针，不仅骂了安福国会强奸民意，骂政府对德宣战处置不妥，还骂皖系为私利不惜发动内战，还有更重要一点，那就是表明了自己支持"和平统一"的观点。

民国军阀有一个不成文的规定，那就是谁打下的地盘，谁就坐殿。吴佩孚打下了湖南，而段祺瑞却派自己的嫡系陆军部次长傅良佐来任湘省督军，这可惹毛了吴佩孚。

吴佩孚是曹锟的人，曹锟是直系，不是徐树铮用副总统当诱饵，怎么能让曹锟同意甘当段祺瑞的马前卒，替皖系出兵卖命。如果吴佩孚被任命为湖南督军，则曹锟的势力，将得到极大的提升。

段祺瑞想当总统，他赶走了冯国璋，不想再培养曹锟当自己的潜在对手，故此，他只能得罪、牺牲和委屈吴佩孚了。

吴佩孚只是一个中将师长，段祺瑞并没有料到，他竟有如此大的能量，他一个请求调防，便立刻让段祺瑞陷入了被动。

吴佩孚这"秀才"在南方不管怎么折腾，没有段祺瑞的命令，他倒是不敢撤军，真要是撤军，回来就是临阵脱逃，那是会掉脑袋的。

曹锟打了一通仗，可是副总统的官帽子没戴到自己的头上。他心里发火，随后也撂了挑子，对外宣称有病了。段督办，你是超一流狠人，重担就一肩挑吧，我要到鸡公山养病去了。

曹锟之所以要撂挑子，除了副总统的官帽子，还有另外一个不能说的原因，那就是徐树铮的手伸得太长了，徐树铮神经错乱似的，竟想将曹锟的军队，全都调出直隶省，然后取而代之，他自己要当直隶督军。曹锟别看外号叫"曹三傻子"，但他一点都不傻，敢打老子地盘的主意，别说老曹不跟你玩，我还要让你彻底玩完！

徐树铮心里生气，他计划失败，便将装备精良、战斗力一流的奉军三个师，布防在湘北一线，摆开了与护法军打一场"大决战"的态势。

徐树铮太天真了。张作霖调三个师的兵力去湖南，只是去跑场子，摆样子，奉军"掺合"段祺瑞发起的南北战争，目的只有两个，为权为利。

张作霖为保存实力，竟发布命令，将奉军的三个师从前线撤了下来。

张作霖撤兵的理由有两个。第一个理由比段祺瑞维护"和平统一"的理由还荒唐，因为沙俄对黑龙江一直虎视眈眈，他调兵回来是为了国家戍边。他第二个理由是徐树铮克扣了奉军的工资。

徐树铮要组建皖军，要进行新国会的选举，都需要钱，他从政府拨给关外奉军的550万军费中，私自克扣下了370万。这件事让张作霖知道了。奉军的弟兄们扛枪卖命，徐树铮却"喝兵血"，张作霖坚决不答应。

段祺瑞一个劲地埋怨徐树铮胆子太大了，敦促徐树铮给张作霖道歉，同时拍着胸脯向张作霖保证，一定在最短的时间内给你！

段祺瑞根本就是搪塞，他要手里有钱还向日方借贷？不过张作霖可不管段祺瑞是装穷还是真穷，反正钱得给老子。

段祺瑞为了平息张作霖心里的怒火，将徐树铮新编练成的五个皖系混成旅，拨了三个旅给了张作霖，欠工资的事儿才算被摆平了。

其实，在张作霖撤兵的两个理由之外，还有第三个见不得光的理由。

日方总领事赤塚正助，在张作霖的奉军出关闹腾的最欢的时候，曾经给他拍了一封电报：东三省与日本国有密切关系，有责任维护东三省和平秩序的人擅离职守，还把军队派到中国中原地区，这是不必要的……我敦促您制止此类行动。

赤塚正助措辞虽然温和，却完全是太上皇的口气。张作霖在关外溜达了一圈，该发的洋财发了，该捡的洋落捡了，随后也该背着沉甸甸的行囊回家了。

吴佩孚停兵不战，让护法军捡了一个大便宜。本来十有八九必败的一战，竟被护法军打胜了。接下来，戏剧性的一幕发生了。1918年1月，西南军阀正式另组"中华民国护法各省联合会"，这一权力中心设立后，以岑春煊为议和总代表，主张承认冯国璋的北洋政府法统，组成联合政府，共同领导国家。

孙中山先生领导的护法运动没有自己的武装力量，在南北军阀相互妥协后，即宣告失败。

在这次西南用兵的过程中，徐树铮里勾外连出力最大。为了取胜，徐树铮甚至枪杀了冯玉祥的舅舅、冯国璋的亲信、北洋元老陆建章。

陆建章经常作为冯国璋的信使，负责联络直系军阀，对抗皖系。这就是徐树铮杀他的原因。

徐树铮真的痴狂了。

张作霖半路撤兵，拆了徐树铮的台，徐树铮恨不得抓住张作霖狠狠地咬上两口。

张作霖当时在北京，手里握着枪杆子，徐树铮明着对付不了，就准备给张作霖来一个死都不知道咋死的"暗算"。

徐树铮经过筹划，他为张作霖准备了三道暗杀大餐。

第一道，以开会为名，将张作霖请到自己的军营，在酒后进行刺杀。可是张作霖却假装喝醉，借着到军帐外呕吐的机会逃掉了。

第二道，张作霖回奉天的途中，徐树铮在廊坊埋伏精兵，准备用机关枪将张作霖"突突"了。张作霖通过徐的对头靳云鹏得知消息，临时改变了回奉天的路线和时间，躲过了这次劫杀。

第三道，张作霖回到奉天后，徐树铮派姚步瀛为首的暗杀团赶到奉天，可是张作霖的安保工作做得好，暗杀团刚一露头，便被奉天的军警一勺烩了。

1918年8月，北洋政府新国会成立。9月，新国会选举徐世昌为新总统。冯国璋下台后，段祺瑞也同时辞职。但冯国璋的下台是真下台，而段祺瑞的辞职却是假辞职，因为他手里掌控着安福系，是手握实权的皖系大佬。不久之后，段祺瑞任督办参战事务处的督办，北洋政府仍然被他紧紧地抓在手掌心里。

徐世昌上台后，内忧外患，日趋激烈，好像坐在火山口上。

1917年8月14日，北洋政府曾经向德国宣战，成为第一次世界大战的"参战国"。可是那时候北洋政府是个穷政府。

1918年初，日本政府向段祺瑞控制下的北洋政府提供了大量贷款，并协助组建和装备一支中国参战军，当然，这些贷款被段祺瑞用于购买军火，以及安福国会庞大的贿选开支。

日本政府提供贷款给段祺瑞是有条件的，他们要通过北洋政府强占山东，将美丽富饶的山东半岛，变成日本的势力范围。

北洋政府为了自己的钱袋子和印把子，不惜出卖国家利益的行径，被国人知晓后，舆论大哗，学生们纷纷走上了街头，并迅速引发了大规模的"五四"和"六三"等运动。面对风起云涌的学生运动，皖系军阀蛮横地举起了手中的屠刀。

张作霖虽然人回奉天，但他的心却留在了北京。

张作霖为了搞好和徐世昌的关系，不惜重金，托人买了一只国外的蓝帽鹦鹉，送给了徐大总统。

开始的时候，这只蓝帽鹦鹉还能讨徐世昌欢心。五四运动爆发后，徐世昌天天大骂手下人是混蛋、饭桶，这只鹦鹉用了不长时间，就把徐世昌爆的粗口，全都学会了。

蓝帽鹦鹉再次见到徐世昌的时候，就扯开嗓子高叫，大总统混蛋，大总统饭桶。

结果，这只蓝帽鹦鹉就在徐世昌的靴子底下成了一块鹦鹉肉饼。

内忧外困的时局，让徐世昌和段祺瑞都有一种焦头烂额的感觉，但对于张作霖来说，这可是千载难逢的好机会。

张作霖借助段祺瑞的军火，关外的洋落，让奉军成了一个膀大腰圆的壮汉。

一场南北战争下来，交战双方有胜有负，只能勉强算打了个平手，但却有三个人得到了各自想要的东西。

这三个人分别是：张作霖、吴佩孚和徐树铮。

张作霖通过这场战争夺枪取炮捞到了十足的油水。

吴佩孚因为对段祺瑞连续发表通电，讲出了国人对北洋政府不敢说的话，在国人的心中树立起维护"和平统一"的形象。

徐树铮通过这场战争，名利双收。

第一次世界大战结束后，西方国家通知段祺瑞解散"参战军"。解散段祺瑞组建起来的军队，那简直比剜他的心头肉都痛。

他和徐树铮商量决定"参战军"改叫"边防军"。

然后由徐树铮带领到大西北地区去练兵。

接着，徐树铮又操纵国会量身打造了一个西北边防军总司令部，而且还给他安了一个西北筹边使的头衔。这个西北筹边使掌握着西北地区的军权、政权和财权等大权。

28．吉林终在手，有野心的人是不是一定有未来

张作霖回到东北，决定趁着北洋政府乱成了一锅粥的机会，干一件大事，那就是最后解决吉林省的问题。

张作霖对付孟恩远有两大狠招：

第一，奉军和孟恩远打一仗，将孟用武力逐出吉林。

第二，兵不血刃，占领吉林。

孟恩远面对张作霖的步步紧逼，公然宣布吉林省独立，脱离北洋政府。

张作霖觉得不能将孟恩远逼得太急了，真要将善写一笔虎的孟督军惹"毛"了，人家扑上来和奉军拼命，再加上直系在关外一直虎视眈眈，他们真要联合起来前后夹击，张作霖岂能不吃大亏。

张作霖思前想后，觉得还是回去好好准备，然后再卷土重来。

张作霖收手，孟恩远也就消停下来不闹了。

张作霖经过一段时间的整军经武，买马招兵，觉得凭自己的实力，可以将孟恩远打一个大跟斗的时候到了，他悄悄地对着孟恩远兜头打了过去。

张作霖现在的身份是东三省巡阅使，巡阅使虽然没实权，却可以对着官员指手画脚。

张作霖首先指责孟恩远（为了对抗张作霖）擅自招兵买马，胡乱发行纸币，令吉林通货膨胀严重，致使吉林省老百姓的生活陷入了水深火热之中。孟恩远不辞职，吉林就不会有明天。张作霖讲的话，都有实例，保证不再冤枉任何一个人的。

另外，孟恩远主政吉林多年，也得罪过一批士绅。张作霖联合起这些士绅对孟恩远发难。他们写告状信向北洋政府举报孟恩远徇私枉法，贪污腐败等罪行。

吉林老百姓不喜欢孟恩远，关键在于吉林省的官风不正，老百姓吃不饱肚子，孟恩远身上确实有很多的施政漏洞。面对指责，辩解无力，孟恩远拿出一副老子就是玉帝，你们爱咋咋地的态度。

北洋政府面对着一大堆"控告信"，又有张作霖建议解除孟恩远督军的公文，北洋政府也该采取点行动了。

北洋政府为了"顺应民意"，便做出了一个免除孟恩远督军职务的决定，并郑重地批准了张作霖推荐孙烈臣为吉林督军的请求。

张作霖上一次在推翻冯国璋的时候，帮了段祺瑞一个大忙，这次段祺瑞操纵的北洋政府，终于开始投桃报李了。

孟恩远决定以不变应万变，老子不动窝，我看谁敢来吉林枪老子这把督军椅子。

孟恩远成了有枪的钉子户。

张作霖对付钉子户，是个不入流的低段选手。

张作霖大帅府的东墙内，曾有一个大马厩。他准备扒了马厩，建边业银行经过招标，一家很有信誉和实力的德国建筑公司脱颖而出，负责设计和施工。

最初的施工图纸上的边业银行是一把曲尺的形状。实际征地的时候，却遇到了一个钉子户。

该钉子户是张作霖手下一名秘书的亲戚，他在大帅府的东南侧有一间小铺，借着大帅府的好风水，生意做得不错。张作霖找到那名秘书，让他给亲戚传话，为了边业银行的整体形象做出一点牺牲，张作霖为了表示感谢，可以出几倍的补偿价格。

可是那名秘书的亲戚是一个犟把头，认死理，一根筋。他说：铺子是我爹的爹传下来的产业，我干啥要卖给你，我要卖了，岂不就成了败家子。你们的大帅府能卖吗？如果不能卖，我们家祖传的小铺子就不能卖。

张作霖遇到了钉子户，只能认倒霉，当下找到德国建筑公司修改图纸。

张作霖遇到了孟恩远这个官场的钉子户，只能采取"来硬的"这个手段了。

张作霖调27师师长孙烈臣为南路总司令，29师师长吴俊升为北路总司令，两路奉军北上到达公主岭和范家屯后，摆了一个蟹钳形。孟恩远不听话，就不客气了。

孟恩远为了打赢这场"夺督之战"，对手下的军队也进行了调动。

没人想打仗。孟恩远不想，张作霖不想，日本政府更不想。

日本的南满铁路线，起自吉林省长春东到大连，一旦开打，他们在吉林的利益，绝对会受到很大的影响。

日本政府将孟恩远和张作霖放在利益天平的两端，经过称重，日方决定帮张作霖一把，狠踩孟恩远两脚。

1919年7月中旬，吉军第3旅第2步兵团到达长春，他们驻扎在二道沟火车站附近的二西街，营外随后立起了告示牌——军营重地，禁止通行。

7月19日下午1时，日本南满铁路火车站巡视员船津藤太郎等人强行进入兵营，准备从警戒线内通过。

第2步兵团的士兵阻拦船津藤太郎等人，双方发生口角，船津藤太郎等态度蛮横，遭步兵士兵团殴打。

船津藤太郎的人急忙去搬救兵，日本守备队大队队副住田中尉领着30多名日军凶神恶煞似的赶到了现场。

日本兵和吉林省的兵先打嘴炮，住田中尉见动嘴干不倒这帮吉林兵，于是伸出右手开始摸枪套，他身后的兵立刻端枪。随后双方就搂火开枪。

在这场真刀实枪的战斗中，日军守备队谷中尉、山内中尉指挥守备队100余人增援，但始终也没有扭转挨打的劣势，战斗结束，日方军警死19人，伤17人；中国吉林军官兵死14人，伤14人。这一事件史称"宽城子事件"。

"宽城子事件"是自日本势力侵入中国东北后，在中日军队历次冲突中，日军死伤人数最多的一次。

孟恩远治军有方，他的手下不是绵羊兵。

1919年7月20日，吉林省第一师师长高士傧代表孟恩远，与日本领事森田宽藏、日军独立守备队司令官高山公通进行了谈判，谈判的结果很快就出来了，除了对日抚恤、吉军撤离开长春30华里之外等的条款之外，孟恩远再也当不成吉林省的督军了。

张作霖并没有将事情做绝，英雄惜英雄，好汉爱好汉，他不仅保证了孟恩远的财产安全，孟恩远回北京去做惠威将军，路过奉天时，张作霖还亲自设宴，为孟恩远敬酒压惊。

孟恩远到京城做了一段时间的惠威将军，同年8月辞职回津，隐居租界，当起了"寓公"。

张作霖，奉系军阀首领，人称"张大帅"。张大帅是土匪出身，一路扶摇直上，控制了整个东北，是名副其实的"东北王"。

随后，北洋政府为不给舆论留下"中央听命于张作霖"的口实，调黑龙江督军鲍贵卿担任吉林督军，改派孙烈臣为黑龙江督军。

张作霖实际控制了东北三省，他成为了真正的东北王。

29．进京调停，权力中心的阳光更适合大树成长

日本关东军帮助张作霖"统一"了东北，接下来便开始对东北进行大规模的政治、经济和文化侵略。

政治侵略是指，日军在旅顺、大连和奉天等地，都有他们的租借地，他们根据与清政府签订的《中日通商条约》，享有领事裁判权。日本侨民在东北即使杀人放火，东北法律也不敢管他们。只要日本领事说他们没事，这些人就可以继续干坏事。

经济侵略是指，日本商人利用在东北的特权，在土地、矿山开发和各种掠夺性贸易中大肆获利。日方还在东北享有发行货币的权力，他们通过横滨、正金和朝鲜银行，大肆发行日元货币，对东北三省实行经济侵略，以正金银行为例，1926年一年该行就发行了200多万日元货币。三家日本银行的大门，就是三个喝东北人鲜血的巨口。

文化侵略是指，日方在东北开有各类学校164所，学校的学生不仅要学习日语，而且要学习"日本在两千年前，曾经有一段生活在树上的历史！……"对中国学生，实行殖民地的奴性化教育。

这三种侵略是温水煮青蛙。很多人被日本政府这三种"温柔"的侵略方式给蒙蔽了双眼，认为他们还像个"绅士"，其实"绅士"只是更有耐心的狼而已。

1919年12月28日，退位大总统冯国璋在北京病逝。这位曾经的大总统去世的时候，才刚刚60岁。

冯国璋去世后，曹锟终于理直气壮地成为直系的老大，成了可以和段祺瑞

唱对台戏的主角。

曹锟当上直系老大后，立刻派自己的亲兄弟、直隶省省长曹锐到奉天见张作霖。

曹锟和张作霖是亲家关系，曹锐见张作霖时说话也不用客气："雨帅，我三哥准备召开一个悼念在南北战争中阵亡将士的大会，届时将有多省督军参加，我们要在这次大会上，组成反皖同盟，希望得到奉军的支持！"

张作霖兴奋得一拍桌子："一个炮仗两头点，咱们响到一块了，健亭兄（曹锐的字）不来奉天，我也会派人找你们，反皖同盟，我不仅要支持，而且要举双手支持！"

曹锐东北之行的最大收获，是张作霖正式同意和曹锟手拉手，大家合力掀翻皖系段祺瑞的这架政治马车。

张作霖送走了曹锐，随后就开始为曹锟召开的多省督军会议提前预热和定调子，他借自己45岁大寿为名，将很多亲奉的督军都请到了奉天大家七嘴八舌商议后达成了三项协议：

第一，清君侧，拥靳不反段；第二，解散安福系；第三，推荐张勋为安徽督军。

张勋是张作霖的儿女亲家，支持他就是支持张作霖自己。

徐世昌当上大总统之后，他也想培养自己的嫡系，靳云鹏不仅是曹锟的结拜把兄弟，又是张作霖的儿女亲家，属于两面通吃的人物，靳云鹏经过一番运作，终于上台当上了国务院总理，徐世昌让他组阁，也有借机拉拢曹锟和张作霖的考量。靳云鹏是张作霖的儿女亲家，这帮督军们自然不能反对靳云鹏。

不反段这也很好理解，段祺瑞是北洋系的大佬，跟他别苗头，吃力不讨好。

张作霖觉得"清君侧"的提法好，简直就是为干掉徐树铮专门定制的名词，搬倒徐树铮，接着再解散安福系，最后让段祺瑞找地方去凉快，这才是张作霖办事的节奏。

张作霖首先要干掉徐树铮，将他打翻在地，而且要让徐树铮永世不得翻身。

张作霖这次预热和定调子做得很成功，二十多天后，曹锟也开始了积极的运作，他假借追悼直军阵亡将士的名义，召开了保定会议。这次会议上做出的决定，基本和张作霖定的调子相同，只是最后又临时增加了一条——吴佩孚的军队从湖南北归。

吴佩孚从1917年开始到1920年，他在湖南已经待了两三年的时间，还不让回来，吴佩孚都快成没有娘的孩子了。吴佩孚因为倡导"和平统一"不再向西南军政府发动进攻。故此，段祺瑞发给吴佩孚的军饷，一开始时断时续，最后那点军饷只够喝粥的，吴军穷得都快变成花子队。

曹锟盼着吴佩孚早日归队，西南军政府盼着吴佩孚赶快离开湖南。吴佩孚一动不动地钉在湖南好几年，威胁着两广的安全。西南军政府得到吴佩孚准备回归的信儿，急忙暗中派人找上门来询问吴佩孚率队回京的时间。

吴佩孚表示经费困难，西南军政府答应资助吴军60万元军费，随后就追加了一个条件：吴佩孚前脚撤离，湘军随后占坑，不给皖军以换防的时间。

吴佩孚手里有了路费之后，他将率队返北的申请以电报的形式最后一次报到北洋政府，身为参战督办的段祺瑞连声拒绝。

段祺瑞对吴佩孚的军队十分担心，那些虎狼兵回到曹锟的直隶省，实际等于在自己的身边埋了重磅炸弹。

曹锟得到吴佩孚回兵被阻的消息，他急忙给张作霖发电报询问具体的解题方法。

张作霖的回电只有四个字——加快撤军。

吴佩孚身后有直奉两系撑腰，撤军不撤军，根本不用再看段祺瑞的脸色了。1920年5月20日，吴佩孚拔营起寨。身穿补丁摞补丁军装，扛着缺少子弹步枪的士兵从湖南出发，向北京方向进军。

吴佩孚只是一个师长，竟敢公然违背段祺瑞的命令，胆子也太大了。

段祺瑞当即免了吴佩孚第三师中将师长的职务。心想吴佩孚你现在大头兵都不是了，你还能闹腾得起来吗？

段祺瑞想错了，吴佩孚带兵有法，练兵有术，是第三师的灵魂，尽管被免职成了大头兵，第三师的全体官兵也会坚定不移地执行他的命令。

段祺瑞第一招失败后，第二招"堵住你的路"又狂暴粗野地发了出来。

吴佩孚领兵从湖南回直隶，必须要经过湖北和河南两省。段祺瑞命令张敬尧率领七万皖军开始堵截，为增加堵截力度，他又电令河南督军吴光新以跑场子救火的速度，立刻领兵去支援张敬尧。

吴军开路的军队只有三千人。

七万对三千。等于23个兵打一个兵。令人大跌眼镜的是，吴佩孚的三千人先头部队，竟将张敬尧的七万绵羊军打得落花流水。

吴佩孚的军队缺枪少弹，张敬尧这位运输大队长，一下子就将北洋政府亏欠吴佩孚的枪支和弹药给补齐了。

吴佩孚的军队大踏步地进入了湖北境地。

段祺瑞赶忙运起全身的功力，又使出了最厉害的大招。

段祺瑞调兵遣将，在团河召开了火药味十足的会议。在这次会议上，他做出了两点战斗部署。

第一，在郑州设立总部，准备在河南展开"大决战"。

第二，急调徐树铮的西北雄兵，来一场京师保卫战。

皖直大战即将爆发的危急时刻，徐世昌大总统不想看到人打仗。

徐世昌不仅不想打仗，而且也不能让仗打起来。

徐世昌是安福国会推选出来的总统，要说站队，他得被排到皖系段祺瑞那一堆人里面。

故此，这场冲突，直系就不能胜，否则他这个由皖系推选出来的大总统就没得当。

皖系取得最后的胜利，对徐世昌同样没有好处。

皖系有直系和奉系的掣肘和制约，段祺瑞都是说一不二，真要是皖系一家独大，他这个总统必将一点权力都没有，那日子过得还有意思吗？

徐世昌想要继续当总统，唯一的办法是维持现状。

皖系和直系都已经红了眼睛，这场仗还能避免吗？

徐世昌现在要做的就是将皖系和直系的火灭下去，他还得找一个合格的"消防员"。消防员本来有三个人选——曹锟、李纯和张作霖。

面对即将烧起的兵燹战火，前面两个消防员一个婉言推辞，一个称病不出。张作霖接到徐世昌的电报，决定替"总统分忧"。随后，张作霖领着一个营的精兵，在汤玉麟和张景惠的保护下，到京城救火来了。

徐世昌感动得不知如何是好。

徐世昌是想错了。张作霖来灭火并不是真心的，他是想借着京城的"火情"趁乱发财。

直系和皖系说到底也都不想打仗。

首先，直系和皖系混战，看笑话的是奉系。这是直、皖两系都懂得且都不愿意看到的。

其二，直系有能打的吴佩孚，皖系有实力派徐树铮，他们都处在麻杆打狼，两头害怕的境地，谁要败了，都将无法面对输掉战争的可怕后果。

其三，民国的套路就是打仗之前先谈判，谈不明白，接着打，打一阵接着谈，谈谈打打，以达到自己的目的为终极目标。既然张作霖进京当"调停人"，那就让他"尽情掺合"。故此，双方对张作霖的到来都持欢迎态度。

小扇子徐树铮奉命从大西北赶回京城，觉得有必要先到廊坊去接一下张作霖。只要他跟张作霖的关系处上来，奉系向着直系，直系不仅能在谈判中占便宜，而且还能在以后的军事行动中占得上风。

徐树铮一大早赶到了廊坊站，然后按照迎接外国元首的排场，做好了安排和布置。

张作霖乘坐的火车驶进廊坊站，坐在车中的张大帅对徐树铮的热情，根本就不买账，他将脑袋一晃说："调解人应保持中立，未调解之前不便接触当事人！"

徐树铮明着拿张作霖一点办法都没有，但背地里却有办法对付，他要派人暗杀张作霖！

张作霖来到京城，下车后首先去见大总统徐世昌。

徐世昌在奉天当过督军，张作霖当时是奉天省的老百姓。张作霖现在成了大帅，可是徐世昌当总统，还是管着他。

徐世昌见到张作霖后，就开始吐苦水。他这个总统如何难当，有什么烦心事，已经没有兄弟可以讲……

徐世昌吐完苦水转入正题，他虽然对张作霖提出的拥靳不反段等的主张，件件同意，但他还是语重心长地告诉张作霖："这饭要一口口地吃，事要一件件地干，与其先啃难啃的鸡头，还不如一口咬掉鸡屁股！……"

徐世昌的意思是让张作霖去劝靳云鹏复职。

靳云鹏也想促成双方议和，由于段祺瑞的非议与责难，让靳云鹏受尽了夹板气。1920年5月10日，靳云鹏通电辞职不干总理了。

靳云鹏身为皖系骨干，却和直系、奉系政要关系密切，是一个善于打政治牌的高手。靳云鹏和张作霖见面后，张作霖讲完进京调停的打算，靳云鹏就直言不讳地告诉张作霖，他这次调停之路，绝对是篾匠挑担子赶场——前后为篮（难）。

30．每一场战争，都可看做是成长和成熟的阶梯

张曹二人的几项要求——比如解散安福国会，剥夺徐树铮军权等条款，都捅向段祺瑞的要害，段祺瑞身中一刀，就会元气大伤，身中两刀，就会倒地不起，身中三刀，就会与世长眠。

故此，张曹二人捅向段祺瑞的刀，段祺瑞不仅会奋力躲闪，而且会死命反击。张作霖这调停人，只是费尽了力气，白花了心思而已。

靳云鹏曾经处于北洋政府权力的"风暴眼"，他最后给张作霖一句忠告："调解有风险，行事须谨慎！"

靳云鹏能想到的，张作霖岂能想不到，而且要想得更深，看得更远。张作霖忙成了走马灯，他先见段祺瑞，再去保定府见曹锟，两边传话，讨价还价，最后，双方都同意了靳云鹏复职，可是段祺瑞对于——解散安福系；撤换北方总议和代表王揖唐；罢免安福系三总长；以及撤销徐树铮边防军司令的四点提议，却打死都不肯点头。

因为这是支持段祺瑞政权的四根顶梁柱，这些柱子即使断掉一根，段氏政权的大厦都要倾覆。

段祺瑞拒绝了曹锟提出的四点要求，张作霖也急了，既然你们没有谈判的诚意，这场仗你们爱打就打吧！

张作霖离开北京之前，还发表了一篇"局外人中立宣言"，然后坐上火车回奉天去了。

张作霖这趟北京的没有白去，他终于得知，段祺瑞为打赢直皖之战，曾向日本政府借款508万当军费。刚打完第一次世界大战的英、美等国却不干了，日本国在段祺瑞那里得到了巨大的利益，让英国和美国心中早已经极其不平衡，于是英美两国政府共同发表意见，以后日本国不许再借钱给段祺瑞。

日本政府之所以借钱给段祺瑞，就是要把他培养成为在国内利益的总代理人，如今段祺瑞失去了日方的贷款，真让段祺瑞提前感觉到了冬天的寒意。

张作霖回到奉天后，开始了更积极的准备，段祺瑞的冬天来临，而奉军的春天就快要到了……曹锟也随后发表了《直军将士告西北边防将士书》："此次直军撤防，原为扫除祸国殃民之安福系及倡乱卖国之徐树铮，对于先进泰斗，同气友军，毫无恶感及敌对行为……"

这份声明，如果用通俗的语言解释一下，大意是这样的：吴佩孚回来，就是要干安福系和徐树铮，老段和其他直军的弟兄们，你们是敌是友，自己掂量着办啊！

徐世昌这个"傀儡"大总统，他从张作霖的态度、日本的立场以及目前的形势，已经清楚地判断出段祺瑞要够呛了，他干脆一不做二不休，立刻宣布免去徐树铮西北筹备使的官职，将他从司令变成一个白丁，而西北边防军总司令部，就让他从此见鬼去吧。

段祺瑞一见目前的形势是铁匠上班——不打不行了，他就以边防督办的名义，召开了边防军紧急动员大会，在会上，他高声宣布了要和直系鱼死网破的决心，跟曹锟你死我活的态度，以及和吴佩孚血战到底的勇气。

曹锟操纵徐世昌，让徐树铮的官职成了肥皂泡"啪"的一声灭掉了，段祺瑞也要照葫芦画瓢，让徐世昌免了曹锟的官职。

徐世昌当的是段祺瑞的官，他被逼无奈，只得艰难地做了一个决定：曹锟驭下无方，着褫职（免）留任，以观后效……

褫职留任，以观后效——徐世昌这一招玩得高。他不能将事情做绝，真要是曹锟发飙将段祺瑞打败了，徐世昌即使当不成总统，但总能在曹总统的治下当一个寓公吧。

徐树铮仗着聪明和权势，喜欢将事情做绝。

直皖战争的火药捻已经被点燃，整个京师都坐在了一个大火药桶上。

1920年7月9日，皖军开始了紧张的布放，皖军第3师开进廊坊，而第1、9、13和15师开进了长辛店、卢沟桥和高碑店。进京的几条要路，都已经被段祺瑞派重兵牢牢地控制在了手中。

段祺瑞接着在团河成立了定国军总司令部，总司令自然是他自己担纲，靳云鹏、徐树铮、段芝贵和曲同丰等人，都成了各路定国军的司令。

曹锟不甘示弱，随即成立"讨逆军"，并任命吴佩孚为总司令。

打仗谁怕谁，段祺瑞打了一辈子仗，他一天不打仗手都没处放。

在段祺瑞面前，吴佩孚只是他的一名学生而已。

吴佩孚这个青瓜蛋子学生，今天竟要造反了，他竟要"以小犯上"打段祺瑞这个北洋军人的祖师爷来了。

"定国军"箭在弦、刀出鞘，就等着吴佩孚送上门来。段祺瑞坚信，自己占着天时、地利和人和，又是以逸待劳，强大的皖军必胜吴佩孚这帮花子兵。

可是想象归想象，到了打仗的时候，完全又是另外一个模样。

当时战况如下：

第一，接触战阶段：吴佩孚将"讨逆军"的主力第3师及第2、第3混成旅部署在易县、涞水、涿州、固安以南一线，抗击皖系的进攻。

第二，奇袭阶段：7月14日夜，吴佩孚亲率其第3师的第5旅，出其不意，直捣团河，因机密泄露，没有捉住段祺瑞，最后吓得段祺瑞连夜逃回了北京。

第三，相持阶段：吴佩孚"讨逆军"以固安为中路，涿州、高碑店为西路，廊坊、杨村为东路，坚守待机，阻止皖军南进。双方一时胜负未决，处于胶着战的状态。

前三个阶段中，吴佩孚的"讨逆军"并没有占到多大的便宜。"讨逆军"进行的是进攻战，而"定国军"进行的是防守战、反击战和阵地战。可是吴佩孚在接下来的战斗中，完美地运用"闪电战和斩首战"，让战争形势发生了惊天的逆转。

第四，斩首阶段：7月16日，吴佩孚亲率"讨逆军"一支精锐部队，采取侧翼迂回战术，突击松林店，生俘曲同丰，完美"斩首"成功，令这一路皖军由于失去指挥机关不得不败退。

第五，优势阶段：段芝贵被"讨逆军"击败，他只身一人逃回北京，"讨逆军"将长辛店和卢沟桥的"定国军"全都打散。

在这两个阶段中，吴佩孚基本上取得了战场上的决定权。但是段祺瑞还没有彻底失败，他的手中还握有两张大牌：一个是北京坚固的城墙可以当据守的堡垒，再一个就是奉系的张作霖可以当他拒敌的盾牌。如果段祺瑞肯于在钩端放上香香的饵料，诱使让张作霖再一次出兵关外，来一次钢铁般的皖奉联合，相信吴佩孚的"讨逆军"很快便能肃清。

让段祺瑞做梦都想不到的是，张作霖确实出兵了，奉军出关，并不是帮他打"讨逆军"，奉军和"讨逆军"南北呼应，合力攻打"定国军"。

第六，决胜阶段：奉军第27、第28师数千人，在7月17日、18日抵达天津，并迅速发起战斗，他们收复杨村，直趋廊坊。皖军纷纷溃退，徐树铮逃回北京，"定国军"的败局已定。

奉军出关参加倒皖，那绝对是有正当的理由的——张作霖要清君侧。

张作霖清君侧的对象是徐树铮。

在直皖奉三足鼎立的北洋时代，这时已经没谁敢阻拦张作霖了。

段祺瑞对吴佩孚的"讨逆军"，确实可以死守北京城，顽抗到底。可是直奉两军联合起来，力量将成倍增加，皖系铁定不是对手。

在这场直皖战争中，直系之所以取得胜利，一是归功于吴佩孚的新战术的运用，二是归功于张作霖与直系联合，对老朋友皖系发大招。

张作霖的小算盘是这样打的：

奉系和皖系合作掉直系，张作霖捞不到很明显的好处，直系的地盘，更靠近皖系，故此，张作霖抢地盘抢不过段祺瑞，北洋政府的权利都被段祺瑞抓在手中，张作霖分到的也都是鸡肋条（上一次徐树铮许诺给张作霖的副总统，皖系就没有兑现）。

奉系和皖系合作干掉直系，张作霖取得的利益能够最大化。（灭掉皖系后，奉系不仅可以和直系瓜分皖系的地盘，而且还可以获取部分皖系手中的权力）。

故此，张作霖经过观察、中立再联合直系，终于对皖系的段祺瑞出重手了。

段祺瑞被直奉两系夹击，已经到了山穷水尽的地步，可是他还是跑到了徐世昌的大总统府，胁迫徐大总统发布命令——让各军停战，撤回原防。

徐世昌是个老实人，但不代表就没有脾气，他抄起桌子上的茶杯"砰"

地摔到了地上，然后吼道："是你让我撤了曹锟和吴佩孚的职，他们早已经不是北洋政府的官了，你给我一个让他们听话的理由，我就发布你这条搞笑的命令！"

31．命运负责洗牌，而玩牌的人从来是我们自己

面对皖系大败的形势，段祺瑞也只能认命了，当即通电辞职。段祺瑞辞职后，到天津日租界的寿街做起了寓公。

段祺瑞在北洋政府无官不贪的时代，可以算一个清廉的好总理。

1931年"九一八"事变后，段祺瑞被日本政府列入了"合作者"的花名册。

蒋介石得到消息，急忙写了一封亲笔信，恳请"芝泉老"南下。当时年近七旬的段祺瑞，坐车离津，一路颠簸，当他拄着拐杖，抵达南京浦口时，蒋介石亲临码头恭候。段祺瑞发表了书面讲话："当此共赴国难之际，政府既有整个御侮方针和办法，无论朝野，皆应一致起为后援。瑞虽衰年，亦当勉从国人之后！"

1920年7月，皖军大败，兵败下野的段祺瑞，遭遇到了人生的"滑铁卢"。

张作霖在皖直战争中，缴获的战利品清单如下：

其一，各型大炮18门，4架大威梅双翼三百六十马力旅客运输机，4架小威海单翼三百六十马力侦查教练机，枪支弹药等若干车皮。

其二，各类兵科专业人才，如：炮兵科邹作华、步兵科范浦江、工兵科柏桂林、辎重科牛元峰以及航空科姚锡九等一大批专业技术型人才。

战争胜负的决定因素是人，而不是武器。张作霖将这些服务于皖系的专业性人才，尽皆收入麾下，这也为以后东北军的炮兵和空军等军兵种在国内称雄，首先占据了人才的高地。

奉直两军瓜分皖军军用物资过程中，曹锟从一件事上彻底认清了张作霖这

个胡子亲家。

奉军在南苑缴械时，邹芬部缴获皖系空军两部探照灯，可是最后却落入直军之手。张作霖向直方追索，曹锟不屑地说："张雨亭真是地道的胡子，得那些东西还不够，连这两个灯还要。"

战争结束，洋落捡完后，一个如何划分势力范围的难事儿，就摆在了曹锟和张作霖的面前。

安徽是段祺瑞的"龙兴之地"，谁应该坐那个皖督的位子，就是直奉两系争夺的第一个焦点。

直奉合作初期，张作霖就提出由张勋出任皖督。可是张勋的名声太臭，没等去上任，就遭到了安徽人民的超强烈反对。结果，直系提出的皖督人选、相对名声较好的张文生，就成了皖系的督军。

皖督之争，张作霖惨遭失败，在接下来惩办战犯的问题上，张作霖决定扳回一局。

张作霖提出将打击面尽可能缩小的主张，很快得到了徐世昌的赞同。

在全国各地身居要职的督军们，有很多都是段祺瑞的亲信。张作霖并不想动他们，将他们的势力保留，一方面可以牵制直系，避免一家独大的局面出现，另外，张作霖还将在众人中获得一个好人缘。

惩办战犯既然有张作霖和徐世昌的支持，曹锟也不好再说什么，毕竟他在皖督的争夺战上已经胜了一场，现在双方各胜一场，接下来的问题是如何组阁。

进入到组阁阶段，直皖大战中的主角吴佩孚却发现自己好像只是一个无关紧要的人。

在这场组阁较力中，吴佩孚人微言轻，他跟在曹锟身后，本想上台发表点个人看法，可还没说几句，便被张作霖指着鼻子斥责说："你以一个小小的师长，在某与三哥（指曹锟）面前自由发言，擅做主张，成何体统？此间某之部下师长非止一人，若竟效之，岂不乱了套吗？"

吴佩孚闻言色变，一甩袖子就离开了会场。

秀才出身的吴佩孚艰难做出决定，报仇不在今天。于是，他禀报过曹锟之后，便领着自己的人马返回河南。

张作霖、曹锟、靳云鹏等人为了组阁，在天津召开会议，经过他们的磋商，最后取得了以下几点共识。

第一，解散安福国会；第二，请靳云鹏复职组阁；第三，取消上海和会。

这三点出炉后，大总统徐世昌即使不想支持都不成了。

组阁这两个字是多么的神圣，可不管总理是段祺瑞、王士珍还是靳云鹏来当，全都是换汤不换药，都无法治疗北洋政府害民卖国的绝症。

组阁完成后，就到了撤兵的阶段。张作霖入关的奉军一共七万人，他回去的时候，只肯带走四万，剩下的四万，他要留在关内，保护大总统徐世昌的安全。

张作霖留下三万精兵，哪是保护某个人的安全，纯属是染指关内，跟着曹锟搅马勺（混饭吃）。

张作霖在京城留兵，等于在直系的心脏，敲下了一颗硬钉子。这步棋，张作霖走得实在漂亮。

事了拂衣去。张作霖随后带兵返回奉天。

这时，有一个人需要特别提一下，就是那个引发了直皖战争的罪魁祸首徐树铮。

徐树铮在直皖战争失败后，他为求活命，便藏到京城中的日军军营避风。后来，他躲在日军车的空汽油桶中，以一般人想不到的间谍手段逃出京城来到上海。不久，又出国游历，当了五年在海外考察的游子，直到郭松龄反奉，徐树铮这才踌躇满志地回到国内。

徐树铮回到国内的目的只有一个，那就是准备帮助复出的段祺瑞大干一场。可是想的总没有变得快，郭松龄反奉失败，京城周围全都是冯玉祥的人马。

徐树铮曾经枪杀过陆建章，而陆建章的内侄女，就是冯玉祥的夫人。冯玉祥根本就不可能放过徐树铮。

段祺瑞觉得形势不妙，他便让徐树铮赶快离开。

徐树铮坐火车经过廊坊的时候，被冯玉祥的手下"请"下了列车。

随着"砰"地一声枪响，徐树铮殒命在廊坊雪地里，匆匆地走完了短暂的46岁的生命历程。

徐树铮的棺椁被他的卫士张振声用骡车运到北京，后被安葬在江苏萧县凤家山，漂泊了46年的灵魂，终于叶落归根，徐树铮在外面，画了一个不规则的图形，最后生命的轨迹又折回到了原点。

在为人处世等方面上，徐树铮应该拜张作霖为师。在直皖战争中，张作霖损失最小，可是收获却特别大。

张作霖撤回关外不久，一个让人震惊的消息传来——江苏的督军李纯自杀了！

江苏督军李纯、湖北督军王占元、江西督军陈光远，是赫赫有名的长江三督。

皖直战争中，由于李纯表现得可圈可点，1920年9月16日，北洋政府任命李纯兼长江巡阅使的10月2日，北京政府授李纯为"英威上将军"。谁成想他10月11日开枪自杀。李纯自己拔了自己的"萝卜"，剩下的这个坑，立刻就成了直奉再次争夺的焦点。

张作霖立刻命秘书草拟电文，向北洋政府表达了自己的看法，江苏省督军应该由张绍轩来干。

张绍轩是张勋的号。

张作霖举荐张勋为江苏省督军的公文上，明确表达了为政府取才，内举不避亲戚的立场，以及政府要给予改过的机会。

张作霖的目的很明确，张勋要是成为江苏督军，那块地盘就是张作霖的了。

张作霖 全传
Biography of Zhang zuolin

七

"大帅"不是好惹的

32．人生不可避免的战争，那就风风火火搞起来

江苏地理位置重要，而且该督军又是长江三督之首，对于如此重要的苏督之职，奉系要争夺，直系必然要"卫冕"。为人处世谨慎的徐世昌，左右逢源，将张作霖的推荐电文转给直系实权人物曹锟。

曹锟看罢张作霖的举荐公文，气得"砰砰"地直拍桌子。

曹锟当即知会徐世昌，立刻将张作霖这份举荐公文驳回，理由是：苏皖赣巡阅使已经拟定由王占元接任，江苏省的督军非齐燮元莫属。

王占元是北洋的老人，而且身上没有"丁巳复辟"等等的污点，由他接任巡阅使的位置，没有人敢说什么。齐燮元是江苏的督军帮办，李纯的第一副手，李纯自杀前，曾经留下遗书，注明：江苏督军职务，以齐帮办燮元代理，恳候中央特简实援，以维全省军务而保地方治安。

死人为大。如果谁要是违背了死人的遗言，那是会遭雷劈的。

张作霖白费了半天劲儿，江苏督军的位置还是没有争过曹锟。

现在的张作霖，已经拥有二十多万的奉军，不仅东三省被他牢牢地抓到手里，其实力还遍布京津、热河、察哈尔和绥远等地区。

东北三省是北洋政府统治时期形势最复杂的地区。张作霖不怕乱，不惧乱，而且越搞地盘越大，越搞兵越多，由此不能不说张作霖是一位乱世奇才。

乱世如炉，张作霖被锻炼成了钢筋铁骨。向直系发起反攻的心愿，好像熊熊燃烧的火苗，烧得张作霖坐不稳，立不安，睡不沉！

接下来，张作霖干了入关作战前的三件准备工作：

其一，利用在天津召开的四巨头会议，夯实了自己"满蒙"经略使的地位。

由于又有一伙蒙匪作乱，蒙古面临着被分裂出去的危险。东三省巡阅使张作霖、国务院总理靳云鹏、直鲁豫巡阅使曹锟和两湖巡阅使王占元在天津召开四巨头会议。

会议做出决定：为安定民心，结五族共和之果，以保全领土完整，今特命令张作霖出师，急速戡乱。张作霖再次兼任蒙疆经略使。

其二，倒靳拥梁。北洋官场之道，不进则退，不争则失，不狠则死的铁律，再一次得到证明。

张作霖派亲日派于汉冲去日本走了一趟，结果使奉系又一次获得了日本政府的强力支持。张作霖随后出手，搞掉了办事有主见，经常和他唱对台戏的靳云鹏，扶亲日的交通系首领梁士诒上台组阁。

梁士诒总理上台没有一个月，便被吴佩孚联合其他几省督军以"卖国媚外"等罪名哄下了台。张作霖想让梁士诒成为自己"传声筒和代理人"的计划暂时落空。

其三，张作霖和孙中山、段祺瑞秘密成立了三角联盟，开始寻找合适时机，准备一起出手，将以曹锟为首的直系彻底干倒。

张作霖想要寻找发动战争的借口，那可是一抓一大把。

1922年1月26日。北洋政府财政部发行的9600万盐余公债出了大问题。根据银行公布，此项款项为一亿元，其中有400万的空额。难道这笔钱被内阁当军费暗中给了奉军？

吴佩孚第一个跳出来。

这事得查，而且还要一查到底。

皖系的卢永祥和张作霖一个鼻孔出气，他立刻表态，吴佩孚这是整事，想整大事！

张作霖本来就想找直系的茬，吴佩孚跳出来整事，正是他出兵的大好时机，张作霖决定，让关内重新燃起熊熊的战火。

张作霖应声而动，以换防的名义，调集大量的奉军，直奔山海关开拔而去。

曹锟刚过了几天消停的日子，他不想打仗。

曹锟急忙派曹锐去奉天当消防员。但曹锐嘴里的吐沫星子，岂能熄灭张作霖企图吞并中原的大火？

张作霖即使没理，也要占据道德的高地，他一见曹锐，就装作满腹委屈地丢出了一句——我要问问三哥（曹锟）究竟是亲戚亲呢，还是部下亲！

曹锟为了安抚张作霖，他除了表示张作霖这儿女亲家，绝对比吴佩孚亲之外，他还以自己中立为威协，严重警告吴佩孚！

曹锟可是吴佩孚的老大，真要是直系保持中立，光靠吴佩孚那点人马，跟张作霖的奉军对决，力量还不够。吴佩孚在曹锟的严重警告之下，他只有暂时收声了。

吴佩孚消停，并不能代表张作霖就没有动作。

张作霖虽然磨刀霍霍，但没把握的事儿，他是不会干的。

他在等待孙中山准备合作打击直系军阀的消息。

广州的孙中山也在积极做着讨直的预热工作，他准备得差不多之后，便给张作霖拍来电报——北伐行动可以开始了！

张作霖得到广州可以行动的承诺后，从1922年4月10日起，奉军几万精锐先头部队源源不断地开进了关内。曹锟急忙派人调停。张作霖一边跟自己这位亲家忽悠，一边七手八脚地侵占直系的地盘。

张作霖本以为吃定了曹锟，可是曹锟退来退去，终于明白了一个道理，他要再退，恐怕到最后连讨饭的地方都将没有了。

曹锟给吴佩孚发去一份电报：亲戚虽亲，不如自己人亲，你要怎么办，我就怎么办！

张作霖入关找吴佩孚对决，所依仗着的无非是"粤皖奉三角同盟"。吴佩孚接到曹锟的电报后，他便定了一个计策——首先分化和瓦解该同盟。

吴佩孚确实棋高一着，他出手就收买了广东的军阀陈炯明，让他牵制住北伐的孙中山。接着让江苏的齐燮元盯住浙江的卢永祥，使其在直奉战争中难以展开进一步的行动。

最后，吴佩孚命冯玉祥的军队开赴河南，河南督军赵倜、赵杰兄弟还没等反应过来，便被冯玉祥打败了，赵家兄弟本来打算在背后捅直军一刀，如今这计划彻底流产。

张作霖本想让粤皖势力先行对直系发动攻击，自己也好坐收渔人之利，可是他如意的算盘落空了。

张作霖不会硬打没把握的仗，于是他急忙给徐世昌拍电报，让他以总统的名义，制止这场战争。

张作霖给徐世昌拍电报罢战的同时，又给卢永祥发了电报，让他联络人，约会曹锟和张作霖见一面，研究一下如何停止战争的问题。

徐世昌和卢永祥朝野一起行动，停战的问题得到了很多军阀的响应。因为大家知道，打仗并不可怕，张作霖和吴佩孚如果分出了胜败，各省势力将面临重新洗牌的局面才可怕。

徐世昌登高一呼，张锡銮、赵尔巽、王士珍、王占元、张绍增和孟恩远等六位北洋大佬一齐应声，准备充当消防员，要熄灭直奉这场恶战的火苗。

张作霖不想打仗，不代表着吴佩孚不想打仗。

吴佩孚随后给张作霖出了一道难题，你要想避刀兵，就将所有的奉军都撤出关外。

接着吴佩孚联合直系的陈光远、萧耀南、冯玉祥、刘镇华等人，联名通电宣布张作霖的十大罪状：国民苦胡逆张作霖久矣。曩以国家多故，犯而不校，启大盗自新之路，存上天好生之德，涵育包荒，以有今日……张作霖的十大罪状包括：障碍统一、危害国体、勾通外人、危害友邦等等……这篇讨张作霖檄文，确实显示出了吴佩孚秀才出身的不凡笔力，以及骂人不带脏字的磅礴气势。

看到这篇讨伐自己的檄文，准备领着奉军赤膊上阵，跟吴佩孚刺刀见红。

4月29日，张作霖到达军粮城，自任"镇威军"总司令，以孙烈臣为副司令，指挥奉军4个师、9个旅，约12万兵力，兵分东、西两路，成蟹钳状，气势汹汹，直奔直军的大本营保定府。

吴佩孚立刻开始调兵遣将，直军7个师、5个旅，约10万余人的兵力，在以吴佩孚为总司令的指挥下，兵分东、西、中三路，恰似一把三齿钢叉一样，直向张作霖狠狠地戳了过来。

张作霖这次是势在必得，进关的奉军，以精锐的骑兵和炮兵部队开路。奉军以总兵力12万，对阵10万直军。从兵力和装备看，张作霖的奉军明显优于吴佩孚率领的直军。

当年，《大公报》曾翻译并转载了《京津泰晤士报》的报道，对奉军的军事装备，国外记者这样描写：张作霖之27师，其军械子弹，均极充足……虽雨衣风镜子，亦皆有极整齐者。

放眼世界，当今一些偏远小国军队的士兵现在都没有装备风镜。

奉军在20世纪20年代，竟然已经关注士兵眼睛保护。可以想到奉军的装备也是好过直系军队。

直奉战争开始的时候，张作霖的炮兵占到了很大的便宜，双方隔着几里路，奉军一顿乱炮炸得直军晕头转向。

假如炮弹是无限量供应，奉军不用打交手战，直军就直接全都成了炮灰。

33．黑夜给了我黑色的眼睛，可我却看不到未来

战争中没有假如，奉军的炮弹有限。几天之后，炮弹打光了，那些怒吼的火炮全都成了哑巴。

再看奉军那些来去如风、机动灵活的骑兵部队。

骑兵对阵步兵，如果近距离作战，步兵确实没有任何优势。可是在快枪得到普及的直奉战场上，再快的马，也快不过子弹。

王永江在给杨宇霆的密信中，曾经这样写道："此次最误事者，为骑兵集团。许司令本不长于骑兵，亦不谙骑兵之作用……总部原计划骑兵必须集团者，其目的在绕出敌军战线，或扰其侧面，或扰其后路。今许司令乃用为正面作战……设使吴督管领绝不至如此失败也。"

奉军的炮兵和骑兵本是张作霖两把取胜的杀手锏。这两把杀手锏祭出之后，确实在战争初起阶段，杀得直军血流成河，可是这两把杀手锏总有落地的时候，奉军炮弹用光，骑兵损失严重，到了直奉步兵对步兵的阶段。

开战前，吴佩孚曾经说过这样一句话，让直军对战奉军，那就是让我到树林子里去打猎。

因为直系的优势全都体现在步兵上。

首先看双方士兵素质的对比。

吴佩孚的直系军队，开战前已经欠军饷九个月。吴佩孚作为书生大帅，运用浑身解数却一块大洋也没有筹来。

士兵们听到消息后表示，玉帅，我们知道当兵的责任，在这危机的时刻，还谈啥军饷，没军饷我们也跟着您干了！

奉军张作霖凭义气驭将，靠军饷带兵。目不识丁的奉军，一路打仗，一路抢掠，肥了自己，丢了名声，被关内的百姓们视为土匪。

其次，看双方指挥人才素质的对比。

吴佩孚是个文人大帅。他手下的高级军官多数是正规军校毕业生，即使冯玉祥这样苦出身的农村娃，从军入伍，带兵打仗，也是靠着点灯熬油，手不释卷，自学成才，最后成为了一代名将。

张作霖只能算一个胡子大帅。他手下这次参战的高级军官多为绿林出身，勇猛可比张飞，计谋不输李逵，枪法民国，思想前清，让他们当特种兵，绝对是秃子出家，那是一等一的好材料，可是作为大兵团的指挥官，实在有些小葱拌豆腐上不了席面。

再次，看直奉双方"司令"的战争决心。

张作霖最信奉实用主义，直奉战争爆发之前，他甚至幻想让粤皖两方面先行动手，等他们和直系打得难解难分的时候，他渔翁得利。

张作霖现在已经是"满蒙王"，不是当初和沙海子对枪玩命的穷小子了。关内的利益，张作霖确实想要，但让他干损兵折将、赔钱吃亏的事儿，他绝对要躲得远远的！

奉军将这场仗打胜最好，要是打败了，张作霖还有东三省的根据地，往回一撤，白菜、火锅、热被窝，又可以过他东北三宝的小日子去了。

可是这场仗对于吴佩孚来说，就是三齐王韩信攻赵，面对井径口的背水一战。他没有退路，没有第二次机会，如果他不能尽快地拿下张作霖，别说粤皖方面可能在背后捅他一刀，就连日本关东军都有可能出兵干涉。

最后，看双方战争的正义性。

北洋时代，军阀混战，双方都没有正义性可言。但吴佩孚身为秀才大帅，却可以利用通电的威力，编排出张作霖阻碍统一、危害国体、祸国通外、负罪友邦、破坏法纪、纵匪殃民、开衅黩武、行同盗匪、治奉不佳和残杀同行等等的十大罪状。

张作霖虽然也有一帮笔杆子，他们也曾对吴佩孚进行了通电反制。奉军笔杆子为回敬吴佩孚的通电，挖空了心思，也列举了"祸国罪魁、殃民戎首"以及吴佩孚"索饷地方，霸占兵工厂"等等一大堆捕风捉影的坏事。他们还造谣说，吴佩孚从国外引进了大批"绿气炮"（毒气炮，又叫列低炮，是英国人发明的一种毒气武器，炮弹内装有要人老命的氯气），宣称要杀尽东三省军民。

两份通电，谁优谁劣，简单明白。

吴佩孚这位后来被捧到神坛上的常胜将军，其实是扒了厕所盖大楼——也有自己的臭底子。

吴佩孚和张作霖一样，都和日本政府有扯不清的关系。吴佩孚也曾经给日军干过侦探。

要将这事说明白，还得从1904年日俄两国为争夺东北地区控制权，爆发的那场战争说起。

清政府有一些心眼多的官僚，他们为了打破沙俄独占东北的不利局面，便在暗中搞起了"联日拒俄"的馊主意。

日俄战争前夕，日军驻华军事顾问来到北洋督练公所，经过挑选，择中了吴佩孚等多名"机灵鬼儿"似的军官，并与日方情报人员秘密组成"中日混合侦探谍报队"，分别到旅顺、大连等地刺探俄军情报。

吴佩孚因为工作出色，屡次立功，还被被日军赠"单光旭日勋章"一枚。

张作霖手下的笔杆子们，他们在打通电战之前，能够仔细研究一下吴佩孚的出身，确实没有必要用"毒气炮"造谣撒谎，糊弄百姓，要知道，撒谎的孩子，迟早是会被狼吃掉的。

张作霖未战之前，便首先丢掉了道德和舆论的高地。吴佩孚所用的手段，虽然有些五十步笑百步，但那份"铿锵有力"的通电，还是让人们错误地觉得，吴佩孚好像是正义的，而张作霖也许是错误的。

再加上张作霖铁了心地支持"武统"，又推行媚日外交政策，没有几处得人心的地方。故此，奉军失败在出兵的那一刻就注定了。

更有军事评论家说得更直接，奉军不是被直军给打败的，而是被吴佩孚骂败的！

直奉战争经过如下。

奉系的西路军：西路军的总指挥张景惠。张景惠本来就对这场战争的前途有点稀里马哈（糊弄）。5月4日，直军利用其空军优势，派两架飞机在长辛店投掷重磅炸弹，巨大的爆炸声，让纪律松散的奉军那脆弱的心灵遭受了极大的震撼。奉军前敌总指挥张景惠自感招架不住，首先退往丰台，奉军由攻转守，再加之邹芬率领的奉军第16师大部分官兵哗变，致使西路军全线溃败。

张景惠打了败仗，不敢回奉天，就在北京寓居了下来……

奉系的东路军：东路军的总指挥张作相。张作相是一员悍将，奉军在兵力上占优，别说用枪打，就是拿牙咬，也能支撑一阵，可是实力不敌形势，由于直系在西路取得了胜利，直系的西路军和直系的东路军拉起手来，一起压向了奉系的东路军，面对二打一的局面，张作相双拳难敌四手，他最后也只得退了下来。

东西两线的奉军主力部队成了孬种，但不代表后面负责支援的梯队就是软蛋。

张学良和郭松龄率领的部队，虽然不被张作霖看好，他们作为支援梯队，跟在了主力部队后面。

张作相

张学良

支援梯队在张郭二人的指挥下，调动得当，攻守有法，强敌面前，敢于玩命，让前来进攻的直军不仅没有占到便宜，张郭二人反而取得了战场上的主动权。

李景林率领的第三梯队，战争一开始，便在姚马渡一代取得了歼敌数百，俘虏三千直军的战绩，可是随着东西两线主力的全部溃退，张学良和李景林两支部队取得的微小胜利，对战场形势转变已经不起作用了。

张作霖用人出了大问题。

张景惠和张作相都是张作霖磕头的把兄弟。这两个人的忠心不能打胜仗。

张作霖如果能"不拘一格用人才"，让郭松龄、李景林这样少壮派打头阵，而不是让他们在后面捡鸡毛，第一次直系战争的结果会不会改写？

打仗没有假设，这场战争，12万精锐的奉军，战死两万多，伤逃者一万多，弃械被俘者四五万人。回到奉天的还不足三万人。枪支弹药、马匹大炮、通信设备损失无数。

张作霖自出道以来，还从来也没有遭到过如此的惨败。

张作霖作为最高指挥官，必须保证奉军在撤退中，将损失降得更小。张作霖为阻止吴佩孚部队的继续追击，奉军撤过子牙河上的白洋桥后，他一声令下，将全木结构的白洋桥烧成了一条火龙。

烧桥在军事作战中司空见惯。张作霖却忘记了，白洋桥座落在天津通往保定的重要通道上，而这座桥距张作霖的祖籍冯庄村仅仅五华里。桥烧没了，冯庄村的老百姓也就别想过河了。

张作霖的族人从此认定张大帅就是一胡子，后来张作霖想认祖归宗，可是人家手一挥——门都没有。

张作霖领着奉军败兴而归，经过秦皇岛的时候，直系停在海里的军舰，非常不厚道地扬起了舰炮的炮筒子，对着陆地上奉系的败军，一个劲地用炮弹进行"问候"，奉军白天不敢通过，只能在晚上偷偷摸摸地撤退，真是要多狼狈就有多狼狈。

另一个狼狈不堪的人是大总统徐世昌。

直奉两系力量均衡，他这个总统才有得干。现在局面被张作霖闹腾得乌烟瘴气，而且被直军打败落荒而逃，京津地区全都成了直系的菜园子。他这个依靠平衡直奉两系而存在的大总统，估计也就干到头了。

吴佩孚现在是一颗冉冉升起的大明星。吴佩孚让徐世昌下台前，必须要将他的作用全部发挥出来，换句话来说，就是不把徐世昌榨干榨净，绝对不能放他走。

张作霖带兵进关乱闹腾，兵败出关回奉天，以为完事大吉了。吴佩孚作为胜利者，要通过徐世昌大总统让张作霖记住，你来我挡不住，但你要走，我要让你一辈子都不敢再回来。

徐世昌哪敢不听吴佩孚的话。

1922年5月10日，大总统徐世昌下令裁撤东三省巡阅使、蒙疆经略使，免去张作霖本兼各职，听候查办。

吴佩孚接下来又出了一个阴招，他让徐世昌命吴俊生为奉天督军，袁金铠当了奉天的省长。冯德麟为黑龙江督军，史纪常为黑龙江省的省长——任命这些人的官职，就是要打乱张作霖在东北三省的部署，让他们互相猜忌，最好能出现窝里乱的效果。

吴俊生接到这个任命的消息后，急忙去找张作霖。

张作霖刚刚吃了败仗，一脸的拧巴神色，他用夹枪带棒的口气说："吴督军，你执掌奉天省后，我就是你治下的小老百姓，你可要给我留条活路啊！"

吴俊生"啪"的一个立正，说："大帅，我对您忠心耿耿，日月可鉴，对于徐世昌的'乱命'，我正准备全部否认呢！"吴俊生绰号吴大舌头，一着急，语声就乱乱的听不清楚。

别看吴俊生说话声好像一台调错频道的老收音机，他为人可是一点都不含糊，因为笃信自己是黑熊精转世，便在府内养了几头黑熊，有事没事，经常学熊走几步，可是他没人的时候，也是暗中掂量自己的分量——如果自己当上了东北王，他能管好东北这疙瘩的事儿吗？

答案是否定的。

在东北有一个算一个，除了张作霖，没人能胜任东北王的位置。

但在不久之后，确实有人想当东北王，很快便被张作霖弄得"鞠躬尽瘁，万古长存了"。

随后，吴俊生、袁金铠、冯德麟和史纪常等四人，公开宣称：张作霖之去留，为三省三千万人生命之所系。对此乱命，一致否认！

接下来，东三省议会、商会、工会和教育界等联合会，一起向北洋政府发出类似通电。这些通电虽然内容五花八门，但中心思想一样——张大帅是我们东北的宝贝疙瘩，你说免职就免职吗？送你们三个字——不好使！

不能否认，这些通电里面有很多虚头巴脑的水分，但有一点，这些公开发表的通电，也有真心不让张作霖走的明白人。

34．没有人可以帮到你，能帮你的人只有你自己

1922年5月12日，张作霖为了反制吴佩孚，任性地宣布东三省"联省自治"。你撤老子的官，老子不再跟你们北洋政府玩了。

张作霖退往关外，吴佩孚也是一点招都没有。

吴佩孚当年在东北给日军干情报工作的时候，曾经对东北的地形地貌、风土人情，有过深入的观察和研究，他领着队伍将张作霖的奉军追过渝关，就不敢再往前追了。

东北三省位于白山黑水之间，崇山峻岭，沟壑森林众多，易守难攻，非一马平川的京津之地可比，那里是张作霖的地头，又有关东军给他撑腰，想要越过渝关，将东三省从张作霖手里抢过来，吴佩孚力不从心。

随后不久，直奉双方接受英美的建议，决定停战议和。1922年6月，直军代表王承斌、杨清臣，奉军全权代表孙烈臣、张学良，在秦皇岛海面英国克尔留号军舰上签订了停战条约，以山海关为两军分界线，这边是你，那边是我。

张作霖打着联省自治的旗号，继续控制东三省，尽力扩军备战，准备与直系争夺中央政权。为了取得洋人的支持，张作霖对外宣告：所有前清、民国与

外国友邦签订的条约一概承认。

张作霖有能力反对北洋政府,可是却没有能力反对洋人。对于洋人,他现在也只能是龙盘着、是虎卧着、是豹眯着、是人得蹲着。

张作霖是这样想的,想要获得日方的支持,首先要巴结他,想要利用日方做事,首先要给他一些好处,钱财可以给,因为钱财本来就是身外之物,但想要东北的土地,这个真没门。

1922年6月上旬,张作霖正式召开奉天省议会和吉黑两省的代表参加的联席会议,目的是为他继续统治东三省完成必要的决战手续。会议宣布东北三省的一切权力,都属于保安司令部。

张大帅为了体现民主,在他的操控下,不仅制定了20条"东三省保安规约",而且还成立了一个"东三省保安联合会"。

东三省以前是张作霖一个人说了算,这种军阀一言堂要变成群言堂了,我们的总司令、省长也都需要民选了。

张作霖的"民选",其实东三省的父老乡亲都能看明白,就是挂羊头卖狗肉。

经过一番虚头巴脑的"民选"后,王永江成了奉天省省长、魁升成了吉林省省长、史纪常成为黑龙江省长。东三省议会联合会推举张作霖为东三省保安司令,孙烈臣、吴俊升为副司令。

张作霖大搞"民选"的过程中,受到了日方的特殊照顾,每次开会都有日籍顾问参加。

张作霖在关外搞"民选"的时候,关内的吴佩孚心情却被张作霖闹得很不好。他正琢磨如何狠狠地收拾张作霖一下子,就听外面的卫兵进来禀报:"报告玉帅,孟恩远求见!"

孟恩远当年被张作霖从吉林撬走,他当了一阵子金光闪闪,毫无权力的惠威将军后,便辞职不干回家当寓公去了。这几年孟恩远始终恨着张作霖,渴望找机会报当年易督之仇。

吴佩孚一听是孟老前辈上门找他,当即说:"快请!"

两个人一见面,孟恩远先是恭维了吴佩孚一通。吴佩孚"谦虚"地说:"孟老将军,您太过谦了,谁不知道您当年带兵有方,督管吉林的英明神武!"

两个人讲完了客气话,孟恩远道出了他见吴佩孚的目的,原来他有个计划,该计划很是歹毒,那就是狠狠地在背后捅张作霖腰眼子一刀。

吴佩孚这些日子一直在琢磨如何收拾张作霖,没想到今日办法就自己送上门了。

张作霖和吴佩孚(右)

孟恩远老谋深算,他人虽然离开了吉林,可是心却留在了那里,他早就为张作霖埋好了一个地雷,这个地雷就是他的外甥高士槟。

孟恩远在吉林当督军的时候,高士槟的小日子过得美,官升得快。孟恩远被张作霖撬走后,高士槟随后便被调到了黑龙江,成了一个人人冲他翻白眼,恨不得都踹他两脚的受气包。

孟恩远派人找到了绝望中的高士槟。

孟恩远派来的说客问高士槟:造张作霖的反,你敢不敢干?

高士槟也被这问题给问蒙了,他说:这、那……

孟恩远派来的说客就给高士槟摆问题、讲道理、指方向,最后,高士槟真的被忽悠住了,张作霖一个农村娃,都能当"满蒙王",他高士槟有枪有权,干啥不能成就一番轰轰烈烈的事业。

高士槟打出了奉吉黑讨逆总司令的旗号。他找到了绥芬河的土匪头子卢永贵，两个人可谓臭味相投，为了反对张作霖走到了一起。

高士槟招兵买马，很多反对张作霖的势力纷纷投奔，奉吉黑讨逆军迅速壮大，现有士兵两万，战将千员，就等吴佩孚一声令下，他们就要举旗造反了。

吴佩孚听孟恩远讲完他的反奉计划，两个巴掌差点都拍不到一起了。张作霖的主力精锐部队，目前都驻扎在渝关一带，与直军的主力对峙，奉军现在内部空虚，高士槟造真有成功的可能。

吴佩孚找到了合适的刀手，当即表示，如果高士槟则造反，引起了东北三省内乱，直军将北出渝关，直捣黄龙，到时候，孟恩远就是"东北王"，而高士槟则东三省的督军随便挑。

吴佩孚封完官，接着又东挪西凑地拿出十万大洋，交给了孟恩远，两万将士，那点大洋真可谓狼多肉少。

吴佩孚不是小抠，而是确实没钱，他和土豪张作霖比起来，只能算个小地主，枣刺喂驴——这也算心意到了吧。

吴佩孚没有想到的是，以张作霖有仇必报的性格，他在关内还能过多少天安生的日子？恐怕不用他去找张作霖麻烦，张作霖都会主动找上门来报仇。

孟恩远将吴佩孚的命令，给高士槟拍了一封电报。高士槟接到电报，就领着奉吉黑讨逆军在黑龙江动手造反。

张作霖得到高士槟造反得消息，气得他差点没笑出声来，这造反和下棋一样，总得出来个高手，刀来枪往打得还有点劲儿，这冷不丁地蹦出来个"臭棋篓子"高士槟，这能不让张作霖差点哈哈哈了吗？

张作霖正掂对着该派谁去领兵剿灭这帮"讨逆军"，就听门外瓮声瓮气地响起了一声大吼："报告老爷子，张宗昌到！"

老报人陶菊隐对站在门外喊报告的"狗肉将军"张宗昌有这样的概括："张宗昌一生行事，就是'混蛋'两个字。"这个评价非一般人可以杜撰。

张宗昌幼年贫苦，为了活命，他在码头扛过大包，在赌场当过打手，还曾坐船去过沙俄控制的海参崴，干过矿工和淘金工，在日俄战争期间，他还干过一阵子胡子……总之世间所有卑微的行业，张宗昌几乎都尝试了一个遍，巴结逢迎，见风使舵的功夫，那是在兜里揣着一样，伸手就能掏出来。

经张作霖的推荐，张宗昌后来成了山东的督军。他对山东老百姓横征暴敛，苛捐杂税，竟有六七十种之多，他甚至开历史先河，干出了一件让历朝历代，以刮地皮而名动史册的昏君佞臣，全都甘拜下风，只有跪地膜拜的事儿——张宗昌竟对大粪实行官卖，从而收取粪税！

张宗昌

山东民众惹不起手握枪杆子的张督军，但却可以编民谣来发泄心中爆表的巨怒："也有葱，也有蒜，锅里炒的是张督办；也有盐，也有姜，锅里煮的是张宗昌。"

张宗昌一开始跟的老大是冯国璋，冯国璋倒灶后，他又去投曹锟，为了得到重用，他将在陆军部领到的一笔欠饷，铸了八个纯金的寿星，送给了曹锟。

曹锟本想赏张宗昌一个师长干干，可是秀才出身的吴佩孚，却一百个瞧不起出身低微的张宗昌。八个纯金的寿星——肉包子打狗，一去不回，他想加入直军的梦想破灭了。

吴秀才看不起张宗昌，张宗昌决定去投胡子出身的张作霖。空手去不好，他就送给了张作霖一件各色（与众不同、有怪癖）的见面礼——一对大抬筐。

张宗昌的意思是，我要为东北三省的建设添砖加瓦。

张宗昌嗜赌如命，在东北管推牌九（九和狗同音）叫吃狗肉。手不离牌的张宗昌就有了响当当的绰号"狗肉将军"。

张宗昌投奔张作霖,被张作霖封了一个高参的闲职,给养了起来,可是他赌瘾太大,手又太臭,有一次和奉军的将领玩牌,一下子输了十几万大洋。

张宗昌当高参,每月三百多块大洋,这笔赌债,他不吃不喝,不赌不嫖至少需要还30年。

张宗昌在算计着是当了裤子还赌债,还是找绳子上吊一了百了的时候,张作霖找上了门来,他对张宗昌说:"小事一段,晚上接着玩,我帮你把钱赢回来!"

张作霖找人打牌,赢了张宗昌的那几位奉系军官哪个敢不来,张作霖有好牌就明着胡,没好牌就扣牌诈胡,还没到半夜,张宗昌输的钱就都被张作霖给赢了回来,张作霖将赢来的银票"哗"地一把抓起,硬塞到张宗昌的手里,说:"效坤,把钱收好,谁以后再敢赢你,有我抱你后腰,咱谁都不怕!"

张宗昌鼻子发酸,这样的老大,哪能不效忠?现在老大遇到困难,他不能不玩儿命地上啊!

张宗昌今天来找张作霖,就是报恩来了,他要领一队人马到黑龙江去剿灭高士槟。

形势紧急,高士槟这伙自称"奉吉黑的讨逆军"已经从中东路东线五站打到离哈尔滨不远了。

张作霖虽然同意了张宗昌的剿匪计划,但他手里真的没有人,最多只能给张宗昌二百名警卫营的士兵。

张作霖的警卫营是一群养尊处优的兵秧子,踢正步的声音,比驴蹄子落地都响,上街吆三呼四地吓唬人,一个人顶十个鬼凶,但打仗十个也不顶一个用。而且他们拿的枪都是发射别烈弹(一种打铅丸的枪)的一种淘汰的破枪。

张作霖的警卫营,怎么还使用这样的破枪,答案很简单,好枪都被送往了前线。

张宗昌领着二百名警卫营的兵直奔黑龙江。

1 张作霖，2 张宗昌，3 吴佩孚，4 张学良

张宗昌一路走，一路招兵，他不仅招募了上千人的散兵、胡匪等武装，一批被前苏联红军打到东北境内的白俄军，也成了他手下一支特别能战斗的队伍。

张宗昌不仅接收了这批白俄兵，他还根据白俄兵提供的情报，在境外弄来了一列车的军火，其中还有几台铁甲车。

战斗开始后，白俄兵驾驶的铁甲车"轰隆隆"地在前面开道。奉吉黑讨逆军一下就被揍傻了，几场战斗之后，张宗昌就揍得高士槟和卢永贵找不到北了。

卢永贵手下的胡子骨干，有很多都是张宗昌以前混绿林时的铁哥们，他们一见狗肉张卷土重来，立刻开始倒戈。高士槟和卢永贵也让这些人活捉，被当成"会喘气"的见面礼，给张宗昌敲锣打鼓地送了过来。

张宗昌对这两个人不薄，决定拉出去枪毙。

张宗昌为了报恩，将悬得乎（很险）的一仗给打胜了。

吴佩孚得知高卢二人被灭，奉吉黑讨逆军被剿的消息，他颓然地坐倒在椅子里，那十万大洋的军费，让他心痛不已，但更让他难受的是，吴佩孚再一次认识到张作霖在东北稳如磐石的地位，从此往后，越过渝关，到东三省去火中取栗的想法，他心里是再也不敢有了。

儒将军阀吴佩孚和张学良

张宗昌打胜了黑龙江剿匪这一仗后，张作霖就提拔他当了吉林省防军第三旅旅长兼吉林省绥宁镇守使，张宗昌手下有几万人，张作霖一年拨给他一百万的军费，根本就养不活这些将士。

张宗昌不等不靠，他领着手下在吉林辖区尝试种植大烟。张作霖每年用一百万的军费养了一群会种大烟的兵。

张作霖的案头，堆满了弹劾张宗昌的举报信。张作霖没有办法，只得命郭松龄到吉林一趟，以校阅委员的身份，视察一下张宗昌的部队，如果他们真的是一群乌合之众，张作霖就要发布命令，遣散这支队伍，并收回张宗昌的兵权，让他继续回大帅府当高参。

35．发展才是硬道理，只有强大才不会被人践踏

郭松龄办事认真，为了测试张宗昌手下的实际战斗力，便不顾寒冬腊月，

将部队带到城外去演习，并让士兵们顶风冒寒，演练冬天雪战。士兵们一番操练下来，一个个都成了圣诞老人，不仅胡子眉毛全挂满白霜，很多人还被雪地里的苞米茬子把脚底板扎伤了，真是要多惨有多惨。

张宗昌靠忍保住了自己的军队，但话又说回来，不是张作霖的人格魅力，让张宗昌觉得可以一辈子跟随，他干啥要忍郭松龄？大不了一枪崩了小郭，张宗昌拍拍屁股钻老林子当胡子去了。

从做人的底线这一点看来，张作霖对张宗昌的调教，还是相当成功的！

张作霖自小读书极少，他带兵打仗，特别是主政奉天省之后，便深深知道了"文化底子薄"带来的种种不便，他除了结交了如袁金铠、孙百斛、曾有翼、谈国桓等关外的"知名之士"外，他将很多时间用在了读书识字上，张作霖的毛笔字，经过他不懈的练习，从最初的沙蟹体，变成现在的树枝体，那毛笔字写得随心所欲，实在太有性格了。

虽然张作霖的毛笔字和遒劲雄浑，朴实厚重不怎么挨边，但那一撇一捺，一横一竖，分明就像刀枪剑戟，斧钺钩叉般"腾腾"地冒着一股杀气，终成大帅胡子体的开山鼻祖，他这一派的书法有个最大的好处，那就是别人根本没法学到他"谈笑间，樯橹灰飞烟灭"的神髓。

张作霖兵败回到奉天后，他拿起毛笔，在自己折扇上，沉痛地写上了"勿忘吴耻"四个大字，提醒自己要卧薪尝胆，以图日后东山再起，不干倒"吴小鬼"，夺回关外的失地，他誓不罢休。

张作霖认为，直奉战争的失败，不是败在将官的谋略，而是败在奉军的武器之上，直军有飞机还有军舰，这些奉军都没有，如果奉军的武器质量超过直军，他一定能让吴小鬼在自己的炮口下颤抖。

张作霖决定豁出去了，采取一些重大的改革举措，整军经武，整顿财政，扩军备战。

第一，张作霖基于让东北军"召之即来、来之能战、战之必胜"的设想，首先设立了整军经武的领导机构，名为东三省陆军整理处。经过改造领导机构，那些指挥不利、临阵脱逃的旧派军官，张作霖让他们找地凉快去了，而受过正规军校教育的新派军官，如杨宇霆、韩麟春、姜登选、郭松龄等人，陆续被安排到奉军的关键岗位。

第二，张作霖将原奉天机器局（造硬币的工厂）改建成奉天军械厂，后来称为东三省兵工厂。经过改建的工厂，占地近两千亩，拥有一万多台大多购自日本的先进机械设备，具备生产可用于实战的较先进武器的能力。

1923年张作霖任命韩麟春担任兵工厂总办，他们招聘日、德两国的高级技师，经过不懈的努力，该厂每年能制造步枪6万余支、枪弹60余万发、机关枪1000挺、大炮150多门、炮弹20余万发……

张作霖的军火生产的规模之大和能力之高，居当时全国领先地位，为奉军打赢第二次直奉战争做出的贡献至关重要。

第三，东北海军和空军的建设走上了快车道。

东北的海军建设源于1919年。俄国"十月革命"后，北洋政府为了制衡来自北面的威协，在黑龙江上建立一支江防舰队。1922年，张作霖经过谋划，该舰队脱离了海军部，归东三省巡阅使公署领辖，东北海军建设的序幕正式拉开。

东北海军的第一任海军司令为沈鸿烈，在他的努力之下，还建立了专门培养海军人才的东北海军学校。在奉系海军最鼎盛时期，拥有巡洋舰"海圻"号、"海琛"号、"肇和"号，等大小舰只21艘，舰队官兵约3300人。东北海军的"海圻"舰作为"天朝第一舰"曾经出使过英国，参加乔治五世国王的加冕庆典，并参与了英国举行的海上阅兵。

更值得一提的是，中国历史上的第一艘"航空母舰"镇海号，也曾出现在东北海军的编队里。这首航母，可搭载两架"施来克"水上飞机（飞机的起降，需要吊车帮忙，在海面上进行）。

东北空军始建于1920年7月，张作霖在直皖战争后，曾缴获段祺瑞4架大威梅旅客运输机，4架小威海侦查教练机，就在奉天东塔农业试验场旷地修建了飞机场，并随即成立了东三省航空处。

1923年9月，张学良亲领东三省航空处总办。他不惜高薪，从日本、俄国聘请技术精湛的外国教官，张学良努力创造条件，不仅要让他们工作好，而且要生活好，只有处处都好，他们才能好好教东北军飞行员的飞行技巧。

张学良聘外教的同时，还不忘"引进来，走出去"，将一批优秀的青年送到国外深造，学习世界空军的先进经验，然后为我所用。

东北空军全盛时期，航空处整编为五个大队：飞虎队、飞鹏队、飞鹰队、飞豹队。曾经装备飞机近300架，产地主要为法国和捷克两国。虽然当时奉军的飞机，在军事上只能完成侦察、对地扫射、小规模投弹轰炸等不太起眼的任务，但麻灵（蜻蜓）似的在天空一飞，对于其他军阀的心理威协，无疑是巨大的。当时民国的军队里有这样一句顺口溜，天不怕，地不怕，就怕飞机屙粑粑（空投炸弹）。

张学良

第四，打仗就是打钱。没有强大的财政支持，战争就没有长劲。

张作霖接手奉天省财政大权的时候，他的家底只能用四壁空空来形容。张作霖一开始任命王树翰为财政厅长，可是这位王财长是嘴巴上的功夫，干了一年，干得奉天省经济眼看就要崩溃了。

张作霖决定请出王永江，让他施展回春的妙手，抓钱理财，救治奉天省这个重疾缠身的"病人"。

王永江首先找张作霖要来了"尚方宝剑"，随后便开始大刀阔斧地惩办贪官、开源创收、整顿税务，东三省独立后，根据《满铁调盘时报》的报道，第一次直奉战争，张作霖共用掉军费1100万元，而1923年，奉天省的税收总额高达3000余万，扣除支出，当年的盈余约有820万元。

有了钱好办事。张作霖可以用这些钱建学校，开工厂，大搞交通和城市

张作霖为东北讲武堂题词

第五，东北建设的重头戏是大力抓军校、建东北大学。

直奉大战后，张作霖卧薪尝胆找出了部队缺乏正规的军事人才，导致了上前线吃败仗的经验教训。为扩军备战，保证打赢的需要，他下大力狠抓自己的军官军校——东北讲武堂。张作霖对讲武堂的组织体制、主要领导和学员招生等方面，均作了较大改变。如第四期学员就从社会上招收了部分中学生。

张作霖以剿匪起家，最后一路成为东北王，这其中的经过可以概括为七个字——抓枪杆子抢地盘。张作霖一生做过的大事，虽然很多是围绕着"抓枪杆子抢地盘"，但真正让人提起来，立刻便会竖起大拇指称赞的却是他兴办东北大学。

在民国，抓枪杆子抢地盘的把戏，就好像是小孩玩过家家，一开始，这是你的，那是我的，分得很清，但玩过后"哗"的一声，全部打乱，推倒归堆，第二天，大家继续重来。

民国时代将这种把戏玩得精的人比比皆是，比如袁世凯、冯玉祥、蒋介石等人，但这些游戏玩家和张作霖比起来，却输在了一个地方，那就是兴办东北大学。

张作霖只读过三个月的私塾，之所以很多事上吃亏，吃得就是没文化的亏。故此，办学对于张作霖来说，一直是心头一个萦绕不去的梦想。

袁世凯刚刚当上大总统之际，张作霖根本不顾自己只是奉天一个毫不起眼的第27师师长，他找来秘书，口授机宜，对奉天省办学存在的弊端，向袁世凯

"上了一本"。

袁世凯对张作霖陈述的问题，教育资金靡费过多，得不偿失；教授不得其人，仅是坐拥虚名，缺少实际才干……等问题，非常重视，当即照会教育部办理。

张作霖作为奉天的一个小师长，敢于上"本"，纯属是"愣头青"的行为。可是袁世凯对这份"二愣子"写的东西，偏偏又非常看中。

民国的教育想要一下子拨云见日，根本就不可能，但张作霖的"上奏一本"，还是让人们看到了民国教育的一丝丝的黎明曙光。

张作霖不光在袁总统面前大声吆喝，他在东北说了算之后，兴办东北大学便真正驶上了快车道。

兴办东北大学的建议，是奉天省的省长是王永江、教育厅长谢荫昌首先向张作霖提出的，这份建议，确实代表了张作霖心中的一个瑰丽的梦想，他早就想在东北地区创办一所在国内一流的大学。

张作霖当时对王永江说："我没读过书，知道肚子里没有墨水子的害处，所以可不能让东北人没有上大学求深造的机会，一切事我都交给你了，开学越快越好。用钱告诉我，不管多少，我宁可少养5万陆军，但东北大学是非办不可。"

东北人有句时常挂在嘴边的狠话，叫做砸锅卖铁也要干成这件事。

张作霖宁可少养5万军队，也要办成东北大学，足见张作霖所下的决心之大，绝对是掷地有声。

在几千年前，有一位名叫管子的老先生，曾经这样说过：一年之计，莫如树谷；十年之计，莫如树木；终身之计，莫如树人。

可见树人之难，不仅耗费时日，而且费用巨大。绝非一撮而就，或者立竿见影的事情。

想要在东北办学，首先要过三关，一是战胜阻力关，二是巨资建校关，三是师资不足关。

民国官场的老油条们，曾经总结出这样一句话：千里做官为求财。不发财当官干什么？

当袁世凯的官，需要发财，当张作霖的官，也要发财。发财这想法，在北洋时代，无所谓崇高或者猥琐，就好像放在桌子上的两根金条——你能说哪根代表着包龙图，那根代表着贾似道吗？

张作霖办学，就等于东北的财政要往外大把地花钱。兴建东北大学的决定，明着虽然无人敢反对，但暗中是不是会有官吏两面三刀、阳奉阴违，更有甚者，会借机发财，大肆贪污？

答案很复杂，因为确实是啥人都有。

但却没有一个人敢明着反对，道理很简单，因为张作霖的手下不敢。

如果非要细问原因，只举一个例子，张作霖杀小舅子。

张作霖一共娶六房夫人。

张作霖的三夫人名叫戴宪玉，她的胞弟在帅府当警卫，戴舅爷觉得家里面有姐姐当靠山，外面有大帅的幌子撑门面，心里就有些飘飘然，这天他外出游荡的时候，忽然萌生了练习枪法的念头，可是他打鸟，打树，对路边的阿猫阿狗开几枪，都不要紧，实在觉得不过瘾，即使用子弹射月亮也都不是问题，可是他偏偏对马路边上的路灯，连开数枪。

如果这个戴舅爷枪法非常孬也就罢了，可是他的枪法却好得一声枪响，一盏路灯便会熄灭，几声枪响，结果让整条马路的灯都灭了。

电灯公司跑到大帅府，告了戴舅爷一状。

张作霖对路灯案的处理就是枪毙。即使是三夫人戴宪玉求情也不成。张作霖事后给了三夫人一个解释：我实在是迫不得已，我不能私亲戚以辜负家乡父老，那还有什么脸面治理政务呢？

三夫人戴宪玉伤心欲绝，最后削发为尼，离家遁入佛门。

张作霖在东北讲武堂的毕业生典礼上，曾经说过，只要好好干，除了老婆不能给你们，剩下的都可以给你们的话，可是戴舅爷破坏公共设施，他却连老婆都不肯要了。

在张作霖这里，他定下的兴建东北大学的政策，绝对没人敢反对，更何况这还是一个好政策。

张作霖兴办东北大学，最多的反对阻力来自日本方面。日本人的算盘打得鬼精，他们可不想看到张作霖通过办学，培养了大批的人才，东北生产力越低下，人才越稀缺，东北越乱，他们浑水摸鱼的机会才越多。

36．军人办学不容易，铁打的肩膀才能扛起更多

日本的驻奉天总领事，鬼头蛤蟆眼（鬼祟）地找到了兴建东北大学的执行人王永江，讲了一顿胡扯六拉（不正经）的劝告：办大学，不仅费钱，而且费力，你们一无校舍，二无教授，难度可是非常大的呦！

日本驻奉天总领事"打"了王永江一巴掌后，接着又开始忽悠王永江：你们要培养人才，本领事那是大大的支持，想读理工，有我们的抚顺工科，想学医，有我们的南满医科大学，另外你们也可派留学生出国，我们大日本帝国欢迎！……

日本驻奉天总领事给王永江和张作霖画了一张免费的大饼，好像滋味很不错。其实，在日方的学校中，学生们接受的都是奴化和洗脑教育，将来即使不变成一个汉奸，也是一个亲日分子。经过日本学校造就的人才，有可能就是一颗定时炸弹，谁用着都会隔心（不放心），使着也会划魂（猜疑），日本人的鬼心眼子，张作霖早就摸得门清了。

王永江将这位总领事的话，一句不漏地学给了张作霖听，张作霖听完后，爆了一句张氏粗口："妈拉巴子，他们越是反对咱老张办大学，咱们就是非办不可。得快办，要办好，快出人才。"

在当时的东北地区，若论生存的本领，张作霖绝对是独占鳌头。日本人的忽悠，在张作霖这里，纯属是在关老爷门口耍大刀。

时间和事实，最后都证明了张作霖决定的正确性。

1923年4月26日，东北大学正式成立。当时为了赶时间，这座大学最初用的是省城大南关的高校和文专两校旧校舍，旧校舍首先解决了东北大学从无到有的问题。

接下来，张作霖指示东北财政厅拨款奉洋600万元，在北陵购置500亩地，开始动工兴建新校舍。不久，东北大学教学楼、图书馆、实验室等建筑，拔地而起。一座规模宏大、功能齐全、校园面积达900亩的大学建成了。

学校建成后，没有实验仪器，怎么办，张作霖批示，不惜大价钱去国外买。

学校招生上课后，那些学工的学子们没有实践基地，怎么办？张作霖批示建。

奉天省长公署，经过规划，在北陵附近划拨官地200亩，拨款280万元，兴办大学工厂。大学设附属工厂，学生们不仅可以在工厂中实习，赚取生活费，而且工厂取得的利润还可以反哺学校。

东北大学的软硬件都齐备后，张作霖不惜重金在全国招聘名师。当年东北大学教授待遇之高在国内学界是罕见的。

尊重人才，给人才以施展才能的空间，即使国内的一流教授也开始有些心动。

张作霖每年拨给东北大学的经费在国内也是拔尖的。当时全国知名大学全年的经费，如北京大学为90万银圆，南开大学40万，清华大学120万。奉天省财政投向东北大学的经费每年竟高达160万。

走吧，去东北做教授，这在民国是一句极具煽动力的口号。当时，南开大学给教授开240元月薪，北大、清华教授月薪为300元，东北大学给到了360元。

可是那些知名的教授仍然有一些不肯到东北大学来任职，原因是他们怕东北时局不稳，奉票贬值。

张作霖知道教授们心里的小九九之后，当即做了保证，我们对在东北大学任职的教授，一水用"叮当"作响的奉洋支付薪水。

在北京教书的教授虽然每月可以赚取300元的月薪，但却时常被欠薪，有时候，政府的拨款不到位，教授们还得忍受被减薪的窝囊气。东北大学不仅不欠不减，而且薪水还逐月增加，比如后期章士钊等教授的工资，一个月竟高达800元。

来吧，来吧——来东北大学教书不仅工资高，还有很多额外的福利，比如，东北大学为教授们还盖了新村，建了别墅，住得舒服，心情就好。教授们回去探家，来回的路费还予以全额报销。

章士钊、梁漱溟、罗文干、冯祖恂、刘先州等一批名师都开始加盟东北大学，东北大学师资力量变得越来越雄厚。随后，梁思成、林徽因夫妇，旅欧归来，应张学良邀请来东大，着手创建中国第一个建筑系。

张学良

1929年7月1日，东北大学第一届毕业典礼，张学良亲手向120名学生颁发毕业证书，并授予他们学士学位。各系中成绩第一的学生还由学校选送，往英、美、德等国深造。

当时国内舆论并不看好张作霖办大学。张作霖办学，几乎等同于让张飞去绣牡丹图。恐怕没有人相信，只读过三个月私塾的张作霖会将大学办好，不仅国人不信，日本人更不信。实实在在的东北大学让人不得不相信，张作霖争地盘有一套，办学更有一套。

日本有个学者叫新岛淳良，他在在参观东北大学之后心悦诚服地说，东北大学的实验设备是第一流的，教授薪金也比国立大学高许多。其教育水准"高于日方在'满洲'开办的高等教育院校"。

张大帅办大学，不仅让国内的军阀竖大拇指，更能让日本学者都彻底服气。

直奉战争后，张作霖铆足了劲在东北折腾，曹锟在中原地区，扩军经武、镇压工人罢工、琢磨着如何能当上总统，那也是一刻也没有闲着。

1923年2月7日，京汉铁路工人为反对资本家的压迫、剥削而发动了全路大罢工，吴佩孚急忙派大批军警分别在长辛店、郑州和武汉江岸等处进行血腥镇压，工人被杀40多人，制造了震惊中外的二七大惨案。

吴佩孚下令枪杀手无寸铁的工人时，得到了曹锟全力支持。吴佩孚现在可是老曹的心尖子！

曹锟靠着吴佩孚，心惊肉跳地打赢了直奉战争，还不是想当北洋政府的大总统？可是现在的总统是徐世昌，曹锟要想取而代之，直接来个"黄袍加身"。吴佩孚却认为不妥。现在北京有徐世昌政府，南方有孙中山的护法政府，究竟哪个才是正规的合法政府，真有一种让人眼花缭乱的感觉。

吴佩孚认为，如果让天下人都承认曹锟总统的合法地位，非得绕一个巧妙的圈子不可。

吴佩孚给曹锟画出的总统路线图是——将黎元洪请出来，根据临时约法，总统任期五年，让他当完剩下的一百六十日总统。黎元洪上台，就是北洋政府"恢复法统"的最好证明，然后曹锟再利用旧国会，经过选举成为"名正言顺"的总统，进而"统一全国"就不是一句空谈。

黎元洪的复出，让徐世昌总统当不下去了。

黎元洪重新当上了大总统，曹锟本想让黎元洪当一阵过渡总统，可是这位黎总统复职后，还想组阁干一些事情，曹锟不由得急眼了，他一边暗中唆使部下，堵着大总统府的府门，索要军饷，一边对大总统府断水断电，威逼黎元洪下台。

黎元洪有个绰号叫"黎菩萨",这是说他的人缘好,但他手里没有枪杆子,最后就变成了"泥菩萨"。1923年6月,黎元洪再度辞职,退出政坛,移居天津投资实业。1923年10月5日,曹锟操纵国会,以每张选票5000大洋的代价收买议员,贿选当上了总统。

曹大总统上台是用1356万大洋买来的,虽然在个人身上留下了永远也洗不掉的污点,但选举总统的时候,他没有采取任何暴力措施,即便是有人拿了钱不投票,他也忍了,没有找后账。

曹锟有个部下曾经这样说:"花钱买总统当,总比拿枪命令选举的人强多了!"

曹锟觉得自己比段祺瑞"亲民",但老百姓却对这帮人的鬼把戏打心里往外早就腻歪了,先是袁世凯,接着黎元洪,然后是冯国璋和徐世昌,好不容易盼来了一个"曹三傻子",本以为这下日子能好过一点,没想到这"货"竟是靠贿选上来的。

曹锟绝对不傻,他花钱选总统,那叫本钱,目的是为了将来搂钱搂得更多。直系军阀们为了自保,便开始抱团取暖,逐渐形成了以曹锟为首的保(定)派,以吴佩孚为首的洛(阳)派,曹锐和王承斌等为首的(天)津派。

津派和保派虽然小有矛盾,经常为了一点鸡毛蒜皮的小事吵吵,但在拥曹锟抑制吴佩孚的重大问题方面,却保持了高度的一致。在津保派两派看来,飞扬跋扈的吴佩孚如果在直系中一手遮天的话,等待他们的必将是可悲命运。

吴佩孚在直系中,虽然一人之下,万人之上,但他眼前却全是刺,处处受到掣肘,日子过得实在太糟心了。

冯玉祥对不可一世的吴佩孚那是老"膈应"了,他便积极争取北方将领孙岳、胡景翼,三个人经过密谈,建立了一个三角同盟,准备有机会干一件轰轰烈烈的大事,不再受吴佩孚的窝囊气。

吴佩孚被直军中很多人惦记,确实不是什么好事。

吴佩孚不怕被直系军阀惦记，他最怕张作霖对他念念不忘。张作霖确实是在天天念叨着他，天天想如何将吴佩孚从"江湖第一"的神坛上掀到阴沟里。

第一次直奉战争以前，张作霖的奉系、曹锟的直系、广州的护法军政府就好像森林里的三只老虎，力量均衡，各有各的势力范围，而皖系的卢永祥，顶天算是一只在森林里的豹子。

吴佩孚斗败了张作霖，一下子进化为一头雄狮，张作霖的奉系、广州的护法军政府、皖系的卢永祥，无不感到巨大的威胁，如果他们再不拧成一股绳，等待他们的只能是被直系逐一灭掉的命运。

1923年3月，张作霖找来奉系的后起之秀姜登选。非常英俊的小白脸姜登选毕业于日本陆军士官学校，曾参加"同志会""中国同盟会"，他和广州护法军的很多军官都是老同学。张作霖派他去广州，联系粤奉两系的合作问题，绝对是一个最合适的人选。

在第一次直奉战争前，粤奉双方曾经做出了一个合作的计划书，可是合作的幼苗刚刚破土，就被吴佩孚消灭在萌芽阶段。现在形势堪比火星撞地球，姜登选的到来，对于护法军政府来说，简直就是一场"随风潜入夜，润物细无声"的及时春雨。

孙中山不仅高规格接待了姜登选，而且对张作霖在东三省整军经武、发展经济等做出的贡献连竖大拇指。孙中山还表示，粤奉必须加强合作，才能打倒直系军阀。

孙中山先生是中国革命的先驱，而张作霖是关外的军阀，身份不一样，理想不一样，为人处世的方法不一样，诸多不一样的两个人为什么能够合作？孙先生曾讲过一段富有哲理的话："在国际上要联俄。学列宁的革命方法；在国内，五四运动正蓬勃发展，中国新青年起来了。这是中国革命的新血液、新生力量。我们要把握时机，取得政权，擒贼擒王。首先必须打倒北洋直系军阀……我们要分化北方军阀，利用直系与皖系的利害冲突，联络段祺瑞，特别是关外实力派张作霖，三方合作，声讨曹、吴。"

姜登选"出使"广州，满载着收获的喜悦，回到了奉天。不久之后，孙先生的特使汪精卫就来到了奉天。

1923年的汪精卫，还没有叛变，没有当汉奸，他还是那个"引刀成一快，不负少年头"的汪精卫。汪精卫来东北的目的有两个：

其一，对奉系的军事、政治和经济建设进行考察，回去给孙中山做一份是否能合作的意向书。

其二，商谈粤奉合作反直的具体细节，以及取得讨直胜利后的权力分配等具体问题。

张学良在后来的回忆录中，曾经写出了他当时跟汪精卫长谈时的情景，两个人为促成粤奉合作，双方联兵，开始了详细的讨论，讨论结束，合作的大框架基本被敲定后，张学良这样问汪精卫：报纸上报（道）你去过大连，你去吊肃亲王，真的吗？你吊他干什么？

汪精卫说，这是真的。我吊他有个原因，我当年被捕，肃亲王审的。要杀我，但肃亲王没杀我。肃亲王跟我讲啊，你们这革命呀，是有原因的，看我们清朝太坏了，假如你们成功，我看你也不能强过我们清朝。

北洋时代可以说是一个烽火四起、兵慌马乱的时代。军阀们美其名曰，学习外国的先进经验和政体实践，可是学来的都是一些似是而非的东西，这些水土不服的洋玩意儿，再加上北洋生猛的本土特色，就变成了真正的祸

汪精卫

国殃民的歪经邪政。

37. 妖魔鬼怪伸舌头，那就将它们的舌头打死结

张作霖一心想要和孙中山合作，不代表着奉系的高级军官们也想和护法军联兵，其中反对声最大的便是杨宇霆。杨宇霆说："想要合作，需要有合作的物资基础，北伐军有什么？一穷二白，缺枪少炮，他们找我们合作的目的不纯啊！"

张学良接受的是新式教育，不仅思想活跃，而且对进步的思潮，态度开放。他曾经仔细研读过孙中山先生的《建国方略》，对其"民族、民生和民权"的三民主义，也是很为支持和赞赏。

张学良说："我主张和中山先生深度合作，他驱除鞑虏，恢复中华，建立民国，平均地权的主张，对于北洋政府腐败的执政，所带来的种种顽疾和流弊，都有其积极的匡正和解决之效果！"

张作霖瞪了张学良一眼，说："少在我面前提这主张那主义的，我只想知道，护法军政府如能和奉军合作，曹三傻子和吴小鬼能不能被我们一勺烩！"

张作霖听那"平均地权"等等的主张，确实是有些刺耳。1926年10月10日，成都《民视日报》列出的张氏家族的财产数据，可以解释张作霖的反应为何如此。报纸列出北洋71位官僚军阀要人私产表，在这张相当于现代版的国内《福布斯》排行榜上，这71位北洋土豪的总额达63000万元，而张作霖个人则独占5000万，高居该榜的榜首。

张作霖在北镇有土地1100余垧，在黑山有土地500余垧，在通辽西有荒地12.6万垧，在辽河岸边有荒地4.5万垧，在黑龙江一面坡有地近2万垧。"平均地权"难道要把他手里的土地都分掉吗？

张学良说："中山先生倡导三民主义，他不仅在粤地威望甚高，而且在海外也很有影响力，而他振臂一挥，四方响应的能力，正是我们欠缺的！……"

杨宇霆对侃侃而谈的张学良心里不满，他开口打断了张大公子的话："据我所知，护法军政府经济来源紧张，军费入不抵出，在南北夹击直军的战场上，估计也就是稀里马哈，再说孙中山只是一个文人，奉军与其合作，他无非是看中了我们手里的枪杆子而已！"

杨宇霆是奉天省法库县人，日本陆军士官学校第八期步科毕业，用现在的话说，那也是一个留洋海归。因为贡献大，资格老，时常以老前辈的口吻管教张学良，再加上后来杨宇霆力挺亲日，反对张学良"东北易帜"，两个人的关系终于闹翻了！

杨宇霆强调护法军政府经济来源出了问题，这可是绝对没乱说。孙先生在陈炯明叛乱事件后，处境非常艰难。更严重的是，孙先生平安到上海后，账户上基本没有钱了。

张作霖理解孙先生的处境，并派韩麟春等人赴沪探望。韩麟春并不是财主，他代表张作霖赠孙先生生活费2万元，张作霖得知情况后，大发脾气，吼道："凭我张某人只送孙先生这点钱？不成话，赶快再补8万！"

孙中山先生对张作霖提出的"藉武力以济和平之穷（你用和平解决不了的事，我用武力接着干）"的意见非常赞赏，但同时，孙中山也承认粤方因为"财政过拙，不能因应咸宜"，并再次提出借款70万元的请求。

借钱，是最能看出一个人品德的地方。真情假意，一借便知。

张作霖在借款的问题上那是爽到爆表。他命沈鸿烈作为代表前往广东，去拜见孙中山，为表示诚意，一不许乘马，二不许坐船，而是乘一艘专用的货轮去，沈鸿烈不仅带去了60万银圆，而且船上还载着12门山炮及一些迫击炮弹。这些山炮和炮弹的价值，绝对超过了10万元。

张作霖送山炮和炮弹给孙中山是想提醒对方，不要忘记我们之间的约定。

曹锟眼看着粤奉双方越走越近，也有点坐不稳了，他和吴佩孚一嘀咕，稀拉光汤（没内容）地弄出了一个鬼主意，如果张作霖肯和直系合作，副总统的位置就是你的了。

曹锟用副总统来诱惑张作霖,就是想将粤奉联兵的计划掐死在摇篮里。

张作霖却对曹锟"赏"给他的副总统一点心动的感觉都没有。他一直在琢磨如何报仇。

张作霖是个有仇最想报在当场的人。

上一次直奉战争,不是邹芬临阵投降,奉军怎么能那样快地被击败,战败敌人,最好从敌人的内部下手。不久,一个分化和瓦解直系的机会摆在了张作霖的面前。

机会只有抓住,才能称其为机会。

张作霖急忙将马炳南秘密地找到了奉天的大帅府。

马炳南不仅是张作霖的亲信副官,还曾经做过一阵子张作霖在京的私宅顺承郡王府的主管。冯玉祥以前当连长的时候,马炳南曾经是一名书记官。两人又是基督教徒,故此,彼此熟悉得就好像手心上得掌纹一样。

张作霖要借助冯玉祥的这场婚事,唱一出大戏,送礼连带着挖墙脚。

冯玉祥忧国忧民,他在北洋时代,绝对是一位另类的将军,根据张作霖得来的情报,冯玉祥对于飞扬跋扈的吴佩孚早就看不惯了。

吴佩孚在洛阳做五十大寿时,直系的官场就好像闹了一场地震。直系的二号人物做寿,这可是属下们大表忠心的绝好时机。

一霎时,各种值钱的东西堆满了院子,那白花花的是银子,黄澄澄的是金子,绿油油的是翡翠,紫嘟嘟的是官员们送完礼后难看的脸色。

冯玉祥也派人送来一只用红纸封着的瓦罐,里面竟是一罐子清水!

吴佩孚见之,非常高兴,"欣然色喜"而曰:知我者,其唯焕章乎!

这句话的意思是,就冯玉祥知道我过寿想收一坛子清水啊!

当时有人解读,这是冯玉祥盛赞吴佩孚"为官清如水"。

冯玉祥自己的解读是,"君子之交清如水"。

究竟这坛子水,代表着什么意思,冯玉祥要是不说,估计有一千人就有一千个答案。

吴佩孚接到如此任性的寿礼，心里要是不恨冯玉祥，估计鬼都笑了。

冯玉祥和吴佩孚形同水火，故此，直军军需处经常对冯玉祥的军饷，玩拖欠战术。冯玉祥的军队有一次曾连续11个月没发饷。

11个月没发饷。直系头号人物曹锟是耍无赖吗？

幸亏北洋政府总理张绍曾，为了笼络冯玉祥，每月拨给冯军20万元军费，这才让冯玉祥手下的兵有粮下锅。

黑心的总统，可怜的士兵。1923年秋，又有一个新的难关，摆在了冯玉祥的面前，冬天马上要到了，冯军防寒的棉衣怎样解决？

曹锟和吴佩孚这样狂虐冯玉祥是有目的的：

首先，逼迫冯玉祥向自己屈服。

其次，诱使军队哗变，借机让冯玉祥下台。

曹锟和吴佩孚根本没有料到，这件事还有第三种结局。

哪里有压迫，哪里就有反抗。人是怕逼的。急眼的冯玉祥联合粤奉两系，已经准备用铁拳将直系砸个稀巴烂。

冯玉祥严于律己，面对苦难，他和将士们一起挨冻受饿。1924年2月，冯玉祥在通州兵营里举办的婚礼不仅很低调、也很简朴。

四菜一粥就是当时的喜宴菜谱：四菜是素炒豆腐、炒鸡蛋、肉片炒白菜和半只烧鸡，一粥为小米粥。

马炳南参加完冯玉祥的婚礼，因为直系的耳目众多，两个人只进行了十分钟的谈话。

这次简短的谈话，绝对是一次具有开拓意义的谈话。

马炳南代表张作霖，给了冯玉祥300万日元军饷，双方以奉军不入关为主要条件，共同敲定了张冯联合倒直的计划。

张作霖转给冯玉祥的军饷，有好几种说法，在《中国军阀冯玉祥一生中》这笔钱为150万日元，在《第二次直奉战争和日本》一书中，记载的是100万日元，当然，不排除首付之后，奉军和对冯玉祥继续追加款项等问题。

但有一点可以肯定，张作霖积极备战，奉军的军费尚且捉襟见肘，张作霖是用自己在蒙古的大片私人土地的地契作为抵押，然后从日本的南满铁路会社，贷到了这笔巨款。

总之一句话，第二次直奉战争的背后，也处处都有日本政府鬼蜮的身影。

张作霖找日本政府借款，那是打着欠款都是爷的目的，日方你不支持老张，老张要是黄摊子了，你的贷款就得打水漂。贷款的借据，就是将彼此捆绑，变成一个利益共同体的最好方式。

张作霖在大帅府中，正在快马加鞭地实施者自己的作战计划。一封加急电报到了奉天，闪电般飘进了大帅府。

这封电报来自遥远的江南。

发报人是浙江督军卢永祥。

直系的福建军务督办孙传芳、江苏督军齐燮元为了吞并江浙地区，已经和卢永祥打起来了。

卢永祥虽然一心想跟着段祺瑞走，走到黑都不会回头，可是他手下的军队战斗力不强，在战场上根本不抗打。

卢永祥给张作霖拍电报，意思是让他立刻支援、火速驰援，再不济的也要声援，不然风浪太大，他这条小舢板可要顶不住了。

张作霖接到卢永祥的电报后，立刻做了四件事。

第一，调动军队，严阵以待。让直系听到奉系在关外"霍霍"磨刀的声音。

第二，开动舆论机器，狂挖直系的"祖坟"。

第三，派人携带巨额款项，利用金钱对卢永祥的手下进行激励。

第四，通知冯玉祥，做好"坑"直系的准备。

张作霖磨刀备战，他的老对手吴佩孚却被当成"中国最强者"成为首次亮相美国《时代周刊》杂志封面的中国人。

《时代周刊》创立于1923年，是20世纪最权威的新闻周刊之一，该周刊的创办人亨利·卢斯的那双蓝色的眼睛,曾经越过茫茫的太平洋,一直在寻找着合适的东方人,充当自己杂志的封面人物。

经过千挑万选,候选人吴佩孚的地位超过了曹锟。《时代周刊》驻洛阳的记者来到吴佩孚的府中"咔嚓"一声,造出了一张吴佩孚瞪着双眼,好像瞧着美国那个西方世界很好奇的照片,这张照片,就成为了1924年9月8日《时代周刊》的封面。

亨利·卢斯是个目光特像老鹰的报刊界大佬,以他多年的记者生涯,相信自己不会看错,吴佩孚就是中国实力的最强者。亨利·卢斯还未对自己的决定沾沾自喜的时候,可是仅仅过了7天,张大帅就对着亨利·卢斯迎面一个大巴掌扇了过来,我倒要让你看看谁是中国最强者!

张作霖终于要问,苍茫大地,谁主沉浮?

张作霖打曹锟,按照北洋的规矩,首先需要通电,揭露曹锟的"罪行"。

第一次直奉战争的时候,吴佩孚仗着自己的笔杆子硬,一口气滔滔不绝地列举了张作霖的十大罪状,让张作霖领教了通电的厉害,这次,他要反戈一击,让手下的秘书,也拟出一个超强的电文来,贬得曹锟吃不好饭,睡不好觉,一天到晚都没有好脸色。

张作霖的秘书长姓任,任秘书跟随张作霖多年,可以说,那一支笔,简直比刀子还厉害。

但张作霖将揭露曹锟的通电的任务分配下来,一下子就把任秘书给难住了,原因很简单:张作霖的四子张学思和曹锟的第六女曹世英定了亲(最后退婚),张曹二人是儿女亲家。

敌人可以骂,但亲家却不能爆粗口,一旦用词不慎,让天下人笑话。

任秘书手拿毛笔,逐字逐句地斟酌,这封通电一不能用词过分,二不能不关痛痒,他写了几遍,都不满意,撕坏的废稿子已经丢了一地,任秘书愁得直揪头发。

军情如火,张作霖几次走进秘书室询问通电是否写好,任秘书后来被问急了,他"砰"地把笔一摔,火道:"快快快,我写不了,你另请高明吧!"

张作霖一见任秘书真火了,他忙说:"慢慢写吧,我不催你了!"

写文章需要有一个酝酿的过程。任秘书经过深思熟虑,终于写成了一篇北洋历史上,非常别致而又对曹锟隐含杀机的电文:

一九二四年九月十五日九月十六日录,来官报二二九六号:

奉天致曹仲珊三哥鉴,本年天灾流行,饥民遍野,四省图浙之举,弟曾切进忠言,兄复函力主和平,方深佩慰。乃墨犹湿,而战令已颁,同时又向敝处分路进兵,榆关扣车,交通顿阻,甘为戎首,是何用心。

兄频年受吴贼包围,祸粤、祸桂、祸湘、祸川,惨毒之声,遍于海内。现在苏军迭次大挫,西南联军北伐,赣鄂震动,主张武力之效果,亦可概见一斑。兄尊处自娱,高踞炉火,危机四伏,不知曾各少动于心。

弟恭敬桑梓,义当自卫,率师应敌,不得不然。近闻兄依然傀儡,仍在吴贼支配之中,此时行动,能否自由,殊深悬盼,车行阻断,遣使为难,日内将派员乘飞机赴京,藉候起局(居)。使者一介武夫,举止卤莽,倘有侵犯,请恕唐突,枕戈待命,伫盼福音。张作霖,咸,叩。

这封电文用白话简单翻译一下是这样的:啥意思亲家?我说卢永祥不能打,你也同意和平解决,结果你不仅削了人家,还扣留山海关直通奉天的列车,你当吴小鬼手中的木偶,我都替你害臊,现在交通断了,我只有派飞机去北京问候你了,老张枕刀子睡觉,等你回答,回答慢了,可别怪我发飙!

曹锟如何回答?他回答不了。他确实是吴佩孚的傀儡,不然人家美国《时代周刊》的记者怎么能绕过他,让吴佩孚当封面人物?

张作霖也没想能得到曹锟回答,相反,他却非常关注日本政府对第二次直奉大战的态度。

张作霖通过军事顾问本庄繁,探询日本政府的意向:

第一,奉军若败北,直军进攻东三省时,是否予张援助?

第二,张作霖希望以亲日派之手统一中国,日对此有何想法?

第三，张作霖如果被直军攻击，以及俄国的压迫，日方有何想法？

日方这样答复，对直奉战争"采取不干涉的方针，严持公正态度"。但驻奉天总领事船津则要求"发相当强硬的警告"，并主张张作霖反直成功后，应请段祺瑞出山。

1924年9月15日，张作霖聚集15万奉军，以响应江浙战争为由，兵分6路向直系地盘山海关、赤峰、承德发起猛攻！

张作霖 全传
Biography of Zhang zuolin

八

"斗法"龙虎会京师

38. 直奉爆发二战，就让战火来得更猛烈一些吧

奉军兵力15万。共分成6路镇威大军，有道是六六大顺、六朝金粉、六畜兴旺，6确实是个好数字，在这次战争中，被又一次证实。

第一路：姜登选为军长，韩麟春为副军长。率领7个旅3万多人，姜登选任镇威军第1军军长，他可谓拳头中的铁拳头。

第二路：李景林镇威军第2军军长，副军长是张宗昌。他们的进军路线是奉天朝阳、凌源之线。为了能打胜仗，张作霖还给他们配备了可以在直军头顶"屙粑粑"的空军1队。

第三路：第3军军长张学良，副军长为郭松龄，其中第1军，也被划归张学良指挥，两路联军，负责主攻山海关和九门口一线。张作霖对张学良特殊照顾，为他配属了两队空军，准备让直军尝试一下奉军空地立体打击的威力。

第四路：第4军军长老将张作相，汲金纯是副军长。驻奉天兴城、绥中一带，为后备队。后备队就是"瘸子打围坐地喊"的队伍，虽然老将出马，三个不顶俩，但喊两嗓子，为大家壮胆，估计还是没啥问题的。

第五路：第5军军长吴俊升，副军长是阚朝玺。他们负责进攻侧翼——赤峰、承德。赤峰的翁牛特羊肉味道好极了，承德是避暑山庄的所在地，吴俊升这次对直作战，可以定性为"吃玩"之旅。

最后一路：第6军军长为许兰洲，吴光新为副军长，他们作战的目的是出建平、平泉之线，作为疑兵，威协直军侧翼。

奉军的海军也不能闲着，第二次直奉战争是考验你们的时刻，虽然你们刚刚成立不久，力量并不强大，牙齿并不锋利，但在海面上"捣乱"，不让直军的海军发挥作用，还是能做得到的。

奉军虽然要跟直军玩一把六六大顺，但真正的作战意图却只有两条。

第一，似虚则实：攻热河一线，看似助攻，其实为真打。他们需要从侧翼绕道山海关，里应外合，敲开直军的铁大门。

第二，先实后实：山海关一线，驻扎有直系的重兵，而攻击山海关一线的奉军，需全力作战，最后在热河一线的奉军的策应之下，一举攻下山海关，砸掉直军几颗金光闪闪的大门牙。

奉军六路大军，齐头并进，虚虚实实，十分吓人。曹锟急忙拍电报，让刚刚成了《时代周刊》封面人物的吴佩孚进京。

吴佩孚坐着曹锟的专列，从洛阳来到了北京。北京车站，锣鼓喧天，鞭炮齐鸣，横幅飘飘，旗帜耀眼，曹锟领着直系的冯玉祥、王怀庆和京城的重要官员们，一起到车站迎接。

曹锟迎接吴佩孚来得如此庄重与热烈，是因为在曹锟的心目中，吴佩孚就是一尾龙，一尊神，只要他略一掐诀念咒，禹步施法，关外来犯的奉军就得惨叫连声，全部跌落马下，直接流水夕阳千古恨，凄风苦雨百年愁了。

可是接下来的"四照堂点将"，吴佩孚的表现却让人大跌眼镜，他订立的决战计划，漏洞百出，竟将"四照堂点将"变成了一场"四照堂打补丁"。

四照堂之所以叫四照堂，因为四面都是玻璃窗，晚上的时候，电灯一照，明如白昼，当天傍晚时分，大厅中，摆着一列长桌，六十多名直系的将官，大家静等着总司令吴佩孚。

吴佩孚开会罕见地迟到了。

吴佩孚上身穿一件夹袄，下身穿一条白色的裤子，浑身上下，一股子休闲范，仿佛这不是临战前的一次重要会议，而是到庙会赶集的一个闲汉。

为了应对张作霖的六路出兵，吴佩孚的作战计划是这样的：

建讨逆军司令部，吴佩孚自任讨逆军总司令。直军参战兵力一共11个师团，约20万人。三路出击，对奉军即刻发起毫不留情的摧毁式攻击。

第1路军：彭寿莘为司令，陈兵于山海关方面，这一路人马是吴佩孚王牌中的王牌。此战一开，山海关必将成为一个两方哄抢的热馍馍，而直军的热馍馍，要常做常新、超级猛烫，谁想动，就烫他一嘴大水疱！

彭寿莘有个绰号叫"彭杠子"，有他在山海关横刀立马，相信向山海关伸手的奉军，一定会被打得连声惨叫。

第2路军：王怀庆为司令，他的主攻方向是朝阳、益州和北镇。

王怀庆能打能杀，但让人们熟知的却是他的绰号——"马桶将军"，他不管行军打仗，如何繁忙，一个红漆烫金上面写着斗大的"王"字的马桶总是不离左右。

第3路军：冯玉祥为司令，他领兵出赤峰，绕路攻击奉军后背。

冯玉祥在主政河南期间，不但关闭了所有的烟馆、妓院，而且大力开展植树造林，并在树上悬告示：老冯驻徐州，大树绿油油。你砍我的树，我砍你的头！因而得到"植树将军"的美誉。

吴佩孚"没睡醒"似的将任务布置完毕后，底下当时就有人举手。海军部门的负责人站起来怯怯地说："吴总司令，您忘记给我们海军分派任务了！"

吴佩孚一摆手对身旁的秘书说："给他加一条任务！"

吴佩孚刚刚打发完海军，空军负责人又举手，他们在这份作战计划中，也成了闲人。

吴佩孚接着又给空军加任务，你加我加，吴佩孚这份作战计划，一共打了17处补丁，这才算勉强布置完毕。

就这样，直军的其他部队，勉强做出了如下的安排：

援军总司令为张福来，他领着陆军部队在后面瞄着，一旦那边顶不住了，他需要带兵立刻冲上去。

海军总司令杜锡珪，率领军舰在辽东湾一带机动。

空军共有飞机70余架，一队驻北戴河；二队驻滦县；三队驻朝阳；四队驻航空处；随时听从吴佩孚的命令。

吴佩孚为什么穿休闲服主持作战会议？会议中为什么这样一反常态？其实他这是在对曹锟表达自己心里的严重不满。

北洋时代军队打仗，有一条不成文的规矩，那就是战前士兵是需要发双饷。可是吴佩孚的军队也已经被军需处拖欠了好几个月的军饷了。

北洋政府确实是欠了一屁股外债，穷得连草纸都快买不起了，但是曹锟个人却非常有钱，只要曹锟肯出血，完全可以解决部队的军饷问题，吴佩孚也就不会是个"吊儿郎当"的样子了。

但曹锟是北洋政府的大总统，公家的事情和私人的事情，他分得很清楚。为政府打仗，动用他自己的腰包，这个还是马尾巴穿豆腐——免提吧。

吴佩孚部队被欠的军饷尚不严重，欠饷的重灾区当属冯玉祥的部队。张作霖虽然支援了冯玉祥部队一部分钱，但这些钱，都被冯玉祥用在更紧缺的补充枪支弹药上了。

如今冯玉祥要兵出赤峰地区，赤峰地区的九月，一早一晚，天气已经降到了10°C左右，这让身上没有御寒棉衣的士兵们如何承受？

士兵们身上无衣，还不算冯玉祥所要面对的最严重的问题，赤峰东部的沙漠地区，荒无人烟，冯玉祥往往领兵走上百八十里，也得不到一点补给。打仗就是在打后勤，吴佩孚在派兵出征的时候，曾经对冯玉祥说，此路非劲旅不克胜任。他的意思是，如此艰苦的作战环境，非神一样的队伍绝对不能胜任。吴佩孚这样做，就是要把冯玉祥往死路上逼。

吴佩孚也怕冯玉祥会闹哗变，他下棋瞅三步，曾经暗令胡景翼率部悄悄儿的跟着冯玉祥，并嘱咐道：如果冯有什么异动，你就将他就地解决。

吴佩孚没有想到，胡景翼和冯玉祥订有暗约。冯玉祥得知吴佩孚的真实打算后，恨得咬牙切齿。

吴佩孚的所作所为，最终坚定了冯玉祥倒戈的决心。

第二次直奉战争的第一枪，在热河打响。这一枪是谁开的已经无据可查，但能打响北洋军阀时代第二次直奉大战的第一枪，确实是值得骄傲和纪念的事儿。

1924年9月14日，直奉两方的军队，就在在热河的朝阳、建平、凌源等地，以及滦东长城一线，展开了激烈的战斗。

打仗不仅打士兵的人数、打士气、打武器的低劣和先进、弹药供应是否充足，更是打将官的谋略和顽强的意志。

热河省是东北四省之一，省名来源自承德避暑山庄内的温泉，除去奉吉黑三省之外，热河省是实力最差的老疙瘩。

热河战争，是一场你争我夺的拉锯战。李景林部经过几场拉锯战，首先，在朝阳寺及大凌河左岸站住了脚，奉军的将士们，用大凌河的河水洗过手脸上的尘土之后，他们接着趁热打铁，经过尖山子激战，最终在朝阳的城头，插上了奉军的旗号，并将直军赶羊似的赶向了凌源。

打麻将讲究，打死不胡第一把，胡了第一把，下桌干巴爪（输得一分都没剩下）。

但是打仗却是另一个路子，打仗讲究头阵胜，阵阵胜，果然朝阳如手，赢字于心，胜利在望。奉军也可以小的溜的（初步）将失败的经验，留给那对方了！

奉军第2军，也不是好惹的，他们接连进行了建平、凌源、茶河、赤峰和冷口之战，他们将胜利由一个饦面馒头，变成一根长棍面包，接着又把面包，变成了文王锅盔。热河一代的奉军胜利在手。

奉军在热河取得了几乎满分的好成绩，让张作霖有些喜上眉梢。张宗昌打来的一个电话，让张作霖欢喜得几乎跳了起来。好消息的来源，还得从吴佩孚身上说起。

吴佩孚得到热河战事向奉系一边倒的情况，他真的有点儿坐不住了。面对预备队已经统统用尽的窘境，他脑袋里忽然灵光一闪，冒出来了一个"馊主意"。

直军有一座保定陆军军官学校，军校里那些念书的学生，都是未来的直军军官。直系有难，让他们扛起枪上前线，早日接受战火的洗礼，岂不是能够得到更快速的成长？

保定军校的学生兵根本就没打过仗，刚刚开到前线，就被枪炮声给吓蒙了。没等进一步有所行动，便被领兵攻占丰润县县城的张宗昌给俘虏了。

张宗昌对付直军的战俘，确实是非常有经验，不老实的赏粒花生米，听话的直接参加奉军。可是这帮青涩的学生兵，打仗没胆子，关起来还得费军粮，如何处理他们？张宗昌愁得直揪头发。

张宗昌遇到发愁的事儿，有一个非常好的习惯，那就是打电话请教张作霖。他拨通了镇威军总司令张作霖的电话，张作霖一听情况，兴奋得一拍大腿，叫道："效坤，你捡到宝贝了，这些学生兵，你立刻派专人用专车给我专门送奉天来！"

这些学生兵听说要被送往奉天去见"杀人如麻"、一天必须喝一碗虎血的张作霖，一个个都仿佛到了世界末日。

学生兵们被送到奉天，关在奉天城的太清宫中，面对每天好吃好喝，绝非囚食的款待，众人都觉得这绝非好兆头，便都在暗中留下了遗书。

这天，张作霖在饭店设宴宴请这帮学生兵，学生们看着丰盛的酒菜，好几个甚至淌下了泪水，他们觉得这就是传说中的断头饭。

死亡的阴云在饭店中弥漫。

酒杯里往外散发的似乎不是酒香，而是浓浓的血腥味。

就在学生兵们暗中垂泪，互相安慰的时候，身穿长衫的张作霖出现了。张大帅士绅打扮，文质彬彬地走上台子，对着学生兵们先鞠了一躬，说："各位兄弟，这场战争的炮火，让你们受惊了，作霖给各位弟兄们赔罪，'吴小鬼'让你们还未读完书的预备军官们上前线打仗，这纯属手里惦着夜明珠丢石头——不知道心痛。我们奉军是最看重人才的地方，你们留在这里，也同样是报效国家，如果你们肯留下，立刻官升三级，如果谁想走，路费一定要给足，不会让人出门就戳我张作霖的脊梁骨！……"

三百多学生兵，都被震惊了，张作霖原来不是凶神恶煞，他竟要重用这些被俘的学生兵。最后，一心想走的只有十多名。这十多名学生兵拿着发下来的一叠奉洋，立刻改变了主意，直系马上都要垮台了，难道咱们还要回保定陆军军官学校去扫地吗？

奉军这里官升三级，到军队立马就是连长，干脆就在奉军这里干吧！

本应属于直系的军官，就这样一股脑都成了奉系的骨干。

相对于热河一线的战况，山海关一线的胜利，就显得有一些"难产"。

山海关地处奉直奉军阀势力的交界处，站在山海关的城楼上，远望浩浩沧海，波翻浪涌；巍巍燕山，千里绵亘。沧海之畔，麓原之下，便是"夜出榆关外，朝看朔漠空"的山海雄关。山海关如一条蛟龙，在苍茫的大地上，耸峙出了自己雄浑的身姿。

天下第一关之险，险在它北依燕山，南临渤海，山海之间仅有7.5公里的平地，易守难攻的山海关以"京师屏翰"，"辽左咽喉"之重要位置成为历代兵家必争之地。

在这条"巨龙"环抱的山海关古城内，便驻扎着直军的重兵。

自从第一次直奉战争开始，刀兵的阴霾始终笼罩在这座雄关的城楼顶，战争的乌云就好像鬼魂一样，在这片土地上久久徘徊。雄关，重兵，对着关外的奉军冷笑。凶光现，恶意闪，人胆寒。

张学良手里握着望远镜，眺望这山海关雄伟的城楼，心情沉重的就好像压上了铅块。

他知道，在山海关的城楼里，直系的山海关守将彭寿莘，也一样在注视着他。

第二次直奉战争，直系输不起，奉系更是输不起。赢的人，可以进京当总统，输的人，死了都没有地方埋。

张学良抓在手里的牌，完全是一副孬牌。

直系总兵力20万，而奉系总兵力15万；直军以逸待劳，坚守山海关阵地，这片阵地，已经被他们鼓捣了多年，那碉堡密密麻麻，就像一个个乌龟壳，那战壕，纵横交错，就好像一条条毒蛇。

奉军兵力不优、劳师攻坚、敌境作战。战场上的条件，全都是对张学良不利的地方，张学良手中抓的全都是小牌，他真的有些伤不起。

张学良手中唯一的大牌是奉系武器精良，大炮的数量，可以让直军听到后发抖。

双方开始时，奉军是用大炮和飞机跟直军对话，可是炮弹没少打，飞机也没少"扁粑粑"（投弹），奉军却遇到了异常难啃的骨头。直系军队这么多年没白忙活，那阵地修得异常坚固，而且借助斜坡修的阵地，让奉军的炮击效果非常有限。

直军的山海关守将彭寿莘绝不是吃素的，他命手下将几十挺马克沁重机枪，架在了山海关的城头上。

彭寿莘在直军中不仅骁勇善战，而且为人刚正。当时直系的军需部门克扣军饷、拖欠供应是平常事，唯对彭部不敢拖欠。他是曹锟、吴佩孚最为倚重为将领，人称"刺儿彭。"从他的绰号就可以看出，张学良和他玩牌，想赢是超难的！

一夫当关，万夫莫开。有了马克沁重机枪的山海关，才是真正的一人守隘，万夫莫向。

马克沁重机枪的理论射速达每分钟600发以上，可以单、连发射击。真正让马克沁出风头还是第一次世界大战，当时德军装备了MG08式马克沁重机枪，在索姆河战斗中，一天的工夫就打死60000名英军，创造第一次世界大战中死亡人数最多的一次纪录。

马克沁重机枪由此得来一个穷凶极恶的绰号——人间绞肉机！

39．面对战争硬骨头，牙口的利比不上内心的强

奉军几次冲锋，那人死的就好像高粱茬子一样。奉军的飞机，一个劲地往山海关的城楼上丢炸弹，只炸得狼烟滚滚；张学良手下的重炮，打得直军死伤

一片。但直军依靠着山海关天堑，钉子一样，钉在阵地上，连窝儿都不动。张学良脑袋里的招儿都用光了，却还是没有撕开直军山海关坚固的防御阵地。

张学良和彭寿莘真的是没法再打下去了。

张学良知道不能等到输干净再变，他决定换个对手，攻打镇守九门口的冯玉荣。

何愁前路无芳草，不必单恋一枝花，进关的路，不止一条。张学良决定，留下一个团继续佯攻山海关，剩下的五个团，来了一个金蝉脱壳，全都开赴九门口。只要攻下九门口，就等于越过了山海关。

九门口的战斗还未实施，奉军的两位将领却闹起了内乱。郭松龄和姜登选竟为了一个营长的任免干了起来。

阎宗周是炮营的营长，得罪了团长陈琛。陈琛找到姜登选给他上了点给力的"眼药"，阎宗周的营长就被一撸到底了。

阎宗周是郭松龄的人。郭松龄是陆大派，而姜登选是士官派，两个人平时就鸡争鹅斗（打架）的。阎宗周被免职，等于姜登选劈面给了郭松龄一耳光。

郭松龄不是郭窝囊，陈琛你敢撤了阎宗周的职，那我就撤你的职，让你也尝尝重当大头兵的滋味。

陈琛丢了团长。郭松龄让阎宗周重回炮营当营长去了。

姜登选心里完全是野火烧山了，他感觉郭松龄这是让自己下不来台，就给张学良打了个电话。张学良正愁如何攻打九门口，满肚子也都是烦恼的情绪，他就抄起电话，在电话里批评了郭松龄几句，郭松龄的脾气更大，他竟"啪"的一声摔了电话，随后领着五个团从阵地上撤了下来。

郭松龄的胆子也太肥了！他这样做，往轻了上说，是不听长官调遣，官职将被一撸到底；往重了说是临阵当逃兵，那是要被毙掉的。

郭松龄敢跟张学良这样闹，那绝对是有底气的。换了别人，早就被张学良送军事法庭吃枪子去了。

郭松龄能带兵，善打仗，他不仅是张学良最得力的左右手，而且还是张学良的拜把子大哥。

张作霖曾对这两个人的评价是：郭松龄与张学良（关系好得）共穿一条裤子都嫌肥。

张学良听说郭松龄要学李闯王手下的郝摇旗，他二话不说，领着一名卫兵，枪也未带，骑马一口气追出了十里地。

古有萧何月下追韩信，今有张学良前敌追老郭。

两个人一见面，抱头痛哭，郭松龄脾气再大，在张学良面前也没有脾气。

张学良告诉郭松龄："赶快跟我回去，如果你不回去，那就开枪打死我！"

郭松龄流着眼泪说："好兄弟，我虽然心里气不顺，但要死，也要死在阵前，我这就跟你走！"

郭松龄五个团的部队后撤，发生在夜间，并没有被直系的军队发觉，不然乱子可就闹大了。郭松龄真的没给张学良掉链子，他领着宋九龄旅的3个步兵团、1个山炮营，突袭冯玉荣镇守的九门口。

奉军攻打九门口这场仗之惨烈，可以说"龙战于野，其血玄黄。"其激烈的程度，可以说"身既死兮神以灵，子魂魄兮为鬼雄"，其猛烈的程度，绝对胜过北洋时期任何的一场战争。

双方部队从热兵器飞机、大炮、机关枪一直打到了冷兵器石头、木棍、偃月刀。

最终，郭松龄把冯玉荣打得弃关后撤，奉军占领了九门口。

直军九门口的守将、第13混成旅旅长冯玉荣在九门口失守后，自觉对不起彭寿莘，便对着自己的太阳穴开了一枪。

吴佩孚得知九门口失守的消息，当时就好像一个雷劈到了自己的头顶上。

吴佩孚拿起了电话，找到彭寿莘，他那暴跳如雷的声音，将彭寿莘吓了一跳："赶快组织兵力，将九门口立刻、马上给我夺回来！"

不管吴佩孚用雷神爷的声音，还是用火神爷的声音下命令。

九门口是夺不回来了。

奉军占据九门口之后，立刻挥师西进，攻下了直军关内的另一处军事要塞——石门寨。

秦皇岛距离石门寨仅仅二十公里，夜深人静的时候，秦皇岛的老百姓，甚至都能听到奉军的说话声。

秦皇岛已经在奉军的大炮威协之下了。

奉军的进攻节奏实在太过猛烈，让吴佩孚和彭寿莘有一种连连倒气的感觉。

吴佩孚在京城坐不住了，急忙坐火车来到山海关，亲自督战。他坚信自己是一个高明的棋手，虽然开局不利，但他还是有信心，有能力，在接下来的战争中，最后吃掉奉军的老帅张作霖。

始料未及的冯玉祥搞政变的消息，却让吴佩孚有一种炸雷一颗接着一颗轰到头上的感觉。

冯玉祥搞政变的最初目的是反对内战，不仅他反对内战，第15混成旅旅长兼大名镇守使孙岳、陆军第1师师长胡景翼也反对内战。这三个人因为共同的目标走到了一起，从而结成了一个反战的三角同盟。

手里拿杆枪，就是草头王，今天打老张，后天打老黄，仗要打败了，对着自己来一枪的日子，任何一个心怀正义的军人都过够了。

冯玉祥搞政变的节奏是这样的：

第一，冯玉祥在开战前找到曹锟，用非常关心的语气提醒曹大总统，现在部队开赴前线，京城空虚，总统的位置可有点不安全。曹锟被冯玉祥点拨明白了，急忙将孙岳的混成旅调往北京担负卫戍任务。就这样，孙岳就成了成了光荣的京城警备副司令。

替曹锟看门护院的人成了冯玉祥的同伙，曹锟的下场可想而知了。

第二，冯玉祥成为第三路军总司令后，命令自己的部队以"蜗牛"速度向怀柔地区开进。冯玉祥的第三军指挥部到达古北口时，张作霖的代表马炳南又来见冯玉祥。随后，就秘密地和奉军达成协议。奉军从赤峰打过来的部队，便在冯玉祥的眼皮子底下调往山海关方面。

最后，第二次直奉战争开打后，冯玉祥收到东线奉系取得了优势，直系无力回天的消息后，冯玉祥政变的行动，便展开了。

冯玉祥率领第22师回师京城，孙岳顶着夜色，鸟悄地打开城门，冯玉祥的部队一枪未发，便占领了北京所有重要部门。

曹锟和弟弟曹锐被冯玉祥的部下抓起来，监禁在中南海的延庆楼上。随后，冯玉祥发布安民布告："为国除暴，不避艰危，业经电请大总统明令惩儆，以谢国人；停战言和，用苏民困；聚国内之贤豪，商军国之大计；特下令班师，仍回原防，不特对于地方之秩序力予维持，而外人生命财产，更当特别保护。"

民众的财产需要保护，但冯玉祥的部队实在是缺少军饷。曹锐在直系的军阀里是搜刮巨资方法多、收获大的大佬，冯玉祥本想让他吐出一些，解决一下部队的开支。

冯玉祥派人去请曹锐，曹锐对来人"淡定"地说："我去内室，换件衣服，随后跟你们走！"

曹锐来到内室，根本不换衣服，而是狂嚼烟土，在延庆楼上自我了断了。

随后，冯玉祥命内阁总理颜惠庆，让他去找曹锟，并向曹锟宣读了内阁"哀的美敦书"似的决议：

1. 前敌停战。
2. 撤销讨逆军总司令等职衔。
3. 派吴佩孚督办青海垦务事宜。
4. 免去吴佩孚直鲁豫巡阅使及陆军第三师师长等职。

面对冯玉祥手下黑乎乎的枪口，曹锟只得在决议书上盖上了自己的大总统印章。

吴佩孚接到免职令，他将自己的前敌总指挥权交给张福来，然后拍了拍对方的肩膀，讲出的话用白话翻译一下就是："哥们儿，你替我顶住，我回京城跟冯玉祥拼命去！"

吴佩孚领着两个旅的士兵，在京津之间的杨村和冯玉祥的队伍一交手，马上发觉自己"常胜将军"的绰号已经过气了，他的人马被冯军揍得七零八落。这时有人劝冯玉祥放吴佩孚一条生路。于是，吴佩孚领着残兵败将两千余人，在塘沽登军舰南逃了。

吴佩孚后来曾任"十四省讨贼联军总司令"，但也是昙花一现，被崛起的北伐军送进了历史的回收站。

吴佩孚晚年寓居北平，面对日方的拉拢，始终不为所动，1939年12月4日，吴佩孚逝世于什锦花园胡同11号公馆，享年六十六岁，传为日本牙医下毒害死，吴佩孚出殡之时，北京城万人空巷，大家都争着送老帅走一程！……

直军大败，吴佩孚败走，冯玉祥还没到收场的时候，他又干了几件让东北的张作霖都"震惊"的事儿。

首先，冯玉祥认为，孙中山领导的国民革命运动，才是消灭军阀，结束内战的唯一的出路，他决议电请孙中山北上主持大计。孙先生随后拍来电报，电报上写明："拟即日北上，晤商一切"。

因为孙中山来北京需要时间，而且这时间还没法确定，故此，北京的乱摊子，就全砸在了冯玉祥一个人的身上。

如何应付当前的乱局？如何让政府的财政收支平衡？如何应对列强的挑战？

冯玉祥决定请段祺瑞出山。有道是老手旧胳膊，不会唱还不会哼嗦吗？在孙中山和段祺瑞来北京主政之前，暂且让黄郛组织内阁，处理政府过渡时期乱七八糟的一些事情。

冯玉祥的脑海里，这时又出现了驱赶溥仪的念头。

于是，1924年11月2日成立的黄郛内阁4日开会决议，修改清室优待条件，要逊帝溥仪即日迁出故宫。11月5日，冯玉祥手下鹿钟麟领人冲进皇宫，令逊帝溥仪三个小时内离开故宫。冯玉祥把溥仪从皇宫中彻底撵了出来！

张作霖这些日子满肚子都是火，一把火是明火，另一把则是暗火。

张作霖肚子里的明火是，奉军如果不跟直军血拼，冯玉祥纵有天大的本事，也没有北京政变的成功。政变成功后，冯玉祥却请段祺瑞和孙中山组织政府，反将张作霖撇到了一边。张作霖能不上火吗？

张作霖在第二次直奉大战中，又成了国内最大的"土豪"。奉军不仅消灭了直军的主力，而且占了京津等地盘。奉军缴获的武器弹药，军用物资，堆积如山。张作霖现在放眼群雄，真的没有能跟他掰手腕的对手了。

张作霖心里的暗火，却烧得他坐立不安，甚至连麻将牌都不摸了。

曹锟绰号曹三傻子，可是这傻子干的事，却让很多"聪明人"都只有膜拜的份儿。

曹锟在第二次直奉战争中，为了祸害张作霖，搞乱东北的经济，他竟命手下大肆印刷假东北三省流通券。这件案子虽然告破，主犯也已经被拘捕归案，但是根据主犯交代，曹锟印刷了一大笔假东北三省流通券，他们在东北花出去的，只是一小部分，剩下的一大部分，被曹锟藏到了什么地方？

最最可怕的是，印钱的模板，就是一颗定时炸弹，如果不找到印钱的模板，张作霖每天晚上保证一闭眼，绝对就得做和妖精掐架的噩梦。

40．曹锟玩假币战，最熟悉你的人才能伤你最深

想要搞清这件假币案的来龙去脉，还得从曹锟为何要造假币讲起。

张作霖打响了第二次直奉战争的第一枪，曹锟也只能咬着后槽牙应战。可是有一点，北洋政府现在缺钱，没有钱，烧饼都买不来，没有军费，这场仗基本没法打！

张作霖既然做初一，那么曹锟就做十五。既然奉军跟他单挑，曹锟决定在两个战场上应战，一个是真刀真枪的战场，另外一个就是金融战场。

曹锟首先打了一个秘密电话，将钱币局的崔局长叫到了总统府。

曹锟竟要玩阴谋，他要崔局长帮着自己造假币。造东北三省市面流通的假奉币，曹大总统的目的有一双：

第一，扰乱东北奉军的财政。

第二，通过套现，解决直系军队军费的问题。

可是曹锟一说想法，崔局长竟"啊"的一声，惊得站了起来，崔局长当时完全就是一副看到恐龙复活似的眼神。

曹锟官大一级压死人，崔局长不敢不答应，可造假币是个"害人"的活，直隶造币厂的厂长李孟飞是个"刺头"，估计他绝对不会答应。

崔局长来到了直隶造币厂，他找到李孟飞一说情况，这位李厂长的脑袋立刻摇成了货郎鼓。让造币厂造假币，绝对不行！

要问原因，答案很简单，不管是谁出来掌权，印制假币，都是死罪，李孟飞还想悄悄地多活两天，干这样悬得楞的事，还是免了吧！

崔局长见李孟飞油盐不进，大喝一声："将李孟飞给我抓起来！"

四名荷枪实弹的卫兵冲了进来，将李孟飞用绳子捆成了大粽子，然后将他关到了办公室中。造币厂的十多名技工，在总统府卫队黑洞洞的枪口下，一个个只得同意了印刷假币的命令。

北洋时代，虽然军阀割据，但是各省的造币权还是统一归北洋政府管辖。毕竟全国经济一盘棋，大方向不能乱。东北三省发行的货币，当时有两种，分别叫东三省官银号和东北银行钞票。

东三省官银号的钞票，又名一二大洋汇兑券，它的面值，是以奉天兴业银行发行的小洋票为基础，规定12角小洋兑大洋1元，故名曰"一二大洋汇兑券"，而东北银行钞票是一种10元钞。

民国十三年（1924年）春天，张作霖担心与吴佩孚直军再起战火，便遣派杨宇霆、彭相亭亲往北京，与北洋政府财政部印刷局交涉，以直奉随时可能再起战事为由，请求将东三省官银号"一二大洋汇兑券"，东北银行10元钞底版，交给彭相亭运回奉天自管。

一开始的时候，印刷局局长的脑袋摇得跟风扇一样，说什么也不肯答应，后来杨宇霆请出了大总统黎元洪说情，崔局长这才答应，将"一二大洋汇兑券"钞版用火漆加封后，由杨彭两人乘专列运回奉天，东北银行的10元钞票底版，仍留在印刷局的保险柜中睡大觉。

东北银行的10元钞票曹锟可不能动，兔子不吃窝边草的道理是地球人都知道，他要让造币厂的技工们，快马加鞭地刻出"一二大洋汇兑券"钞版。

一二大洋汇兑券采用的是凹版印刷，这种在钢板上刻模子的技术，在国内只有直隶造币厂的李厂长和四名技工会这种手艺。李厂长虽然是个刺头，但他也得每月准时将工资拿回家，他们家也是靠工资吃饭的。

人在矮檐下，李厂长也只能低头，他在直军枪口的威逼之下，领着几个技工连夜"咔咔"地挥动刻刀赶工，几天后，一二大洋汇兑券的印刷钢板，便被完美地复刻成功了。

一个星期之后，500万的一二大洋汇兑券便被印制了出来。如何将这笔假钱，运到东北三省花掉，这件艰巨的任务，就落在了天津警察厅长丰启智的肩膀上。

丰启智老奸巨猾，他才不会派手下去东北花掉这些伪钞，那样危险性也太大了。正巧，吉林商人缪登峰到天津警察局来营救他儿子。缪登峰的两个儿子，因为贩卖鸦片，被天津警察局关了起来。丰启智就以缪登峰的儿子为价码，威逼缪登峰同意和自己合作到东北销售假币。

缪登峰为救儿子，输了今生，也不要来世了。他携带200万假币，秘密潜往东北沈阳、长春、哈尔滨等地，开始销售和套现，一场扰乱东北金融市场的假币旋风，终于黄风怪出洞般地刮了起来。

由于伪币的大肆泛滥，东北地区物价那是翻着跟斗飞涨，张作霖下令严查。警探们经过侦查，缪登峰被东北的警察厅抓获了。缪登峰咬紧牙关，没有供出曹锟，而是诬陷制作伪钞的主谋，就是东三省官银号经理彭相亭。

贼咬一口入骨三分。

因为一二大洋汇兑券的底板，就在东三省官银号经理彭相亭手里保存，故此张作霖也认定彭相亭是这场假钞案的幕后元凶。

就在张作霖要将彭相亭拉往刑场枪毙的时刻，一封密信通过东三省官银号天津分号经理刘春轩，送到了张作霖的手中。

写信人是皖系的军阀曲同丰，曲同丰认识杨宇霆，因为皖系和直系互为仇敌，而奉系和直系又不想生活在一块蓝天之下，曲同丰就给杨宇霆透漏了一个内幕消息。

李厂长被曹锟逼着印制伪钞，实属无奈。为了留条后路，他就暗命那几名刻板的技工，在钞票背后做了手脚——香山图案下面的云彩卷上，有三条线条被人为刻短，其目的，是将真假币区别开来。

李厂长和曲同丰是好哥们，他不便出面，就将曹锟"造假币"的手令拍成了照片，让曲同丰将这个秘密情报，给东北的张作霖传了过去。

曹锟是假币背后的主谋？张作霖刚听到时真有点犯晕，当他看到照片，"兹奉大总统面谕：着将东三省官银号和东北银行钞票，迅即各印500万……事关机密，不得泄露……"上面还加盖了北洋政府关防大印，张作霖这才相信黑手竟是自己的好亲家曹锟。

张作霖的手下费劲巴力地查，只查到了200万伪钞，真没想到，老鼠拉木锨——还有更大的一笔伪钞藏在后面。

张作霖气得咬牙切齿，叫道："妈了个巴子，让弟兄们给我狠狠地打，老子要到北京当面找曹锟算总账去！"

张作霖的奉军还没等打到北京，冯玉祥就倒戈发动了"北京政变"。曹锟下台后，在天津当了寓公。整天闭门不出。

张作霖坐火车从东北急赤白脸（着急）地赶到了天津，跟他一起来的还有奉天军法处的处长许文桐。天津警察厅长杨以德亲自到火车站迎接张作霖，杨以德一见张作霖，他"啪"地一个立正说，报告大帅，我去了曹锟府中，询问剩下的300万假币的下落。可是，曹锟却说，你给我滚远远的！

曹锟竟要耍青皮、玩儿浑的！张作霖深知曹锟的性格，制造假币，那可是天大的丑闻，曹锟要是承认，他可真的是曹三傻子了。张作霖先爆了一句张氏粗口，接着对许文桐说，300万假钞，对于东北来说，那就是定时炸弹，即使挖地三尺，也一定要给我挖出来！

许文桐让人将囚在东北死牢中的缪登峰，押解到了天津，缪登峰终于想明白了，他现在的信条是，我不下地狱，谁爱下谁下，他为求活命，供出了天津警察局局长丰启智。

许文桐从丰启智的嘴里，又钓出了一条大鱼——曹德山。曹德山是曹锟的叔伯弟。他在天津经营益世发银行，绝对是个"暴发户"。曹德山全程参与了伪钞的制作与隐藏工作。从他的口里，张作霖这才知道了那300万伪钞，最初存于天津宫北大街热河省兴业银行，后又将假钞运进英租界，隐藏于某小白楼洋行的地窖里。

找到了假币以后，张作霖下令用最厉害的大招销毁。

天津警厅与英工部局交涉后，这些假钞运至直隶省造币厂"喊哩喀喳"全部予以打浆销毁。

随后，张作霖指令天津地方高等法庭，将销赃伪钞涉案人犯曹德山、缪登峰、马杏天、赵瑜冰、魏图紫等人，全部拉到海河边枪毙了。

张作霖本想惩治制造伪币的主谋者曹锟，终因北洋政府出面调停而作罢。民国年间的这起伪钞大案，就这样虎头蛇尾地草草收场了。

张作霖打下了发动东北伪钞案的蛀虫，现在终于腾出手来，处理第二次直奉战争后，重组政府以及具体的利益分配等问题。

打仗为的就是利益。没有利益，傻子才会打仗。

冯玉祥发动"北京政变"之前，曾经与张作霖达成一个协议，奉军不得入关。

冯玉祥确实是为了和平，避免军阀混战，才发动了这场政变。《北京导报》曾经盛赞，冯玉祥的这场政变，是中国历史上最为杰出的一场政变。

冯玉祥政变成功之后，他命黄郛临时组建了内阁，黄郛代理内阁总理并兼交通总长，王正廷为外交总长兼财政总长，王永江为内务总长，张耀曾为司法总长，王乃斌为农商总长，李书城为陆军总长……

冯玉祥、孙岳和胡景翼虽然号称政变铁三角，他们为了避嫌，都没有在内阁中担任任何职务。但为了照顾张作霖的心情，却让奉系的王永江和王乃斌分别担任了内务总长和农商总长。

张作霖调兵遣将和吴佩孚打仗，目标是更大的权力和利益，绝不是冯玉祥在政府中安排俩人就能满足的。

黄郛内阁，表面上是民主的内阁，但即使患有1200度近视的人也看得出来，背后还是冯玉祥说了算。

黄郛内阁成立后，首先直系的残余力量，立刻跳出来阴魂不散地发难，他们在南京组成了十省同盟，一起高喊着口号，虚假、赝品、水货的黄郛新内阁，我们不予承认。

冯玉祥听蝲蝲蛄（一种害虫）叫唤，他也得照样种黄豆。

黄郛内阁成立后，照例要干一件事，那就是设宴款待列强在京的外交使团。可是，他们根本不给黄郛面子，竟一个也没到场。

北洋政府成立内阁，首先要看国外列强的脸色，这就是当时的实际情况。

谁叫你的政府不团结，老百姓不支持，炮口也没有人家的粗？

黄郛是老鼠进风箱——两头受气，他的苦，又有谁知道。

张作霖的奉系打仗，等于辛苦种树；冯玉祥借机发动了政变，可比催肥开花，可是眼巴巴地盼着收果子的时候，那果子却要被国民党一股脑都装到篮子里去。张作霖心里极度不平衡，他的忍耐已经到了极点。

张作霖立即主持召开奉军高层秘密会议，他在会上说："告诉王永江和王乃斌，罢工、造反、起义、耍性格，咋玩都行，就是不许去上任！"

锦上添花不好做，釜底抽薪不用教。

冯玉祥既然要让黄郛组织一个"姥姥不亲，舅舅不爱"的内阁，那就榨油坊里耍大锤——让他自己练去吧。张作霖决定，趁着冯玉祥没缓过神的机会，干点实际的事儿。

首先，奉军以摧枯拉朽之势，开到天津"喊哩喀喳"地就把王承斌的第二十三师解除了武装。

王承斌在冯玉祥这次闹政变的时候出了大力，张作霖管你功臣不功臣，夺枪占地盘才是真金白银。他根本没给王承斌留一点儿面子，奉军将第二十三师缴械后的第二天，王成斌仓皇逃到英租界，再也不敢出来了。

奉军占据天津后，沿着津浦、京津两路，继续大踏步前进，跑马圈地，席卷关内。

冯玉祥一见张作霖拿"不出关"的协议当草纸，竟跟他玩儿秃噜扣（不靠谱）的事儿，心里的气"腾腾"地往上蹿。

看来让张作霖办事靠点谱，只有请段祺瑞出面发威了。要知道，段祺瑞虽然是个下岗的总理，但是统领"三界"的法力尚在，段祺瑞只要一发大招，张作霖不敢说听话，至少会暂时消停点儿。

段祺瑞下野之后，一直住在天津日租界的宫岛街段公馆。张作霖来天津之前，他就给冯玉祥拍了一个电报，电报中他提出了一个建议，我们应该和张作霖抱团取暖，共同召开一个天津会议。

冯玉祥拒绝了这个建议，回电说，会议还是等孙中山先生到了再开吧！

冯玉祥的心里底线是，孙先生不到不开会。

孙中山既然是新政府的首脑人物，他不来北京，开天津会议有意思吗？

段祺瑞觉得必须立即召开天津会议。

段祺瑞搞政治斗争这么多年，他受过的伤，比诸葛亮草船借箭船头上立着的草人还要多，他得到的政治经验，就是将说书人的祖师爷周庄王请出来，让他连说十天十夜也讲不完。

段祺瑞在官场上起落沉浮的经验告诉他，如果不能在孙中山来北京主持大局之前，将总理的权力牢牢地抓在手里，那么等着他的政治局面，还是前几次府院之争的翻版。

要论打仗，段祺瑞比不上冯玉祥，可是若论玩心眼，冯玉祥比段祺瑞就差远了。

张作霖来到天津后，他第一件事儿，是派人去天津十八街的桂发祥买来糕点，然后带着礼物，坐车到日租界，拜会段祺瑞。

利益，让张段二人的四只大手，又重新握到了一起。这两个曾经你死我活的老对手，经过密谋，在如何对付冯玉祥的问题上，最终达成了"法门不入六耳"的秘密协议。

段祺瑞找来亲信罗开榜，让他去北京，催促冯玉祥，告诉他，张作霖就在天津，如果不抓紧时间开会，说不定人家神一样的飘过，到时候想开会，那就是只能等"明天的明天了"。

现在张作霖和段祺合伙挖好陷阱，嘿嘿冷笑着，躲在暗处，就等冯玉祥的到来。

冯玉祥来到了天津，便急匆匆地到日租界见段祺瑞，并向段祺瑞请教该如何应付张作霖的"蚕食"问题。

段祺瑞回答的要点，经过浓缩和提纯，就是下面的几句：张作霖的蚕食是问题吗？比这个严重的问题多了去了。闭上眼睛就没有悬崖，很多难点其实就是自己的心态出了问题。

段祺瑞几经沉浮起落，曾经狂野的一颗心，锻炼得比合金钢都坚韧十倍。他虽然说了很多车轱辘话，但最精辟的一句就是，想和平，那就得忍着。

冯玉祥的实力不如张作霖，他不忍着又能怎样？

段祺瑞告诉冯玉祥，张作霖占了天津，他总不能再去占北京吧。要知道，奉军在倒曹、吴的过程中，那是将吃奶的力气都使出来了，冯玉祥如果不让张作霖多占一点地盘，恐怕说不过去。

段祺瑞打了冯玉祥一巴掌，随后便给他塞过去了一把甜枣。

冯玉祥这些年过得都是苦日子，前一段时间，被吴佩孚"剥削"得连棉衣都穿不上了，为啥好人总是被欺负，还不是因为没有自己地盘的吗。

段祺瑞允诺，他上台后，冯玉祥可为西北巡阅使，热河、绥远和察哈尔等广大地区，都是你的一亩三分地了。冯玉祥你不是愿意带兵吗，我让你的军队扩编为6个师3个旅。

41．国家处在十字路口，走错一步就全都是眼泪

1924年11月12日，张作霖、冯玉祥、段祺瑞等人云集日租界的段宅，并在此召开了"天津会议"。

会议做出了以下决定：

第一，冯玉祥既然对孙中山发出邀请，那就等他来京再议，是否依照"民意"，该由他来主政。段老"德高望重"可为"临时执政"，先到北京主持"柴米油盐"的日常工作。

张段二人一唱一和，以迫使冯玉祥变相放弃了一定要请孙中山主政的要求。

第二，冯玉祥想通过选举来决定内阁成员，被张段二人以唱双簧的形式给否定了。张作霖的意思是，请相信段老组织内阁的经验，这事还是让内行干吧，我们俩加在一起，也没有他一个人法力高强。

第三，对直系的残余势力不必赶尽杀绝。

第四，奉冯划界问题是天津会议的焦点。为了防止张作霖和冯玉祥撕破脸儿，段祺瑞做起了和事佬，他提出了四点解决方案：奉军从京浦路至德州为止；不许对东南用兵；对吴佩孚准其和平下野；召开全国政治会议，讨论善后问题。

好听的话谁都会说。张作霖是吃战争饭的大帅，不让他打仗，那岂不是等于要他的命。

段祺瑞确实是此中高手，他不仅能准确把握政治脉搏，而且对张冯二人的心思猜得也非常透。他为了成全张作霖和冯玉祥抢地盘的心愿，又做出了下面的约定：卢永祥率张宗昌、吴光新进攻江苏——记住，只许打江苏，不许进浙江。

冯玉祥的国民军扫荡河南，但却要远离湖北，要是进攻湖北，老段都跟你没完。

会议结束，段祺瑞招呼大家合个影。

在这张天津会议留下的老照片上，从左到右一共有8个人，他们分别是：梁鸿志、冯玉祥、张作霖、段祺瑞、卢永祥、杨宇霆、张树元。在（张作霖和段祺瑞身后）站立者吴光新。

照相的8个人，全都是苦大仇深的面孔，一个个脸阴得好像要下雨。

张作霖、段祺瑞明显坐得有些"猥琐"地紧靠。张作霖和冯玉祥中间，却有一段距离的"隔阂"。

天津会议，是国家的政体处于十字路口的一次短暂的"安全岛碰头会"，本来国家还有走上民主和共和的机会，可是这次机会，还是在个人私利的暗礁前搁浅了。

天津会议结束，已经赚得钵满盆平的张作霖决定，在天津最好的饭店设宴，和冯玉祥交流一下感情。这次饭局是张作霖近距离、全面了解冯玉祥的绝好机会。

张作霖正要动身去饭店，他的副官杨毓珣跑进来，叫道："大帅不好了，李景林和张宗昌要干掉冯玉祥！"

既生瑜、何生亮。冯玉祥一旦成为西北巡阅使，就将成为奉系日后统一全国的最大威胁。

当下属的，就要为领导办事。领导吩咐过的要办，领导心里想的，没有说出来的也要替领导抢着办。

李景林和张宗昌替领导办事，那是绝对有拼命三郎的潜质的。

可是他们却完全将张作霖的心给想偏了。

稍微有些头脑的政治人物，都应该明白一个道理，搞暗杀解决不了实际问题。

冯玉祥只是国民军的一个代表，即使暗杀成功，孙岳和胡景翼领着国民军，哪能不为冯玉祥报仇，到时候，又将是一场谁都不愿意面对的大战。

李景林和张宗昌被张作霖狠狠地呲了一顿，暗杀冯玉祥的行动"咔嚓"一声夭折。

同样的恶性事件，在不久后的京城中，也发生了一次。

张作霖应冯玉祥之邀请，到北京磋商善后问题。

根据李宗仁先生回忆："直系倒台后，张、冯二人的政治立场又直接冲突，无法协调，善后商谈，自然没有结果。因而在欢宴张作霖之夜，玉祥曾约其股肱胡景翼和孙岳密议，终无善策可循"。

有人主张杀掉张作霖，彻底解决问题。

冯玉祥的主张是不杀张作霖。杀了张作霖，国民军也没有好日子过。

李宗仁先生回忆当时的情形："无奈胡、孙坚持，以为时机稍纵即逝，不可畏首畏尾。辩论到最后，胡景翼竟代书手令，逼玉祥签字。冯氏拒不握笔。胡、孙二人，一执手令，一执毛笔，和冯玉祥在中南海居仁堂中往返追逐，作团团转，直如演戏一般。三人争辩彻夜，玉祥卒未下令，张作霖才能于翌日平安离京"。

当将军的可以看到眼前，但大帅却要统观全局。

张作霖和冯玉祥都曾经面对过一个是否要干掉对方的考题，但面对历史这位考官，他们的答案全都及格。

故此，张冯二人也就成了继吴佩孚之后的国内实力最强的双雄。这绝对是名至实归，而绝非是一件天上掉馅饼的事儿。

除了张冯二人，当时最受民众支持的是孙中山先生。

冯玉祥等发动北京政变，推倒了直系控制的北洋政府后，冯玉祥、段祺瑞、张作霖等人多次致电请孙先生北上主政，共议国事。

孙中山最后将北上的日期定于1924年11月13日。

孙中山来京之前，发表了《北上宣言》："国民革命之目的，在造成独立自由之国家，以拥护国家及民众之利益。此种目的，与帝国主义欲使中国永为其殖民地者，决不能相容，故辛亥之役，吾人虽能推倒满洲政府，曾不须臾，帝国主义者已勾结军阀，以与国民革命为敌……北伐之目的，不仅在推倒军阀，尤在推倒军阀所赖生存之帝国主义。"

孙先生不仅要推翻军阀，而且还要推翻帝国主义。这主张绝对是好的，想要实现，确实有很长的一段路要走！

11月13日。孙中山偕夫人宋庆龄等乘"永丰"舰启程北上。

下面就是孙先生的北上路线图：

11月13日上午，即离开广州之前，首先视察了黄埔军校。此时的黄埔军校的校长，就是很快在历史舞台上变成主角的蒋介石。孙中山参观完黄埔军校后，接着由广州坐船到香港。

11月14日：由香港起航赴上海。接下来，孙先生由上海启程去日本、再回天津。

1924年12月31日，孙先生带病到达北京。本来从广州坐船到天津，也就几天的时间，可是孙先生前后一共走了一个月零17天。

广州到北京的距离为2300公里。如果一个人一天步行100里路，49天也能从广州走到北京了。

孙中山先生为什么走这样长的时间？

黄埔军校校长蒋介石

首先，孙先生身体确实患有重病。

其次，孙中山访日的目的是：在废除不平等条约的基础上，谋求建立中日俄三国联盟为基础的"东方同盟"；同时，也是想获得日本的支持，以增强与皖、奉军阀谈判的地位。但孙先生一颗火盆似的心，却遭到了日本政客的冷遇。

最后，一定要弄清张、段、冯三个人在北京做出的"包子"里的馅，下的是什么料，如果里面下了"八步断肠散"，孙先生轻易地吃下去，那是有生命危险的。

段祺瑞之所以急三火四地召开天津会议，就是想趁着孙中山未到北京，抢先将政权抓到手里。

段祺瑞玩弄政治绝对是超一流高手，他这次去北京组织政府，不管有没有张作霖和冯玉祥给他撑腰，对外也不能称"总理"或者"大总统"，究竟对外如何称呼，还真一下子将段祺瑞难住了。

世上无难事，只怕有心人。

众人拾柴火焰高。还是章士钊聪明，他为段祺瑞想了一个"临时执政"名义，暂时代行一段时间国家元首的权力。

段祺瑞大权在手后，便在就职宣言中，发表如下治国理念：本执政誓当巩固共和，导扬民智，内谋更新，外崇国信……

巩固共和，导扬民智，内谋更新，这三句没有毛病。

有毛病的是"外崇国信"。

"外崇国信"如果用白话文解释一下就是：各位洋大人你们听仔细，你们强加给我们的条约都是合理的，别听这个嚷嚷，那个喊的，老段我树根不动，他们树梢是白摇晃……

段祺瑞这次当的"临时执政"其实就是"临时大总统"。他当的是张作霖和冯玉祥的官，就想在内阁中给冯奉两系的人员多留些位置，可是冯奉两系的人，就像商量好的一样，躲躲闪闪，谁也不肯入阁。

段祺瑞也来气了，你们不识抬举，那就别怪我不搭理你们了。那些梦想着祖坟上冒青烟，能够入阁当官的比赶庙会去大集的人还多。

当官是有瘾的，因为权力对某些人来说，绝对是纸醉金迷的日子，不会不心动。

段祺瑞就职的第二天，一份以皖系和安福系为班底的内阁名单出炉了。段祺瑞不仅身兼临时执政，内阁总理也由他担当。

段氏内阁的成员由下：唐绍仪、龚心湛、李思浩、吴光新、林建章、章士钊、王九龄、杨庶堪、叶恭绰为阁员，梁鸿志为秘书长。段氏内阁中，除了唐绍仪和杨庶堪为西南派的外人，其余的人，都和段祺瑞穿一条裤子。

段祺瑞因为力主"外崇国信"受到了"洋大人"的追捧。反观力主废掉与列强签订卖国条约的孙中山，却遭到了西方各国的冷遇。

1924年12月4日，孙中山由日本坐船来到天津，列强对他的"关照"便海河水似的涌了过来。

英国人办的《字林西报》，首先对孙中山进行诋毁和攻击，接着国民党的天津党部，遭到了英租界当局的搜查。

法租界当局也不甘寂寞，除宣布孙中山不得在其租界内进行政治活动外，法国领事还来了一个有言在先，不许在你在租界内发表演讲，即使普通的演讲都不成。

抵达天津当晚，孙中山入住张园。此时的孙中山已经是重病缠身，肝区剧烈疼痛。高烧40多摄氏度，但孙中山强忍病痛，还是礼节性地去曹家花园见了一下张作霖。

张作霖当时态度冷淡，说："我是粗人，坦白言之，我是捧人的，我今天能捧姓段的，就可以捧姓孙的，惟我只反对共产，如果共产实行，虽流血所不辞。"

第二天，张作霖去张园回访，他表达了自己支持孙中山主政，但却不支持孙中山联共联俄的主张。他说："希望孙中山放弃此政策！"

孙先生想的是国家民族，而张作霖想的是自己的一亩三分地，境界的差别，让张作霖始终无法走近孙中山，更不可能理解孙中山。

1924年12月31日，孙中山先生抱病赴京，受到北京各界三万余人的热烈欢迎。

面对由车站一直排到城门侧的欢迎队伍和比过年还要热烈的场面，张作霖一时间也看得呆了。

他想不明白，为何孙中山会受到"神"一样的欢迎？

三民主义真的有那么好？他真的想不明白，但随即一股寒流涌遍了全身，看来他真要防着三民主义在东北泛滥！

虽然从民众欢迎孙先生的人数上，可以看出人心所向，但在历史的某一个寒冬腊月的时期，军阀手中的枪杆子，还是能让民众的诉求，正义的呼声暂时无法发出来。孙先生的既定国策，因为没有军队的支持，很明显无法战胜段祺瑞"卖国"的主张。

段祺瑞"粉墨登场"后，临时执政和总理的大权独揽，让冯玉祥感到非常尴尬。冯玉祥本来想请孙中山主政，但事实是他已经无法向孙中山等人交代。于是，冯玉祥辞职不干了，避入京西模式口的天台山暂时当起了隐士。很显然，冯玉祥是聪明的、也是无奈的，他虽然握有枪杆子，但实力却没有张作霖雄厚，面对段张联合压迫，他不得不"急流勇退"……

冯玉祥当了"逃兵"。

孙中山先生也随后病倒了。

1925年1月26日，孙中山先生被确诊为肝癌，并在协和医院接受手术。2月18日，孙中山先生移至行馆接受中医治疗，可是天妒英才，1925年3月12日孙先生病逝于铁狮子胡同行馆。

孙先生逝世，举国上下，悲声一片。但对于段祺瑞来说，终于没有人和他抢"临时执政"的宝座了。

孙中山和张作霖的合作，堪称是一场失败的合作。远远地望着，两个人都仿佛把手伸向了对方，可是他们脚下的路南辕北辙，最后伸出的四只手，只能越来越远，根本就没有握在一起的可能。

在孙中山病重期间，张作霖派东三省保安司令部秘书长郑谦代表他前来探望。虽然孙中山的三民主义是利他主义，而张作霖的实用主义是利己主义，但在1924那一年，国内最得民心的政治家孙中山、国内最有权势的军阀张作霖，他们两个人，也曾经有互相关心，互相抱团取暖的打算，但最终还是很遗憾地擦肩而过……

孙先生病逝后，段祺瑞做出了一个决定，那就是善后会议暂时休会，用以表达对孙先生的悼念之情。

虽然段祺瑞在善后会议结束后，忙得好像是八只手的"章鱼"，治政、整军、改税、增加教育经费以及查禁鸦片等等，干了一些实事，但北京政府依附帝国主义的事实却无法改变，国民党人与段祺瑞彻底闹翻。1924年5月23日，国民党发表宣言：要继续遵循孙大元帅遗训，挞伐军阀，以竟革命全功。

段祺瑞的善后会议，根本就没有解决善后的问题，反而却弄出了更大的乱子。

冯玉祥现在成了西北边防督办，而张作霖成了东北边防督办。

张作霖和段祺瑞的胜利，可以看作是日本在中国政治渗透的一个高峰。

日本政府支持张作霖，保证东北不乱，可以使他们在东北窃取更大的利益。而段祺瑞的胜利，也对日本政府在华政策有莫大的裨益。

42．郭松龄反奉，没有雨伞的孩子必须努力奔跑

冯玉祥回了张家口，而张作霖现在很忙。

张作霖正在召集奉系的大将们开会。

这次会议，是一次统一思想的大会，更是统一行动的大会。

奉军取得了第二次直奉战争的胜利后，军队中始终有两个不同的高音，各

自在唱各自的调子。

其一，以杨宇霆为首的主战派，要以武力统一全国，让张作霖过一把"皇帝"瘾。

其二，以郭松龄为首的主和派，主张退回关外，和平发展才是根本，别的都是扯犊子。

是和是战，张作霖最后拍了板，东北暂时先不回去了，现在最重要的，就是先抢地盘；接着，团结一切可以团结的力量，包括吴佩孚，一起来收拾我们未来最大的潜在敌人冯玉祥！

张作霖的手下，现在最有实力的就是郭松龄。

郭松龄有张少帅做后盾，手下的队伍已经扩编为6个步兵师，外加一个骑兵师，总兵力多达十几万人。京津大部分地区都被郭松龄牢牢地抓在了手里。

李景林手下有12个旅，人数超过六万，也成了暴发户。直隶地区成了他的菜园子。接下来，张宗昌占了山东，成为山东督办，杨宇霆成为江苏军务督办，姜登选成了安徽督办……皖系的地盘，几乎都进了张作霖的褡裢，段祺瑞瞧着张作霖，现在只剩下干瞪眼的份了。

第二次直奉战争中立功最大的是郭松龄，可是偏心眼的张作霖却没有给他一个位子。

张作霖不给郭松龄位置，但没人敢保证郭松龄以后不会自己抢位置。

郭松龄不受张作霖待见的原因很简单，他有一个直来直去的性格。故此，张作霖喜欢谁也不会喜欢他。

根据当时任奉军第45团团长何柱国回忆，张作霖曾经想让郭松龄去接管安

郭松龄

徽，姜登选去接江苏，可是因为杨宇霆伸手要官，江苏就归了杨宇霆，安徽就归了姜登选。喜欢起来直去的郭松龄就没有位置了。

杨宇霆、姜登选守土不利，被孙传芳给打回了奉天，郭松龄曾气愤地对张学良抱怨："东北的事都叫杨宇霆这帮人给弄坏了，安徽、江苏失败，断送了3个师的兵力，现在杨宇霆又缠着老帅，让咱们去打地盘子，这个炮头我不再充当了。要把东北事情办好，只有把杨宇霆这帮成事不足败事有余的家伙赶走，请少帅来当家。"

郭松龄的反心，换个小孩子都听得出来，但张学良只当他讲的是气话，并没往心里去。

张学良和郭松龄确实对撇子，他曾经这样说："我就是郭松龄，郭松龄就是我。"张学良也许永远都不会相信，一个影子会造身体的反。

对郭松龄没得到督军的职位，张作霖当时给出的解释是："将来我的位子就是小六子的，小六子掌了大权，你郭松龄还怕没有位子吗？"

张作霖虽然没给郭松龄位子，但武器装备和好政策，都向郭松龄倾斜。郭松龄的麾下，枪是好的，炮是新的，兵都是素质高、身体条件优良的。

可是郭松龄却感觉和张作霖尿不到一个壶里。

郭松龄祖籍山西，出生于沈阳市东陵区深井子镇赵家铺村。早在1910年，思想要求进步的郭松龄，就成为新军同盟会的一员干将。

同盟会的纲领就是三民主义。军阀们拿混战当吃家常便饭，天下的老百姓，比泡在黄连水里还要苦。郭松龄真的不想为张作霖一个人打仗，故此，这仗是越打越郁闷。

郭松龄的心很烦躁，张作霖的心却很狂暴。

有枪就是草头王，张作霖拿地盘拿得手都发软。可日本政府却对张作霖派兵深入南方的政策，始终也不感冒。在他们看来，张作霖有可能统一全国，但更大的可能是，他捅了战争的马蜂窝，被关内的军阀打回东北。一旦关外出现战争，日本在东三省的利益必将遭受严重损失。

现在的张作霖有日本政府的支持，他要去南方的枣树上打几杆子，没有日方的支持，他也要去南方的地界上插上几脚。

他已经有那份实力了。

此时奉系军队的人数，又创造了新高，共拥有陆海空军将士37万人。别说是37万人，就是37万只蚂蚁，都能将一头大象啃得精光了。

穷在闹市无人问，富在深山有远亲。谁都希望家大业大，骡马成群，但张作霖也有家大业大的难处。

奉军一个士兵每月需要两块大洋军饷，一年下来，奉军至少也得500万大洋才够发。再加上武器、弹药、军装和各类军资的消耗，那绝对是"不算不知道，一算吓一跳"的天文数字。

这些正常的军费开支只能算"毛毛雨"，真正的大花费是打仗。一旦打仗，那军费将成倍的暴涨，但张作霖还是天不怕地不怕地连着打了几场仗。

战争是凶器，乃不得已而为之。

打仗就是打钱。奉军的军费来源于四个地方。

其一，去敌人的手里去抢，用敌人的武器、军资来武装自己。

其二，给东北和中原等地区加税。苛捐杂税压得老百姓几乎喘不过气来，最后让很多穷人连上吊的绳子都买不起了。

其三，连番找日本政府借贷。仅1925年，张作霖就从日方借款1400万元。这是饮鸩止渴的节奏，张作霖几乎将东北都押给了日本人。

其四，滥发货币，支持战争。那些树叶子一样不值钱的纸币，引起了东北等地区严重的通货膨胀，让东北等地区的经济，始终处于即将崩溃的状态。

奉军连年打仗，东北地区的财政就好像掉了轱辘的破车，推都推不动了。张作霖兜里没钱，外表大款，且不断派人去南方拿地。很快，他这种捞过界的行为，便遭到了南方实力派孙传芳的严重不满。

孙传芳是铁杆直系。张作霖奉系一家独大，将曹锟彻底干成"植物人"后，孙传芳表面上对奉系张作霖毕恭毕敬，其实他心里想得是如何将张作霖剁成饺子馅，然后做成人肉包子卖掉。

孙传芳号称"东南王"，这个的名头可不是白叫的，他是直系后期最具实力大军阀。1923年初，孙传芳率部入闽，在福建的二十四混成旅旅长王永泉未抵抗之下，顺利进驻福建。3月，孙传芳成为福建军务督理。1924年9月，他又出兵援助齐燮元，合伙欺负皖系卢永祥，占据浙江，终于成为了"东南王"。

张作霖让杨宇霆当了江苏军务督办，让姜登选当了安徽军务督办，江苏和安徽全都靠近浙江，这就等于张作霖在孙传芳的枕头边上，安了两颗定时炸弹，孙传芳现在吃饭、睡觉都心神不定。

孙传芳作为东南王，很清楚，不让奉军来抢自己的地盘，办法只有一个，那就是斩断奉军伸到南方的"两只手"。

孙传芳在表面上取得了冯玉祥和吴佩孚的支持后，1925年10月，他以"国庆阅兵"为名，暗中调兵遣将，兵力到位后，孙传芳出敌不意，开始对奉军下了死手。

杨宇霆和姜登选都很能打，但那是在直奉的战场上。

他们两个初到江苏和安徽两个陌生的省份，就好像两棵无根的树苗，刚刚被栽种在地上，哪有什么抗击风雨的能力？孙传芳轻轻一提，就将杨姜二人从地上拔起，他们俩真是黑灯瞎火遇到鬼——要多狼狈，有多狼狈地便被孙传芳从江苏和安徽两省撵了出来。

张作霖还没等检讨一下，自己是否犯了手伸太长的错误，孙传芳的兵一路高歌，鸣枪放炮，直奔山东的地界。

打还是不打？山东督办张宗昌急忙将电报拍到奉天。张作霖很快复电，打，一定要狠狠地打，打出奉军的威风！

张作霖为了干掉孙传芳，任命张宗昌为江苏善后督办，施从滨为安徽善后督办，两路出兵，成蟹钳的形状，钳夹孙传芳，一定要让孙传芳知道奉军的厉害。

孙传芳为了瓦解张宗昌和施从滨的"双钳猛夹"，他就写了一封劝降信，并派密使给施从滨偷偷地送了过去。施从滨是第二军的军长。他跟着张作霖混得不错，干啥要背叛张大帅？

施从滨"忠于奉天"，给孙传芳来了一个烧鸡大窝脖。

浙奉大战，很快就在蚌埠地区展开了。战斗一开始，便进入到了白恶化的状态，施从滨虽然乘坐铁甲车督阵，但还是一击而破，施从滨在固镇以南成了孙传芳的俘虏。

施从滨虽然被抓，但他心里还是有一些底气的，因为在北洋时代，军阀们打仗有一个潜规则，那就是不杀俘虏，更何况他还是一个军长级的俘虏。

施从滨被押解至蚌埠，孙传芳决定立即处决。

施从滨被孙传芳的手下，押到蚌埠站南边的旷野执行斩决。

孙传芳玩儿大了。

做人留一线，日后好想见。

打仗似牌局，只计输赢，不算生死！

孙传芳杀了施从滨，施从滨的女儿施剑翘做出了一个重大的决定——为父报仇，最终卧薪尝胆的施剑翘在天津的居士林禅院，用手枪给下野的孙传芳的生命画上了句号，这就是民国年间著名的孙传芳遇刺案。

孙传芳一路杀人占地盘，他是要干大的，干一件让国人都震惊的大事。不久之后，孙传芳在南京开会，宣布成立苏、浙、皖、赣和闽五省联军，他自任总司令。

张作霖连丢三省，这说明他的竞争对手太强，如果他再捞过界，东北张氏的旗舰店都有可能不保。

张作霖绝对是能屈能伸的典型。既然孙传芳风头太硬，那就要和平不要战争。1925年11月16日，张作霖和冯玉祥在天津签订八项"和平公约"。奉军将吃到嘴里的保定等地区，又吐出来给了冯玉祥。可是，张作霖的土地换和平的协定没签几天，一个炸雷似的消息传到了奉天，郭松龄竟造反了。

郭松龄造反，说也突然，其实也不突然，这本来就是一件瓜熟蒂落的事儿。

郭松龄造反，这是他和张作霖积怨的必然结果，在这从质变到量变的过程中，还有一个重要的导火索。1925年10月，一个美差落到郭松龄的头上，张学良帮他争取到了一个率领手下，坐船到日本，观摩秋操的机会。

张学良是一片赤诚之心，让郭松龄出国，观摩一下外军演练，取长补短，有益于奉军的进步和发展。另外，公务之余还可以去北海道层云峡，观赏一下火红的枫叶，这本是一件大好事。

可是好事，也能变成坏事。

一个日本国参谋部的官员，竟鬼头鬼脑地地找到郭松龄，问他可是张作霖派来的谈判代表，郭松龄觉得这里面有事，就云山雾罩地一顿忽悠，竟从日本高官的口里，套出张作霖准备在东北落实臭名昭彰的《二十一条》，然后换取日方的军火，用以进攻冯玉祥国民军的消息。

早在1924年12月12日，冯玉祥就通电取消了国民军的称呼。国民军容易让人想起北京政变。国民军现在改名叫西北军，但也有一些怀旧的人还叫西北军为国民军。

冯玉祥的官职是西北边防督办，他手下的西北军从表面上看，只有三个军的番号，但包子有肉不在摺上，西北军差不多有18万人，在北方除了张作霖，闷头发大财的冯玉祥坐上了第二把交椅。

冯玉祥的进步倾向，早受到了李大钊的关注，经过李大钊等人的牵针引线，苏联驻华大使与冯玉祥结识。1925年10月，苏联顾问来到张家口，他们开始帮冯玉祥训练军队，共产党人刘伯坚也成了西北军的政治部的部长。

不好了，冯玉祥已经被"赤化"了。军阀们的队伍里，可以包容一个坏人，但却不能容忍一个好人。"赤化"的冯玉祥很危险，对付异端，西方的宗教裁判所，早就给出了一条路——消灭。

一场直奉晋军阀联合讨冯的计划正在拟定，直奉晋对西北军的包围圈已经形成。

郭松龄结束日本观操回到了国内，因为不想继续为张作霖当"炮手"，便在天津的意大利医院歇着了（休息）。

郭松龄住院休息的时候，张作霖算计着如何从冯玉祥背后插两刀，冯玉祥也在算计着如何收拾张作霖。

冯玉祥觉得郭松龄应该和自己有共同语言，他派代表去见郭松龄。经过一番运作郭松龄上了冯玉祥的反奉"战车"，并且冲在了最前面。

郭松龄、冯玉祥和李景林约定，冯玉祥据西北，直隶、热河归李景林，郭管辖东三省，冯、李共同支持郭松龄反奉。

郭松龄反奉，不能不提一个女人——韩淑秀。

韩淑秀可称为奉天的一奇女子，1912年，她与郭松龄结婚，两个人可谓夫唱妇随，郭松龄上前线打仗，她为丈夫绣战袍，郭松龄反奉，她为自己的丈夫捧战刀。

郭松龄造反想要成功，首先要人和心、马和套。1925年11月19日，郭松龄在天津国民饭店，将亲信旅长刘伟、范浦江、霁云、刘振东等人秘密召集到一起，举行了一次小范围的紧急会议。

43．兄弟情永不谢幕，而放手也是爱的一种方式

郭松龄要反对张作霖、杨宇霆，一个人绝对不成，他首先需要得到郭家班核心成员的支持，然后率领一个军事团队，大家一起反奉。

这几位旅长听罢郭松龄为他们勾画出的造反蓝图，辉煌的前景，立刻撸胳膊，挽袖子，实心实意的要跟郭松龄造反了。

郭松龄造反的核心班底组建成功后，第二天，他以军团长张学良的名义下令部队撤退到滦州。11月21日，郭松龄在滦州车站，召开大约有百名高级军官出席的会议。

在会上，郭松龄陈述完造反的必需性和紧迫性后，便对支持造反和反对反

奉的军官们，拿出了两个分别对待的方案：

第一，不支持反奉的军官，可以移兵去边疆开垦，不参与国内战争。

第二，支持武力反奉的军官，大家合力统一东三省。

郭松龄请与会者选择签名，何去何从各从己愿。

与会军官多数迫于形势，纷纷在第二个方案上艰难、犹豫地签了字。第五师师长赵恩臻、第七师师长高维岳、第十师师长齐恩铭、第十二师师长裴春生等30多人犹豫不决，有的人还表示了反对。郭松龄立刻将这些人全都软禁了起来，押送天津，让李景林将他们一个个严加看管，准备等战争胜利，再让他们到边境开荒种地去！

郭松龄曾经这样说："我这样行动等于造反，将来成功自然无问题，倘不幸失败，我唯有一死而已。"同在会场的韩淑秀应声道："军长若死，我也不活！"

郭松龄反奉的理由一抓一大把，但最能博取人们同情的，就是张作霖准备落实《二十一条》。

张作霖也不傻，让他在东北落实袁世凯签订的《二十一条》，老百姓不答应这一点张作霖非常清楚。老百姓不答应的事儿，张作霖如何应对？

车维汉教授在2000年出版的《奉系对外关系》一书中指出："在日本政府强迫中国接受'二十一条'前后，张作霖确对'二十一条'进行了抵制！……"

张作霖崛起之时，日本的势力在东北已经客观存在，张作霖无力和日本关东军正面抗衡，他能做的却有两点：

其一，表面上讨好日本政府，目的是铺平自己进军"东北王"的道路。

其二，暗地里抵制《二十一条》。如果张作霖承认了《二十一条》，将处处受治，他就是一个傀儡。以张作霖的性格，他不想当傀儡，也不能当傀儡。

换句很不受待见的话来说，张作霖即使不为东北老百姓考虑，他也要为自己的"江山"考虑，他也得抵制《二十一条》。

王海晨教授在题为《张作霖抵抗日本的主张与实践》一文中说：自"二十一条"签订以来，每遇危机，日本即"尝胁作霖履约"，张非但不应，而且常颁布一些土办法，比如"急饬地方官民不得以房地外赁，违者处以重辟"来应对。这对一个地方军阀来说，是难能可贵的。有人说，恰因张作霖如此严令，"日人屡以商租房地向民间尝试，终无一人应者"，"终使二十一条等于废纸矣"。此言未免言过其实。不过在此期间日本政府要兑现"二十一条"的要求，经常在张作霖所辖范围内被限制，处处受阻隔，确属事实。

日本政府有张良计，张作霖有过墙梯。根据"二十一条"，日本有在东北经商的自由，但张作霖定了一个规矩，东北的老百姓，也有不租给日本人房子和土地的"自由"。

没房子没地，日本人你就蹲露天地做生意吧。

台湾学者认为，张作霖作为北洋政府的末代元首却遭日本人暗杀，可证其对外强硬，不肯丧失主权，致见恶于彼族，此乃真正爱国之表现，盖棺可以论定矣……终其治奉之日，未闻其向日俄缔结任何丧权辱国之密约，此可见其交邻有道之一斑……

张作霖欲承认《二十一条》，只是他忽悠日本人的一个手段而已，郭松龄拿这个做文章，确实有些"霸道"了一点。

郭松龄公开反奉，他在倒张伐杨的通电上这样写道：

此次奉军主战者，惟一杨宇霆，因个人丧地之羞，不惜倒行逆流施以求报复。松龄等为国家之元气计，为东三省之安全计，请愿倡导和平，班师出关，要求万恶主战之杨宇霆即日去职，推举张军团长汉卿为司令。以巩固三省之根本，发达三省之实业，保卫三省人民为职志。并愿全国袍泽共谅斯旨，各卫其民，休养生息，勿持武力以相凭陵。倘有好乱之徒，悍不知悔，敢侵及三省寸土者，松龄等力负其责，誓死相抵。正仁正志，已在鉴照，郭松龄率旅团长等同叩。养亥。印。

郭松龄将手下的部队整编为5个军，原炮兵司令邹作华为参谋长，刘伟、霁云、魏益三、范浦江、刘振东五个人分别任五路军长。

郭松龄正在排兵布阵的时候，从安徽退下来的姜登选正好路过滦州，姜登选可是郭松龄的仇人，这个报仇的机会，郭松龄岂能放过。姜登选就被郭松龄给枪杀"祭旗"了。

1925年11月23日，郭松龄率领着七万大军离开滦州，向奉天进发，一场血战即将拉开帷幕。

郭松龄造反，张作霖着急，其实在奉天比张作霖更着急的是张学良。

张学良并不是在郭松龄正式通电造反之前，才得知郭部要反奉的消息。

郭松龄的部队，就是张学良的部队。张学良的耳目，早就将郭松龄"要造反"的消息报告给他了。张学良得到耳目的报告后，不顾被郭松龄扣押的危险，曾急急忙忙地去了一趟天津。

张学良在天津的意大利医院里，见到了郭松龄。

郭松龄此时还未和冯玉祥签署反奉密约，但他冰冷的态度，还是让张学良感到郭的人虽在眼前，但他那颗冰冷的心，却正在渐行渐远。

张学良动之以情，晓之以理，说："东北虽然小人当道，但你也不必非走极端，只要给我时间，我一定能让我父帅改弦更张！……"

改变东北，张学良需要时间，也需要机会，但首先一点，东北绝对不能乱。自己人打自己人，最高兴的是我们的敌人。

可是郭松龄根本听不进，他说："张大帅受小人蒙蔽，非要去关内抢地盘，已经搞得天怒人怨，除非兵谏，不能改变这种状况！"

张学良流着眼泪对郭松龄说："东北的将领都能造反，唯有你不能造反，我敬你如父，待你如兄，你就是我，我就是你，东北将来是我的，也是你的！你岂能陷我于不义……"

郭松龄也动了感情："我兵谏的目的，无非是让老帅退位，让你执掌东北的大权，早日解东北人民于水火而已，我这是为国为民做大事，并非陷你于不义！"

张学良是一个率性而为的人，而且他当时的想法确实天真，他总觉得凭自己和郭松龄的感情，一定可以制止这场刀兵，一定可以让他回头。

苍白的语言，无法打动郭松龄，那就用真情的文字打动一个即将造反人的心。

张学良回到奉天后，提起笔写了一封言辞恳切的劝解信：

信中这样写道：蒙兄厚意，拥良上台，隆意足感。惟良对于朋友之义，尚不能背，安肯见利忘义，背叛家父？……兄举兵之心，弟所洞察，果能即此停止军事……至兄一切善后，弟当誓死负责，绝无危险。

张学良对于郭松龄"老帅解职，拥立少帅掌政"的提法根本就不领情，而且还明确表示，我对朋友之间的感情，都不想背弃，更何况父子之情？

郭松龄在回信之中，首先讲自己反奉，并非是为自己谋利益，而是"成则公之事业，败则龄之末局"。

张学良还想劝说郭松龄，他辗转着来到葫芦岛，乘军舰又到了秦皇岛。可是，他打电话邀请郭松龄安排时间，他要和郭松龄再次面谈时，却遭到了拒绝。

此时此刻，如箭在弦。郭松龄真的怕自己的决定被张学良的眼泪所融化。

郭松龄的谋士得到张学良就在秦皇岛的消息，献上了一条绝户计，我们来个"钓鱼"会谈，然后将送上门的张学良抓起来，逼迫张作霖就范退位。

郭松龄听完谋士的计策，勃然大怒，他差点一个大嘴巴扇了过去。

郭松龄不能扣押张学良。任何人都有自己的底线，谁也不许动张学良就是郭松龄做人的底线。

张学良见不到郭松龄，从秦皇岛无功而返。

这时，郭松龄的"反军"已经对关外的奉军发动了毫不留情的攻击。前段时间，杨宇霆、姜登选和张宗昌兵败南方，让张作霖最精锐的几个师团，全都打了水漂，现在奉天省兵力空虚。面对气势汹汹，装备精良的郭军，关外的奉军没比划几下，便被打得望风而逃。

郭松龄拿杨宇霆说事，一个劲地要清君侧，就将杨宇霆免职，以堵住郭松龄的嘴巴。杨宇霆被张作霖"撵"出奉天，安排到大连避风去了。

张作霖处理完了杨宇霆，接着就轮到处理张学良。

张作霖将张学良找到帅厅，先将张学良训了一通。张学良刚辩解了几句，张作霖气得抽出手枪。

在众人的劝解之下，张作霖收枪不再打儿子了，张学良却躲开张大帅跑到了大连。他对奉天的乱局，也只能是天要下雨，娘要嫁人，由他去吧。

张作霖虽然一个劲地安慰自己，水大湿不了船。但在战场上郭松龄的攻击实在太猛了，打得奉军连脚都站不住。

张大帅现在要剿灭郭松龄，只能寄希望于跟随他多年的元老了。

但是这帮元老意见也不统一。

张作相大力主张和郭松龄和谈。

吴俊升的发言光整一些没用的，一谈调兵遣将，就顾左右而言他。

汤玉麟考虑得很实际，现在奉军的精锐都在郭松龄手里，他那点兵将，冲到前线，也是去给人家塞牙缝。故此，他低头想心事，嘴巴上挂了个大锁头。

张景惠高调发言，嘴里一个劲地喊打。他现在是奉天督军署参议，要兵没兵，要将没将。

大敌当前，张作霖忽然理解了西楚霸王当年四面楚歌的悲凉处境。

张作霖目前和当年项羽最大的不同是，项羽没有儿子，他身边有一个历经沙场完全指得上的儿子——张学良。

打虎亲兄弟，上阵父子兵。不管是谁反自己，儿子总不能反自己吧？再说，郭松龄一个劲地吵吵，灭老帅，扶少帅，这是不是离间张家父子的奸计？

听说过有人造反是为了别人造反的吗？翻开一部五千年的中国史，好像这事儿不存在吧！

张大帅与张少帅。张少帅曾经评价张大帅"有雄才，无大略"

张作霖不管几位元老心里打什么主意，大战拉开帷幕，枣木杠子也得当如意金箍棒使，他首先将最值得信任的老将张作相派到了前线，要求张大哥全力以赴守住阵地。

张作霖接下来颁布命令，张学良为前敌总指挥，杨宇霆恢复总参谋长的职务。

张作相率领第15师驻守山海关一线，可是让他和郭松龄对阵，基本上就等于大祸临头了。

郭松龄部已经没有退路了，只要失败，那就是死路一条。故此，进攻一开始，郭军便直接进入拼命状态。

张作相的手下，都是想留着命实现人生愿望的奉军士兵，目前还没进入到不要命的状态。故此，战事一开，便跑得比山上的兔子都快。

11月28日，郭军攻占山海关。张作相丢了山海关，他将司令部转移到锦州，手下的部队，则在绥中、兴城和连山一线据守。

郭松龄反奉，社会上当时有两种针锋相对的声音：

其一，谩骂派，代表人物为张作霖。他觉得，郭松龄的"清君侧"，请张学良当东北的老大，统统都是鬼话，他想当东北的老大还差不多，这就是谋逆，篡位。在古代，这是十恶不赦的大罪，要千刀万剐的。

其二，赞扬派：代表人物为李大钊。他认为，郭松龄反奉，就是反列强的爱国行为。张作霖勾结日寇，出卖东北利益，郭松龄干的是伸张正义的事情。反奉是一场正义与邪恶的交锋，一场爱国和卖国的较量。

11月30日，郭松龄将部队更名为"东北国民军"，官兵一律佩带"不扰民、真爱民、誓死救国"的绿色标志。郭部因为纪律严明，秋毫无犯，安民告示满天飞，确实有"巩固三省之根本，发达三省之实业，保卫三省人民为职志"之典范。故此，郭军所到之处，很受东北中下层老百姓的欢迎。

张作霖为了打直奉战争，征收的苛捐杂税多如牛毛，老百姓苦不堪言。如今张大帅将被翻篇，郭大帅要搭台唱戏，是不是生活会好过一点？当时，东北的老百姓为表达对郭军的期望，他们烧水，煮饭，就差扭起大秧歌，像欢迎"岳飞的岳家军"一样，欢迎郭松龄的军队。东北的老百姓对安定美满生活的追求，寄希望于反奉的郭松龄了。

郭军行动迅猛，社会上反奉倒张的舆论汹汹，张作霖手里捏着的牌，真的是他出道以来，最烂的一次。

奉天城内的富人们，人心惶惶，他们已经收拾好箱子底的宝贝，随时准备蔫（偷偷）溜了。

奉天政府的官员们，面对着即将"改朝换代"的局势，一个个都想剜窟窿盗洞地寻个门路，要和郭松龄搭上关系，只要有口饭吃，伺候张大帅或者郭大帅有区别吗？

郭松龄突破了锦州防线，他的先头部队已经到了新民的巨流河。巨流河现在叫辽河，它是中国的七大江河之一。新民距离奉天只有一百多里路。

一百多里路，这也太近了，真要是郭军攻占了新民，他们的骑兵一撒欢，几个小时就能杀进奉天。

张作霖现在能调动的兵，只有奉吉两省的十多万并非精锐的部队，黑龙江的部队，由于苏联控制的中东铁路拒绝为奉天运兵，暂时还没有到达。

九
"爆炸"魂归天国去

44．我可以控制战争开始，但却无法主导它结束

张作霖已经做了两手准备，一手是打，另外一手是逃。

打是一定得打：在巨流河一线，奉军的三支人马，已经与郭松龄摆开了拼命的架势。

这三支人马的左路由吴俊升率领，中路由张学良领队，而右路是张作相的第五方面军。

现在的奉军，已经是破釜沉舟，只能背水一战了，因为他们身后就是奉天城，再退，就只能到浑河里洗澡去了。

形势不好则立刻逃：张作霖已经将自己的金银财宝，装满了27个大汽车，时刻准备着离开奉天城。

张作霖命人买回了大量的木材，堆到了大帅府中。张作霖准备在万不得已时就放火焚烧大帅府。张作霖做好准备，想的是即使自己亲手烧了这个家，也绝对不能便宜给了郭松龄。

可就在针尖上立鸡蛋的危急时刻，杨宇霆给张作霖带回来了一个让人信心倍增的好消息。

日本关东军要出手帮张作霖，将郭松龄打回原形。

张作霖听到这个好消息。心里"霍"地一声，立刻就像开了两扇窗户，亮堂堂的充满了阳光。

日本政府绝对是无利不起早的。他们在郭松龄刚刚起兵反奉的时候，便派密使联络郭松龄，表示愿助他一臂之力。当然是有条件的，就是郭松龄必须承认以前张作霖和日本签订的美国秘约。

郭松龄拒绝日方条件后，日本关东军司令白川觉得心有不甘，他们又派密使去找郭松龄，提出，只要承认日本政府在满洲的特殊利益，我们不仅能胁迫

张作霖下台，而且东北王的位置也是你的！

郭松龄断然拒绝。因为反奉之战，他代表着正义，如果赶走了一个张作霖，他郭松龄继续做张作霖第二，那么郭军的反奉就没有意义了。

日本关东军司令白川见郭松龄不肯合作，当即派出参谋长斋藤联络张作霖。同张作霖谈判，日本人提出的条件与郭松龄的条件一样。

张作霖作战局势不利，只得先假意答应，换取日本人出钱出兵。日本政府等待这一天，已经等待了多少年。日本政府在东北实现不了的本国侨民的商租权、延边地区行政权、吉敦铁路的延长问题、奉天省西部一代地区，日本可以开设领事馆等问题，一起"打包"全都提了出来。

当天晚上，为了这些要人老命的条约，张作霖几乎彻夜未眠。第二天，出现在日本代表面前的张大帅，明显地饱受煎熬，如果不是硬撑，他绝对早已经垮掉了。

日本人继续支持张作霖后，日本关东军不仅公开抑郭扬张，而且一万多名日籍关东军，以保护本国侨民生命财产安全为借口，身穿便装扮成中国人，胳膊上戴着"宪兵"的臂章，进驻了奉天城，日本军人随后开始对郭军的进攻，进行了粗暴地干预。

1925年12月14日，郭军的马忠诚旅准备开进营口，日本守备队要求马部官兵停止前进。马忠诚旅惹不起日本兵，只得停下，另寻进路。

15日，关东军司令白川又变本加厉，将大石桥、辽阳、奉天、抚顺、铁岭等14个铁路沿线重要城镇，用武力划为禁区。日本兵的干预，大大迟滞了郭军对奉军发起总攻的时间，让张作霖可以从容地调兵遣将，构筑工事。

随后，日军又假借"护侨""换防"的名义，从国内和朝鲜紧急调入两个师团，分驻马三家、塔湾、皇姑屯一带，郭军不许从此通过！

张大帅在郭松龄反奉之战中，自毁形象，本来一个挺有性格的大帅，打了日本这张牌。

张作霖有了关东军的支持，信心大增，开始对郭军展开了反击战。

张作霖这些年对敌作战，百用百灵的两大杀招，都在兜里揣着呢，一手硬招是，举起宣花斧，直劈反奉军队的脑门；一手软招，挥舞锄头狂挖老郭家的墙角。

郭松龄手下反奉的军官们，有很多都将家安在了奉天，他们造反，就等于宣告了老婆孩子的死刑。

张作霖首先表明了态度，郭松龄反奉，有罪只是他一人，与其他人无涉。张作霖对那些反奉军官的家属们，缺粮送粮，少柴送柴，这招真的很高。郭军手下反奉的军官们，接到家属平安的消息，一个个在良心上，都受到了极大的谴责，他们在感谢张氏父子"宽宏大量"的同时，一个个也都有了活思想。

安抚叛军的家属，这只是二人转前面的小帽，真正的大戏是对李景林的母亲展开攻心战。张作霖要让李母同情他这个大帅，支持他这个大帅，让李景林放下"包袱"，重投张大帅的"怀抱"。

张作霖笼络人心，那绝对是一把好手，他礼物敲门，金银铺道，恩威并施，李母很快便被张作霖给说动心了。她当即同意写信，让"误入歧途"的儿子"反戈一击，争取宽大处理！"

李景林在督军中，剑术最高，在民国剑客中，他官职最大。即使在当今的武林中，一提李景林，那绝对是庙里吹喇叭——神声在外的人物。武林中有句顺口溜，叫做

1925年，张作霖在天津

李景林的剑，孙禄堂的拳，可见这位督军绝对是传说中的"剑圣"级的世外高人。

李景林是个孝子，如果让他在母亲和郭松龄之间选择，他铁定会选择前者。张作霖为了确保李景林能够回头，他干得更绝的是，前去为李景林送信的人，是重量级的人物许兰洲。许兰洲可是李景林的老领导，李母的意见，他不能违背，老领导讲的话，李景林不能不听。更何况，张作霖还托许兰洲之手，给他送去了四十万块白花花的大洋。

李景林首先发布了通电：誓守保境安民，倘有对于直隶，扰害秩序，破坏和平者，率我健儿，捍我疆土……

李景林发表反郭通电后，他接着将赵思臻、齐思铭、高维、裴春生等人释放，天高任鸟飞，你们爱上哪上哪，究竟是要反郭，还是要助奉，悉听尊便。

随后，李景林针对郭松龄又连续三次出手。

第一，拘捕郭松龄的驻津人员，切断郭松龄的后路。让郭松龄部队，成了一支孤军。

第二，扣下冯玉祥支持郭松龄部队的六万件棉大衣，让身穿单衣的郭军，彻底感受到了东北的严寒。

第三，李景林和张宗昌组成了直鲁联军，并与郭的手下邓宝洲在大城开战。张作霖这无疑是借李景林之手，狠狠地在郭松龄的背后捅了一刀。

郭松龄带兵多年，深知这背后一刀的厉害，他为防备李景林，急命魏益三率领第五军回守山海关，同时请求冯玉祥派兵援助。但冯玉祥犹豫不决，迟迟按兵不动。

李景林反郭，只是一道开胃菜，随后郭松龄参谋长邹作华的反水，才是真正的大菜，这道大菜让郭松龄真正感受到了东北冰雪肃杀，朔风彻骨的严寒。

邹作华是个聪明人。郭松龄当初在滦州，给手下的军官们指出了两条路，一条是反，一条是因。邹作华这两条路都不想走，他就选择了第三条路——潜。

战事经过一个月的迅速发展，出乎所有人的预料。新嫁的媳妇，终于很快潜成婆婆了。邹作华在新民的时候，借机去了一趟新民的日本领事馆，他偷偷给张学良打了一个电话，表明了自己"人在曹营，心在汉"的态度后，他决心为奉军做一个潜伏人员。

郭军的炮兵，十分强大，若论实力，能干得奉军的炮兵抬不起头来。邹作华就命令炮兵的旧部，在射击之前，拆去炮弹的引信。结果，向奉军射出的炮弹，全都变成了哑弹。

因为邹作华的关系，奉军的炮兵打得郭军在战壕里头都抬不起来。

郭松龄也急了，关外有李景林堵着，他想回是回不去了，现在他只有一条路，那就是拼了。

郭松龄要跟张作霖决战，他首先要让世人知道张作霖的都干了多少坏事。他随后发表了《敬告东三省父老书》，列举了张作霖的五大罪状，以及自己的治奉十大方略。

郭松龄这样干，就是想造成一种他一定会进奉天，他一定会取代张大帅的错觉。

张学良为了反制郭松龄，他派出飞机，在郭军的阵地上投下了一张张花花绿绿的传单。传单上写着：吃张家饭，不打张家人等极具煽动力的传单。

郭松龄的手下有三分之一是忠于他的铁杆分子，还有三分之一是犹豫分子，而剩下的三分之一，则是根本不想反，而是被携裹进来的被动分子。

传单雪花一样从天而落，那帮反也成，不反也成的犹豫分子，则和被动分子一起，都成了投降分子。

郭军当时不算冻伤、生病和战斗的自然减员，一共有7万人马，可是由于日军的掺合，郭军和奉军决战的时间一个劲地往后拖。最后，奉吉黑的兵力集结到20万之多。

郭军虽然尽是精锐，但一个打三个，这也有点让人勉为其难吧。

当时排兵布阵的时候，韩麟春主张加强巨流河侧翼防御，以针对善于用兵的郭松龄偷袭。而张学良深知郭松龄的临战心理，他说："郭松龄是个宁折不弯的人，他一定哪硬往哪打！……"

果然张学良是郭松龄的知己，他将郭松龄的脾气早就摸透了，郭松龄根本就不屑玩儿偷袭战术，领兵直接就奔阵地最坚固，装备最精良的张学良部猛攻而来，因为张学良具有针对性的重点部署，最后还是抵住了郭松龄的正面狂攻。

郭松龄的部队这时已成了强弩之末，军心就好像一个掉在地上摔的稀碎的鸡蛋。士兵中流传着这样一首歌谣：吃张家，穿张家，跟郭鬼子造反真是冤家。歌谣的意思是，跟着郭松龄造反等于上了贼船了。

邹作华一见时机成熟，他领着炮兵立刻退下了下去，而且断了前线的子弹供应。打仗就是打给养，没有子弹拿什么打仗？邹作华这一招真的要了郭松龄的命。

邹作华的临阵反水，就好像推倒的第一块多米诺骨牌，郭军立刻开始进入到了溃败的节奏。

郭松龄反奉之战至少有三次获胜的机会，可是他都因为太过自信，而和胜利擦肩而过了。

首先，将战火烧到山海关即止，绝不犯孤军深入的错误。郭松龄胸怀大志，蚊子腿也是肉的微小胜利，应该不会被他放在眼角里。

其次，借助日本关东军的力量，逼迫张作霖下台，郭松龄成为东北王。此之为中胜，但由此以后，郭松龄也就成了日本人的小媳妇，这种憋了巴屈的胜利，郭松龄还不如不要。

第三，借助奉军的力量，以奉治奉，最后取得东北战局的胜利。当郭军攻下兴城后，驻扎义县的阚朝玺、于琛澄和汤二虎等人，派代表去和郭松龄谈判。他们三人的意思是，保全张作相吉林省督办的地位，由阚朝玺带兵去打吴俊升。一旦胜利，奉天归郭松龄，黑龙江归阚朝玺，可是郭松龄却一口拒绝了阚朝玺的条件。

郭松龄之所以拒绝阚朝玺，有两个解读。坏的解读是，郭松龄想当东北王，阚朝玺的建议，等于与虎谋皮。自然不会得到他的同意。

好的解读是郭松龄要在东北实行新政，奉系军阀在吉黑两省的保留，对他来说，就是危险的炸药包。

但有一点不容置疑，如果郭松龄同意了阚朝玺的条件，一定会有更多的追逐利益的奉军将领来找郭军，并跟郭松龄一起唱《七雄聚义》。张作霖带出的队伍，没有信仰，只见利益，这样的军队，就是个团伙，抬头钱看，低头向权看的队伍，真的会害死人。

要知道，阚于汤三个人的军队，就有好几万人，如果让这伙虎狼兵去打吴俊升，吴俊升的几万人的命运就真的不敢看了，而黑龙江一省的军队就不可能到奉天参战。那么巨流河之战的兵力，至少会减少很多，面对空虚和寂寞的奉军，最后胜出的极有可能是郭松龄。

郭松龄反奉之战一开始，奉军被郭军像被赶鸭子似的从关里一直撵到了新民府，完全是一边倒的战事。其实，张作霖的部队也有三个郭松龄所不具备的获胜条件。

第一个获胜条件，张作霖在帅府的东北角建有家庙，正殿供奉武圣人关羽他老人家；东殿供奉张家的祖宗灵位；西殿供奉着张作霖与结拜兄弟结拜时所换的金兰谱；据在帅府工作过的老人回忆，关帝庙平时不开门，逢年过节搞祭拜活动，除张作霖本人外，任何人不得在此庙上香。

从大帅府家庙供奉的武圣人关羽、祖先灵位和盟单兰谱，可以看出张作霖是在以"忠孝仁义勇"的思想在经武和建军。

这种封建的、落后的、一切从张作霖维系个人利益出发的建军观念，真的无法和"伐不义，兴正义"的郭松龄交锋，而高举"三民主义"大旗的国民党，张作霖就更打不过了。

奉军没有一个能拿得出台面的理念，做奉军军队建设的基石和支柱，这就造成了奉军肌肉强健，而大脑萎缩，完全就是一个"傻大个"的形象。

张作霖对部下不间断地灌输"忠孝仁义勇"的理念,而且已经深深地植入了部下的大脑之中。从李景林和邹作华等临阵反水可以看出,张作霖这种陈旧的建军观念,虽然有其"烂番茄"的一面,但也有其"打鸡血"的另一面。

第二个获胜条件:郭军虽为奉军最有力量的右手臂,但与奉军总体实力比较起来,只是以一臂之力,对抗全身的力量。张作霖在东北三省这一亩三分地建设多年,群众基础是有的,郭军孤军深入,虽然他们一开始生机勃勃,但总有力气用尽的时候,郭松龄在巨流河边,遇到的就是已经退无可退的奉军。

第三个获胜条件:日本关东军的支持。

郭松龄拒绝日本军队有条件的支持是不容抹杀的正义,张作霖接受日本政府有条件的支持是铁定的非正义。

日军为了支持奉军,出动了80架飞机,对白旗堡进行轰炸。

白旗堡就是现在的新民县大红旗镇,该镇的镇名,得自1690年(康熙二十九年)清政府在此设立的正白、正红两旗佐领导衙门。

日军重点轰炸白旗堡,是因为郭军的军火仓库和粮服仓库都设在这里。

别说80架飞机,对着郭军的军火仓库一起投弹,即使往军火仓库中丢80个大爆竹,都会让军火仓库陷入大爆炸的危险。日军军机的投弹,果然让郭军的军火仓库发生了剧烈的爆炸,粮服仓库也跟着起火。

郭松龄知道大势已去,他随后就开始领人踏上了逃亡之旅。

45. 如果拿明天当赌注,注定天下人谁都输不起

可是一个累赘,一个错误,还是让郭松龄没有逃出生天,最后成为了奉军的俘虏。

郭松龄的幕僚及夫人韩淑秀都不会骑马。而郭松龄又不肯舍弃他们纵马先逃,郭松龄只好坐在马车上,以蜗牛般的速度开始了逃亡。

郭松龄准备逃往大连，然后乘船逃亡关内。可是，卫士们在轻装时，却将衣兜里郭松龄的名片，顺手丢在了路上。这个错误等于为追兵提供了指路的路标。

郭松龄夫妇最后在农民家的菜窖里被俘。1925年12月25日上午10时，郭松龄与夫人韩淑秀被被押至辽中县老达房5里外，高金山准备对其执行死刑命令。郭松龄临刑之前，面不改色，并留下遗言：吾倡大义，出贼不济，死固分也；后有同志，请视此血道而来！

韩淑秀随后说："夫为国死，吾为夫死，吾夫妇可以无憾矣，望汝辈各择死所！"

当高金山下达开枪命令时，韩淑秀看着郭松龄说："茂宸，我要你放心地看着我先走，来吧，先打死我。"

此时，郭松龄42岁，韩淑秀35岁。他们活着的时候肩并肩，死的时候，也是手拉手。

他们的遗体被运至奉天城外，张作霖命令将其在小河沿曝尸三日方可收葬。

郭松龄身为奉系五虎将之首，他对自己的实力，真是太有信心了。日本关东军根本没有放在他的眼里，前来"合作"的奉军也没放在他的眼里，张作霖也没有放在他的眼睛里，他在反奉之前，失败这样的词就根本没有在他人生的字典里出现过。

一个轰轰烈烈的开局，一个凄凄惨惨的结尾。郭松龄反奉，对耶、错耶？

当时对郭松龄反奉的评价，主要有三种声音：

其一，褒奖的评价。奉天省的《盛京时报》有一位署名铁生的作者，曾经这样说："郭公为改造东三省之伟人，为民请命，奋不顾身，今不幸罹于死难，凡我同胞，同深悼惜。今敬撰挽联一副，以哭当歌。上联云'死者不复生，唯有前仆后继，偿我公未了志愿'；下联是：'忍者夫已逝，行将众叛亲离，尽他日依样葫芦'。"

其二，责贬的评价。同样出现在《盛京时报》，署名"农民"的作者，写了一副对联："论权、论势、论名、论利，老张家哪点负你；不忠、不孝、不仁、不义，尔夫妻占得完全。"远看青山绿水，近看龇牙咧嘴，品味，品味，越品越不是味。

其三，公正的评价。其实郭松龄反奉，一不可以将其视作奉系军阀内部，争权夺势斗争的必然；二不可以将其视为正义挑战邪恶的肇始。前者是贬杀，而后者是捧杀，这两种看法，对郭松龄反奉的真正意义都是不公正的评价。

郭松龄是奉天省人，郭父是一名私塾先生。郭母虽为农村妇女，但勤劳善良，尽管自家不富裕，却时常救济比自己更困难的街坊四邻，这对郭松龄扶危济困的性格的形成，产生了深刻的影响。

郭松龄早年曾经加入同盟会，比一般人更早地接受了进步的思想，他回到奉天，曾在东北讲武堂任教官。期间，郭松龄还和他人一起办了一所收养人数多达30名孤残儿童的学校，郭松龄每月所赚之薪水，大多投入到了这所学校的运作中。

郭松龄的品行和人格远超其他军阀。他如果不想回报东北，反哺家乡，哪会去办费力不讨好的孤儿学校。不要说沽名钓誉这样不负责任的话，要知道在当时那个社会环境，收养孤残儿童，军阀同僚们不仅不会赞同，反而会视你为另类，会找机会狠狠地踩你两脚。

张作霖将整个东北差不多都押给了日本，然后贷来巨款，穷兵黩武，连年的战争，让东北三省的黎民百姓深陷于水深火热当中。郭松龄理解东北人民的痛苦，他深爱着这片土地，郭松龄反奉，如果将其理解为推翻张作霖，然后取而代之，他要努力建设一个新东北，为东三省的百姓争福祉，让东三省彻底换新天。这样一不拔高，二不贬低的评价，也许对郭松龄更为中肯和合适。

张学良和郭松龄之私交深厚，但不管多么深厚的私交，都无法超过东三省父老所受的苦难。在私交和大爱面前，郭松龄毅然选择了后者。

为了心中的大爱而领兵反奉的郭松龄，当时绝对是个另类，在半封建半殖民地的中国东北，只能算一个孤独的行者，一个有胆量没后援的扫雷兵。这场反奉的战争，如果不以悲剧收尾，那才是真正奇怪的事儿。

张学良曾经说过这样一句话：如果那时郭松龄在，日本关东军就不敢发动九一八事变。

日本关东军敢不敢发动九一八事变，这个暂且不讨论。但有一点可以肯定，九一八事变爆发后，郭松龄如果还在世的话，以他的性格，不管"撤退"的命令是蒋介石还是张学良所发出，他根本不会听，他绝对会和日军血战一场……

蒋介石和张学良

郭松龄反奉战争失败后，张作霖召开会议，他在会上公布了三件必须要做的事儿：

第一，张作霖准备引咎辞职，让贤于能。可是张大帅在东北就是神一样的

"大能"，在众人"心口不一"的苦劝之下，张作霖也就不"摔耙子"了。

第二，枪毙张学良。老帅要枪毙少帅，那岂不是要将东北的天捅个窟窿吗？郭松龄的旧部，都听张学良的，杀了他，那帮人都成了没娘的孩子，岂不是要引发更大的乱子？

这两件事，张作霖最终都没办成。他其实也不想办成，所谓的辞职，杀子，无非是表明一下态度，谁要信了，谁就缺心眼。

第三，如何处理郭军残部。经过大家的讨论，终于定出了一个调子，即"不杀一人，不罪一人"，除魏益三领着两三万名的手下投奔冯玉祥之外，其余的郭军残部，都被张学良收编。军官们官复原职，该干啥还干啥，张学良的威信，也得到了空前的提高。

张学良处理完郭军残部后，张作霖在大帅府举行一场庆祝胜利的宴会，能够赴宴的，全都是奉天省的高官富商，各部门的头头，这些人能够受到张作霖的邀请，心里相当的美，简直比吃了枣花蜜都要甜。

张作霖的酒不好喝，宴会刚刚进行到一半，张作霖的几个参谋，突然抬来一只箱子。箱子里装的是城内不少官员和富商写给郭松龄的秘信！

这些赴宴的官员和富商一个个当时都吓得变了脸色，他们还以为张作霖要大开杀戒。谁曾想张作霖竟照搬了《三国演义》中曹操的做法。将这些信件全部烧毁。

张作霖这次烧信，做得确实可圈可点，除郭松龄夫妇外，奉系"未戮一人"，不搞株连，保持了奉系集团的稳定。

可是，张作霖心里的苦，又有谁会知道？郭松龄反奉之战造成的损失，竟比两次直奉战争的总和还要多。

千年砍柴一夜烧，这句话说得实在勾泪。

张作霖天生就是为战争而生的强人。不久之后，他又做出决定：继续打仗，对手是冯玉祥，打支持郭松龄、对奉军威协最大的冯玉祥。

张作霖打字出口，奉系高层立刻响起了一片反对之声。

王永江摇头，张作相反对，少帅张学良也高调提出异议。打仗不能连着打，人毕竟不是打仗的机器，现在大家都已经打累了。

张作霖眼睛一瞪，急了。

冯玉祥你不打，他能倒吗？段祺瑞你不打，他能下台吗？要是整天念阿弥陀佛，天下就是我们奉系的，那老张还省事了。张作霖最后下了死命令，想打的，跟我进京去享受荣华富贵，不想打的，那就回家抱孩子种地去！

张作霖打冯玉祥，决定采用"群殴"战术。

冯玉祥在西北做大后，目前有两个敌人，一个是吴佩孚，一个是阎锡山。

冯玉祥在北京发动政变，对着吴佩孚的后背，狠狠地攮了一匕首，吴佩孚当时败得就好像赤壁之战的曹操似的，憋屈地跑到了河南。吴佩孚接到张作霖准备"群殴"冯玉祥的电报后，便迅速做出了反应，回电道：我愿意帮你！……

浙江、江苏、湖南三省督军孙传芳、齐燮元和赵恒惕联名致电吴佩孚，称：玉帅，我们愿一如既往地跟随其后，将我们共同的事业进行到底……吴佩孚随后应邀前往武汉，并通电全国，自称受14省区将领推举，就任讨贼联军总司令。

故此，吴佩孚现在有枪有炮，绝对是一股不可轻视的力量。

冯玉祥的第二个敌人就是阎锡山，冯玉祥不仅坐拥甘、陕和直隶省等地区，而且他还趁着郭松龄兵败，抢占了直隶李景林、热河阙朝玺的地盘。

冯玉祥因地盘扩大兴奋不已。阎锡山却高兴不起来，他的心情郁闷是有原因的，因为甘、陕和直隶省正好将山西包饺子似的裹在了中间。

西北军的存在，已经对阎锡山产生了极大的威协，阎锡山为了自保，他只能答应和张作霖合作。

张学良领着第三军，率先入关和冯玉祥的西北军作战，他攻下了山海关和九门口后，接着攻下滦州。张学良打得西北军连连吸溜冷气。

为什么现在奉军打仗，带最精锐的兵，打最漂亮的仗的人都是张学良？这是张作霖特意安排的。如果不让张学良打几场硬仗，迅速树立起自己的威信，将来张作霖俩眼一闭，张学良靠什么服众？

张作霖已经在放手培养的接班人了。

张学良没有给张作霖掉链子。

吴佩孚随后配合行动，他占领开封，取下郑州，让西北军很快陷入四面楚歌的境地。

战争，就是在打钱。张作霖命奉军进攻西北军，也确实是付出了相当大的代价。

张作霖在打冯玉祥之前，曾经不惜用五百万巨款，从法国人手中，购买来了6辆诺FT—17轻型坦克。该坦克可乘坐两人，一人是司机，另外一人是机枪射手。这种坦克虽然是一种元老级别的坦克，但在国内，可绝对是空前的大杀器。

张作霖命令奉军将坦克开到战场上，目的是拿西北军练手，然后四处出击，打出奉军的一片天空。

FT—17轻型坦克装备8毫米机枪1挺，配子弹4800发。坦克一经露头，确实将西北军吓了一跳，面对这刀枪不入的铁家伙，那些血肉之躯的西北军士兵哪里是对手。张作霖这六辆坦克，在战场上立刻让冯玉祥部队知道了武器优势的重要性。

几场战斗过后，局面发生了逆转。冯玉祥部队先进的快枪，对付不了这些坦克，可是他们很快发现，那些打铁砂的鸟铳，却是这些坦克的克星，6辆坦克没过多久，便被鸟铳报销了4辆。

鸟铳打坦克是因为诺FT—17轻型坦克有几处漏洞。

漏洞就是坦克身上的几处瞭望孔，瞭望孔小得连子弹都射不进去，可是有一种东西能射进去，那就是鸟铳的枪砂。冯玉祥的手下躲在坦克车的盲角里，举起鸟铳，"砰"的一声响，猎枪中的散弹四散溅出。有不少枪砂打进了坦克的瞭望孔。坦克里的人员被铁砂打死，坦克便趴在那里不动窝了。

法国工程师制造坦克时，根本没有想到中国的鸟铳能够打败坦克。

一场战役未完，4辆坦克，300万价值的巨款就算打水漂了。

冯玉祥的兵虽然缴获了几辆张作霖的坦克，并不能代表西北军就能取得这场战争的胜利。

1926年3月，日本政府为了给张作霖撑腰，蓄意制造了大沽口事件。日方指责西北军违反《辛丑条约》，他们还邀请各国军舰云集大沽口，对中国进行威胁。这些兵舰悍然帮助奉军运送士兵，让他们在大沽口登陆，并对冯玉祥的西北军发动了进攻。

冯玉祥面对着几方面的夹击，一边命令部队撤回大西北，保全实力的种子，一边通电下野，准备到苏联考察学习。

冯玉祥躲到了苏联，张作霖却仍然不满意。

张作霖要打仗，但打仗必须要有财政的支持。这时候，东北三省的政坛闹起了地震，财神爷王永江"摔耙子"了，他向张作霖提出了辞职的请求。

关于他辞职的理由，只要算过一笔账，谁都会明白。

1925年，奉天省的总收入是2300万元，而奉军的军费总开支却高达5100万元。2700万元的亏空，就像一个巨大的海口。王永江为了填补这个大窟窿，一方面加征赋税，一方面则被迫滥发纸币奉票和债券来维持经济的运转。

亏空填满了，却引发了东北三省的通货膨胀，物价"嗖嗖"地往上涨。老百姓的日子过得苦不堪言，王永江面对着紊乱的金融，巨额的赤字，心急火燎之下，左眼曾一度失明。

张作霖也急了，郭松龄用枪杆子倒奉，你王永江岂不是在用笔杆子倒奉吗？

王永江曾多次力谏张作霖，跟他讲东北富裕强大，其他军阀必来归附的道理，说："扩张地盘，有多种办法，武力并非是最好和唯一的办法，大帅何必急在一时呢？"

王永江其实讲得就是江湖上的一句名言：踏实一些，不要着急，你想要的，岁月都会给你。

张作霖却对王永江的建议根本就没听到心里去。

1926年1月，王永江借病请假辞职回到家乡金州，第二年，便因为劳累过度而去世。接替王永江的是莫得惠，莫财长治理财政也有一些手段，但他哪有王永江的水平？

在东北，为张作霖理财，恐怕没有谁能超过王永江。东北的财政，真正危险地站在了悬崖边。

张作霖做出挽救财政的决定是这样的——打出东北，去抢地盘，用别人家的油，来炸奉系的果子。

张作霖为抢地盘而兴兵，剿灭冯玉祥只是他的借口，现在冯玉祥躲到国外，他打西北军打得更欢乐，抢占西北军的地盘，忙得手脚不落闲。

列强们的军舰在天津大沽口耀武扬威，军阀们拿打仗当过节，北京热爱和平的市民、学生被彻底激怒了，他们在李大钊的领导下，振臂抗议，奔走呼号，并在天安门展开了示威游行。

这些手无寸铁的民众，在北京城中示威游行，真的是让在奉天坐镇的张作霖手心中直冒冷汗。

李大钊等众多爱国人士的胸膛，虽然不是铁打的，但为国分忧的决心，替民请命的担当，还是让他们浑身上下充满了不惧的力量。可是，游行的队伍受到了奉系和段祺瑞政府的残酷镇压，酿成了"三一八"惨案。

46. 让一个人害怕不难，难得是让所有人都害怕

惨案只能吓唬那些胆小的人，李大钊等爱国人士岂会向屠刀和暴力屈服。

张作霖实在太迷信武力了，他对奉军进京大搞血腥镇压的解释是：敝人与吴（吴佩孚）一道，不能坐视冯（冯玉祥）煽动学生，鼓吹共产，使国民陷于险境。

张作霖现在要做的就是要登上最高权力宝座，成为国家元首。

张作霖一直在等待一个机会。他现在的地盘，要比第二次直奉战争结束的时候还要大。褚玉璞接替李景林，成为了直隶督办；汤二虎成为热河督办；商震成为绥远都统。张作霖的势力越来越强，控制的范围越来越大，他要跺一脚，大半个中国都将乱颤。

张作霖和吴佩孚群殴冯玉祥初见成效，现在到了下山摘果子的时候。张作霖要来个先下手为强！

冯玉祥的西北军撤出京城之后，段祺瑞和他的临时内阁，也就完成了他的历史使命，自动解散了。张作霖想控制北京政府，吴佩孚和张作霖想法完全相同。

首先，双方派出代表，进行权力如何分配的谈判。

张作霖为了更近距离地摘取胜利的果实，从奉天来到了天津卫，遥控指挥着直奉进行的这场谈判。直系代表首先提出，应以颜惠庆为首，暂时组织摄政内阁。

张作霖听说要让颜惠庆组织临时内阁的消息，就用幽默的语调说，我是民国十三年颜内阁的通缉犯，他在北京复职，又要我去北京，岂不等于我去自首嘛？

吴佩孚也是聪明人，既然奉系的老大不喜欢颜内阁，那咱们就改章程。1926年7月11日，直奉双方经过预备性会议，终于达成了三项临时协定：

其一，直、奉双方军事合作到底，讨冯结束后，直军以全力图粤，对付南方的北伐军，奉军必要时可出兵援助；

其二，对于护宪问题，双方均不再提及，颜内阁成立后，即以杜锡珪代行国务总理职，以待将来正式解决；

其三，另选新国会。

既然双方达成了一致的目标，吴佩孚和张作霖终于可以在北京见面了。

两个"老战友"一见面，首先交换盟单兰谱，拜了把兄弟，吴佩孚就成了张作霖口中的吴二哥。

紧接着，吴二哥和张老弟通力合作，攻占南口，将西北军赶到了绥远（今呼和浩特市）等偏远地区。

吴佩孚本想在赶走冯玉祥之后，坐下来再和张作霖细分一下权力。可是，吴佩孚没有预料到，北伐军借着直奉两系和西北军大战的机会，他们出奇兵迅速占领了湖南。湖南是吴佩孚直系的地盘，他不得不领兵离开京城，到河南和湖北排兵布阵，准备同北伐军生死决战去了。

1926年11月29日，为应对北伐军，经张宗昌、孙传芳提议，以奉、直、鲁等十五个省区的名义组织安国军，公推张作霖为安国军总司令。

张作霖接着任命孙传芳为安国军副总司令兼苏、皖、赣、浙、闽五省联军总司令，张宗昌为安国军副总司令兼直、鲁联军总司令，杨宇霆为安国军总参议。

吴佩孚的直系出师不利，他们被北伐军打得鼻青脸肿。吴佩孚却一个劲地高喊，我们顶住，不让张作霖的安国军支援。因为他怕安国军会趁机抢直系的地盘。

张作霖已经管不了那么多了，他命令安国军沿京汉铁路南下袭取河南。吴佩孚急眼了，我们没请你，你破门而入，非贼即盗。为保地盘，直系竟然和安国军打了起来。

吴佩孚的实力弱，吴佩孚很快便被奉系赶走。安国军占了吴佩孚的地盘后，他们又与北伐军开始交火。

这时，从苏联回国不久的冯玉祥率兵杀出潼关，西北军跟安国军又战成了一团。

指挥奉军和冯玉祥交战的司令便是张学良，张学良一顿乱战打下来，只打得心灰意冷。因为他担心腹背受敌，他领兵撤出了河南。张学良在撤出河南之前，并没有去炸黄河大桥，而是留下了一封信，表示安国军和西北军并无敌意。

张作霖这一场乱仗打下来，北京终于成了老张家的菜园子。

吴佩孚的情况很糟，他手下的军队，在安国军、北伐军和西北军的夹攻之下，几乎彻底覆灭。

1927年3月底，北洋军阀的三大派中，吴佩孚部已基本式微，而号称东南王的孙传芳，已经被北伐军打得惨得不能再惨。

随后，北伐军一鼓作气，占领了上海、南京。几乎拼成了光杆司令的孙传芳，不得不低头向奉系称臣。

张作霖的安国军，通过对吴佩孚、孙传芳地盘的接管，势力范围有了很大扩展，直、鲁、豫三省，苏、皖两省北部，京、津地区，热、察两区和东北三省，均在奉张的控制之下。

更让张作霖欣喜的是，北京政府的实权，已经被他牢牢掌握了。在国内，冯玉祥已经排不上号，能和张作霖掰手腕的只有北伐军了。

张作霖多年来要当大总统的夙愿终于摆在了他的面前。他距离那个总统宝座的位置，真的只有一步之遥了。

1926年12月，张作霖再次以黄土铺地的仪式进京。严峻的形势不容他立刻登上"总统"的宝座，奉系的智囊人物杨宇霆不止一次地对他说，在军事上没有把握之前，不宜过早行事，以免到处树敌。

张作霖听了劝导，但心有不甘，他垂涎地说："我终究非干一次不可。"

张作霖踌躇满志，他相信凭着自己的能力可以驾驭北洋政府。

1927年6月11日，张作霖和他的部下，在研究谁可以当北洋政府的元首时，孙传芳、张宗昌等纷纷站出来，推戴张作霖为大元帅，让他牵头组织安国军政府。

张作霖"推辞"了一番，但是根本推辞不过，他"无奈"地说："你们要怎么办，我都依你们就是。"

1927年6月18日，张作霖在北京中南海怀仁堂宣布成立中华民国军政府，他本人出任陆海军大元帅，代表中华民国行使最高统治权。张作霖随后令潘复组成北洋军阀统治时期第32届内阁。大元帅的就职仪式因为匆忙，所以简朴，怀仁堂一没有精心装修，二没有进行特殊的布置，甚至连粉刷一下，装潢一下门面都没有。

整个仪式进行得老鼻子冷清了，只是鸦眯雀静地挂上了一条横幅，上写14个大字："隆重举行张作霖大元帅就职大典"。

张作霖本是一个老爹早逝，母亲改嫁，在苦水中泡大的农村娃子。他自1902年脱去草根的外衣，正式接受朝廷的招抚，一路走来，一路拼杀，不管是剿匪、争地盘、总是顶着枪林弹雨往前冲，他真的没有一刻懈怠。

从海城到新民到奉天到东北再到北京，张作霖的付出终于有了回报。北洋政府陆海军大元帅，并代表中华民国行使统治权，他现在就是军政大权一手抓的国家最高掌权者。

张作霖自从当上陆海军大元帅，仿佛就产生了脱胎换骨的蜕变。他从唯恐天下不乱的东北王，转身变成了主导国内和平的亲善大使。

张作霖就任陆海军大元帅几天后，便发表一篇"和平息争令"，并通电全国："本大元帅与中山为多年老友。十一、十三两年之役，均

张作霖任大元帅

担任陆海军大元帅后，发行的张作霖头像的纪念币

经约定会师武汉，当时在事同志，类能言之……凡属中山同志，一律友视。其有甘心赤化者，本大元帅为老友争荣誉，为国民争人格，为世界争和平，仍当贯彻初旨，问罪兴讨。"

让张作霖没有想到的是，不管是北伐军还是阎锡山，不管是冯玉祥还是唐生智，没有一个肯买他的账。原因只有一个，那个陆海军大元帅，张作霖真的不该当。

张作霖非常聪明，他只取总统之实，绝不取总统之名。但这样也不成，因为总统的位置，是很多人朝思暮想、日夜惦记的目标。

张作霖面对仇人遍天下的困局，他正琢磨着挖谁家墙角的时候，一个重大利好的消息传来，北伐军政府和武汉的汪精卫政府关系破裂，粤桂两系军阀，也和蒋介石闹起了矛盾。

北伐军因为内讧，他们进攻安国军的行动，竟突然停滞了下来。

北伐军停滞，张作霖却不能停滞，他一天不进攻就手痒。张作霖命安国军三路出击，由孙传芳进攻京浦路，张宗昌进攻河南，张学良打击晋军，要将阎锡山占的地盘，再抢回来。

奉军三路出击，势如破竹，取得的战绩，简直让张作霖在睡梦中都会笑出声来。可是他高兴时间不长，蒋介石、冯玉祥、李宗仁和阎锡山联起手来，对奉军开始了反击，这场仗最后竟变成了奉军全线溃败……

战争打得让人糟心，这也就罢了，最让张作霖挠头的是，日本政府这个可恶的债主，竟到北京找张作霖连本带利地要账来了！

日本政府这次到北京要账的代表，是时任满铁的社长山本条太郎。要知道，满蒙被日本关东军视为生命线，而满铁就是支持其生命的大血管。一旦大血管发生了问题，满蒙随时会有口眼歪斜，发生中风的危险！

山本条太郎在1927年任满铁第10任总裁，号称满铁的"中兴之祖"。可见此人绝非善类。

张作霖在东北的时候，为了对付满铁，他想出了一个绝招，那就是成立东北运输委员会，用自己修的铁路，跟日本人修的铁路唱对台的大戏。

47．在希望的田野上狂奔，也有可能被失望绊倒

1925年起，东北运输委员会先后修了吉海（吉林至海龙）、昂齐（昂昂溪至齐齐哈尔）、齐克（齐齐哈尔至克山）、洮索（洮南至索伦）、打通（打虎山至通辽）等铁路。到1930年3月，东北自修铁路已达11条，总长1000英里。

东北运输委员会干得最绝的是，1925年7月开工建设、1927年9月竣工的奉海铁路（奉天省城至吉林海龙。1929年4月随省城改名沈阳而改称沈海铁路），与日方的南满铁路并行，运价不仅比满铁低，还大打本土公司的亲情牌。

东北运输委员会的存在，严重影响了日方的经济利益，满铁公司虽然多次对张作霖提出严重抗议，但抗议毫无结果。

对于日方来说，张作霖修铁路，就是要弄死日本政府的满铁，最后将日方挤出满蒙。

日方为了反制张作霖，他们在1925年做了一个20年的规划，他们准备要"疯狂"修建35条线，建成总长8828公里的"满蒙铁路网"……消息一经传出，东北三省的老百姓首先炸了营了。

要知道，修路就要占地，没了土地，东北的老百姓还活不活了？

他们游行集会，递交请愿书，东三省的老少爷们不仅反对"满蒙铁路网"而且要"收回旅大租借地""废除不平等条约"。日方不管张作霖是否支持游行集会，发生在他的地盘之上的反日游行，那就是他煽动的。

日本人真的不讲理，他们信奉有"理"走遍天下，无"理"也要前行的信条，他们好像真的也没有讲过理。

满铁的高官对张作霖痛恨不已，日本政府左翼势力极力煽动关东军用武力占领东北。他们狂暴粗野地认为，解决了张作霖，日方爱在什么地方修铁路，

就可以任性地在什么地方修铁路。

武力是谈判破裂后的终极手段，很多利益都是谈来的，而不是靠打来的。

山本条太郎这次来北京，携带着数百万的现金，只要张作霖心眼一活动，肯和他们签署在满蒙地区承建五条铁路的契约。这些钱立刻就姓张。

钱不是万能的，但没钱是万万不成的。张作霖目前缺的就是钱，但他还是不能同意。

山本条太郎拿出郭松龄反奉中，日方和张作霖所订立的密约，反复要求张作霖兑现承诺。

张作霖脑袋晃成了货郎鼓。

不同意，就是不同意，当初是当初，现在是现在。郭松龄反奉，日本政府落井下石，张作霖其实早对那份密约反悔了，作为补偿，他曾经亲自携带私款500万现大洋，酬谢日方有关人员。

张作霖希望万能的金钱，能够让日方患上健忘症，很显然，日方有关人员收了钱，只是暂时忘记了那份密约，现在张作霖遇到了一个坎，日方政府记忆恢复，他们又上门逼债来了。

日本关东军替张作霖干活，绝不是为了钱，他们要把东北变成自家的菜园子，菜随我动，想种就种，这才是他们心目中真正的王道。

张作霖看着身穿和服的日方代表，真想将他暴打一顿。可是目前安国军这边真出了问题，他只能忍着。

张作霖一会儿沉默不语，一会儿说点别的，反正一句话：干别的啥啥都成，就是签约不可能，山本条太郎鼻子差点气歪，最后只得抱着个零蛋回了奉天。

1928年5月17日，日方派公使芳泽谦吉到北京去见张作霖，对于一个劲地耍滑头的张大帅，给出了这样的警告："当战乱发展的京津地区，其祸乱将及满洲之际，帝国政府为维持满洲治安起见，不得不采取有效措施。"

张作霖这样答复："于战乱及于京律地区，影响波及满洲地区时，日方将采取机宜措施一节，中国政府断难承认。东北三省及京津地方，均为中国领土，主权所在，不容漠视。"

芳泽和张作霖的对话，被密不透风的外交辞令包裹着，不剥去外衣，根本发现不了下面藏匿着重大的危险。

芳泽谦吉的意思是，东北要是乱了，日本政府一生气，你就吃不了兜着走。

张作霖回答的意思是，这是在中国的地盘上，你说话注意点。

芳泽谦吉一看话不投机且话头两拧，他眼冒凶光："大日本帝国提出的条件达不到，定当诉诸武力，若有不测之事件发生，可莫怪本公使言之不预！"

芳泽谦吉这句话换成东北的打架前的对话，就是："不答应条件，弄死你知道不？"

张作霖面对芳择的威协恫吓，他也急眼了："岂有此理！我这个臭皮囊不要了，也不能做这种叫咱们子子孙孙抬不起头来的事情。"

这一番充满着火药气味的话讲完，双方基本上就等于摊牌了。

芳泽气疯了一样地回了东北。张作霖一张脸也气得煞白。

战局对于奉军来说，实在是不利，张宗昌的队伍，已经拼得基本上没上几个活人了，褚玉璞一看形势不妙，便暗中和蒋介石勾结，已经在鸟悄地做投降的准备。总体算来，奉军的兵力已经去了一半，这仗已经没法再打下去了。

更让人担心的是，日本的军队在东北调动频繁，他们的军营中，还经常飘出《南满是我可爱的家乡》等等"卑鄙、无耻和下流"的歌曲。

南满是你们可爱的家乡，真不怕风大闪了你们常吃生鱼片的舌头。但关东军真要是在背后捅张作霖一刀，奉军可就哭都没地方哭去了。

日本政府的乱说乱动，引起了美国的不满。他们随后发表声明，东三省的主权属于中国。实际上美国声明背后的潜台词是，东北的利益，也有我的一份！

美国政府的声明，削得日本政府五官七窍"嗖嗖"地直冒邪火，东三省的主权属于中国，张作霖的命不属于美国吧？我动一下他的命，让你们看看！……

美国算计着日本，日本算计着张作霖，而张作霖却有着自己的小九九。

张作霖到北京是来当总统的，他不是来受惊吓的。

张作霖决定开会让大家研究一下，然后再做决定。

张学良和杨宇霆都是一个意思，硬撑可不是我们的性格。现在我们暂时离开，为了以后回来。

张作霖拍着桌子说，我就不信日本人敢对我们下黑手，咱东北军有30万，关东军在南满撑死了有1.3万人。惹了老子，我先扒了南满铁路，再派兵重兵占领旅顺、大连，将那些关东军全都'包饺子'，老子就是不怕日本人！

张学良和杨宇霆一个劲地苦劝，说："关东军并不可怕，可怕的是，他后面有一个支持它的日本国！"

奉军连年征战，人困马乏，亟待休整。

张作霖的头都被吵大了，他一挥手，让开会的人都散了，接着对身后的副官低声说："将牛半仙给我请到元帅府来！"

牛半仙是京城有名的测字高人，服务的对象皆是高官和大款，一般的小老百姓，根本得不到他的指点。

朱兰仙听到张作霖有请，急忙来到大元帅府。这要在封建社会，给张作霖算命就是给皇帝算命，那是要搞一个仪式的。

张作霖拿起笔，在牛半仙的测

晚年的张大帅

字板上，随手写了一个"張"字。

张作霖也有回奉天的意思，但不知道是吉是凶，他请来牛半仙，就是要为撤兵下决断的。

牛半仙看到"張"字，一颗心差点蹦出了嗓子眼，在测字术上，如果测出行，这可是险得没边的一个字。将字拆开来看"弓"乃吊客当头，"長"字和"丧"字笔画数一样，再看"長"字的上部，乃是半个"王"字，半王非王，音同为亡，可以推断，张作霖离京返奉即主凶，狼窝里养孩子——基本上是性命难保了。

牛半仙要是实话实说，别说红包，小命估计都不保，他眼珠一转，说："大帅命大福大造化大，离京返奉定会一路顺风，大吉大利！"

现在张大帅，因为缺乏信心，很容易就被牛半仙给白话住了。

回东北，找机会，从头再来！张作霖最后拍板做了回奉天的决定。

张作霖回奉天的消息透漏出去后，京城各报为了增加销量，都拿这件事做文章，甚至有的报纸，还用吓人的标题，说他要复辟，"要回奉天建大辽帝国"等，张作霖听后气愤地说："世界的潮流也不能不看一看，现在世界政治

北伐军的节节胜利，让张作霖不得不退出北京，回到东北军的大本营奉天。这是离开北京时的张作霖

的趋势，还允许由共和变为君主吗？……说我要复辟，那是报纸放屁。"

可是接连的几天夜里，张作霖就回奉天的路线问题，想得太多，太多……令他躺在床上烙饼子，一个劲地翻来覆去睡不好觉，他终于体验到传说中的失眠是什么滋味了。

回奉天的四条路，条条都不太平！

其一，水路。需要从塘沽港上船，经过渤海，在葫芦岛或者旅顺口（被日本占领）登陆。这条路折腾、曲折，最不安全。

其二，空路。从奉天派飞机到北京，张作霖坐飞机回奉天。那时的飞机安全系数低，经常会发生扎进高粱地的惨剧。

其三，陆路。张作霖坐汽车从公路返回奉天。现在兵荒马乱，日本在东北很多地方都有驻军，张作霖的车队即使有重兵保护，但日本兵的枪子可都不长眼睛……

其四，铁路。从铁路回奉天，应该是一个最安全和方便的办法。但缺点也是明显的，因为行程固定，容易被关东军打了埋伏。

究竟走那条路？既然坐汽车和坐火车一样危险，那还不如小心防范，乘坐快捷迅速的火车。

张作霖决定坐火车，风风光光地会奉天，看日本人能将老子怎么样！

张作霖选择乘坐火车，还有一个更重要的原因，因为他乘坐的专列，是慈禧太后御用的"花车"，列车车体装甲厚实，装饰华丽，简直就是一辆坦克车，普通的枪炮，对它几乎起不到破坏作用。张作霖选择坐火车回奉天，是有一定底气的。

张作霖从1927年6月18日就任大元帅，到1928年6月1日准备离京，还不到一整年的时间，张作霖真是舍不得代行大总统的位置。

6月1日上午，张作霖分批接见了京城的政要、各界的领袖，以及外国的使节，表达了自己为了和平统一，暂时先回东北的决定。而北京城的政务，暂由国务院代为摄行，京城中的治安，由王士珍代为负责。

陆海军大元帅的印信、外交部的重要资料，都由许兰洲亲自押运，先行送回奉天。重要的东西，绝对不能落到敌人的手中。张作霖下令"一切重要命令，仍须由大元帅盖印发表"。

1928年6月3日凌晨，张作霖离开北京大元帅府，从中南海西门上车，他的司机是奉天迫击炮厂厂长沙顿，张作霖乘坐的是一辆英国制黄色大型钢板防弹汽车。

张作霖坐车离开时，他眼神中的情绪，谁能够理解，谁能够明白？

四辆汽车驶往前门火车站，张作霖身穿青灰色的大帅服，金灿灿的肩章、元帅的缨帽等都佩戴整齐，威武堂皇。张作霖今日虽然不是荣归故里，但也不是落魄归家，他还有兵有将，有重建东北，再次进京当总统并重整河山的勇气。

张作霖离京的随行的有靳云鹏、潘复、何丰林、刘哲、莫惠德、于国翰、阎泽溥、他的六姨太太和三儿子张学曾、日籍顾问町野武马等人。

张作霖认为六姨太马月清是福星，有福星在他身边，便能逢凶化吉，遇难成祥，故此，这次张作霖只带马月清一个人回了奉天。张学良等人还留在京城善后。

《朝日新闻》记者，曾对张作霖离京，做过如下的描写：

（张作霖）沿着新绿街道微透森芒的月光，从过去住了两年的大帅府正门出来，经过窗子，依依不舍地回望中南海树丛的张作霖的眼睛里，竟闪着光芒。

凌晨一时三十分，在水泄不通的警戒中，张作霖一行出现在月台上。深夜，警卫队的刀枪发出熠熠闪亮……张作霖的左手紧抓着佩剑，行举手札与送行者告别。

张作霖的专列一共22节，他乘坐的花车，挂在这趟专列中间，是重点的安全保卫对象。

花车后面挂着餐车，前边是两节蓝钢车，里头坐着潘复、刘哲、莫德惠等

人。专列前面还有一列压道车作前卫。压道车上，坐满了荷枪实弹的奉军。

张作霖要回奉天的消息确定下来之后，奉天宪兵司令齐恩铭的神经，立刻

张作霖乘坐的列车

张作霖所乘专列有 22 节车厢，张作霖乘坐的是慈禧太后坐的花车，挂在列车中部，专列前面还安排了一辆压道车。随行的有国务院总理及其阁员、侍从、武官等。列车到达天津时，靳云鹏、潘复等和两名日籍顾问下车，但义贺信也少佐仍留在车上。张作霖知道义贺少佐是日本闲院宫的忠实随从，只要义贺在他身边火车便不会出事。

向上了发条一样绷得紧紧的，真要是大帅在回奉天的最后一公里出问题，别说官位，他的性命都有可能不保。

小心无大错，事实证明，谨慎不是多余的。

齐恩铭命令手下，沿着铁路检查，每一根铁轨、每一个桥涵、每一根道钉都不能放过。齐恩铭经过一番地毯式的检查，果真查出了问题。

奉天关东军守备队最近活动异常，他们在皇姑屯车站附近的老道口和三洞桥四周日夜放哨、阻止行人通行，好像在构筑什么工事。

齐恩铭觉得此事背后一定有猫腻，便将此事密电张作霖，请他严加戒备或绕道归奉，但张作霖大风大浪见过很多，他就不信在家门口会翻船，齐恩铭的电报，并没有引起他足够的重视。

晚上8点钟，专车从北京车站开出。几个小时后，列车开到了天津，靳云鹏的副官递过来一封电报：日本领事馆派人送信，靳云鹏的好友板西利巴郎将到天津，商谈关于山东鲁大公司的重要问题（靳云鹏是鲁大公司的董事长），请他立即回府。

靳云鹏只好向张作霖告辞下车，和他一起下车的还有随车送行的潘复、鲍贵卿、杨毓珣等人。靳云鹏回到府中，可是哪有板西利巴郎的影子，日本政府这是担心误伤了靳云鹏，故此，将他骗下了张作霖的专列。

张作霖的日本顾问町野武马也在天津下了车。町野是双面间谍（他不仅为张作霖提供关东军的情报，也为关东军提供张作霖的情报），他下车之前，曾经偷偷地告诉张作霖：最好避开黑夜，在白天到达奉天，相对的比较安全。

种种迹象表明，日本关东军要对张作霖下手了。

深夜时分，列车开到了山海关车站。早在车站等候张作霖的黑龙江督军吴俊升，上了列车，他和张作霖一见面，张作霖握着已经65岁的吴俊升的手，激动地说："你这么老远地来接我，真是让我感到过意不去啊！"

吴俊生"咔"的一个立正，真诚地说："老吴听说小日本要在山海关对大帅下手，我要不亲自来护驾，连觉都睡不安稳！……"

张作霖和吴俊升已经一年多未见面了，有说不完的知心话，他们在火车上吃罢了晚饭，这趟专列，已经开动，越过渝关，在漆黑如铁的夜幕中，驶进了东北的大地。

48．皇姑屯一声爆炸，让张大帅的名字定格永恒

张作霖嗅着车窗外透进车厢里的厚重、淳朴还夹杂着泥土清香的东北空气，心里面也是醉了。

张作霖反正也睡不着觉，一拍桌子提议："咱们打麻将，干个通宵！"

吴俊升正愁找不到事儿让张作霖消愁解闷，他接话说："对，打麻将，干通宵！"

吴俊升、张景惠、任毓麟三个人给张作霖打下手，四个人就"稀里哗啦"地打起了麻将牌。

1928年6月4日凌晨5点23分，天色已经微明，东方死沉沉的太阳，将血红色的暗光射到张作霖的专列上，就在列车穿过在皇姑屯车站三孔桥的时候，一声惊天动地的巨响，在三孔桥上传来，爆炸的浓烟升起到二三百米的高空。南满铁路桥靠东面的铁栏墙被炸得向上翘起来，一座桥墩被削去了三分之一。而张作霖乘坐的花车，以及前后两节车厢，全都被炸翻，除了扭曲的钢梁，七扭八歪的底盘之外，车厢全都被炸毁。

列车余下车厢全部倾覆，现场浓烟滚滚，血腥味刺鼻，在这仿佛到了地狱的爆炸现场，哭喊呼救声已经乱成了一片。

吴俊升被炸得腹部破裂，头部有一根道钉穿入，脑浆流出，当场毙命。巨大的爆炸，让张作霖飞出了3丈多远，只见他斜躺在血泊之中，双眼微睁，昏迷不醒，颈部还在流血，张作霖随车的大管家温守善从碎木堆里钻出来，他不顾自救，急忙掏出手绢堵住张作霖流血的伤口。

温守善与张学曾二人合力，将重伤的张作霖抬上齐恩铭驾驶的敞篷汽车

上，副官王宪武抱着张作霖横卧在车座上，张学曾和医官杜泽先一边一个护着张作霖。汽车以长翅膀的速度驶向了大帅府。

当人们把浑身是血的张作霖抬进大帅府时，他已奄奄一息，临去世前，张作霖断断续续地对二夫人卢寿萱说：快叫小六子回奉天，一切都好好干吧……之后，便气绝身亡了。

张作霖去世，正是1928年6月4日上午9时30分。民国发行的英文报纸《时事新报》上，记者披露，在皇姑屯事件中，20人死亡，53人受伤。

这件骇人听闻的爆炸案是谁干的，答案很简单，只有三个字——日本人。

1928年3月，土肥原贤二应聘出任奉系军阀首领张作霖的顾问。土肥原贤二可是个中国通，但他上任不久，便发现如果不干点大事，他有可能要回家抱孩子去了。因为在华盛顿会议后，田中义一政府不断大规模裁军。军队里不养闲人，土肥原贤二为了继续留在军队，并得到高层的重用，他就找到关东军参谋部的参谋河本大作，两个人在少壮派主战军人的支持下，准备抛开日本关东军和日本参谋本部，悍然发动了一场针对张作霖的暗杀行动。

河本大作1883年生于日本兵库县佐用郡三日月町501番地，他是关东军高级参谋，后来官至大佐（相当于陆军上校）。

河本大作用炸药炸死张作霖之后，因日本军部追责而去职。拿河本大作当枪使的土肥原贤二却在日本军部的保护下，安全无事。1941年12月，驻山西日军第一军司令官岩松义雄觉得河本胆大、敢干，是个人才，他将河本大作请到山西经营日军垄断下的"山西产业会社"任职，抗日战争胜利后，河本大作加入了阎锡山的队伍，1949年4月太原解放时被我军捕获，1953年8月25日，资深的老特务河本大作病死于战犯管理所。终年72岁。

河本在战犯管理所曾经写下了《我杀死了张作霖》一文。文章从参与者的角度，详述了张作霖皇姑屯被炸身亡一案的经过。这篇貌似冷静，却从段落之间透出浓重血腥气的文章，为我们还原了这场阴谋的真相。

河本首先叙述起因：

一九二六年三月，我从小苍联队中队队附，接任关东军黑田高级参谋的工作，当时的关东军司令是白川义则上将，参谋长系河田明治少将，后为中国通的斋藤少将。

可是，来到好久没来的东北以后，我却不禁大为惊愕，张作霖神气得很，同时因为二十一条，整个东北充满了排日的气氛。日本人的留居权、商租权等既得权利等于有名无实，二十万在满日人的生命、财产，濒于危殆。

对于满铁，他们计划许多铁路，与之竞争，意图压迫，在中日、俄日战争用血换来的满洲，竟面临奉天军阀任意蹂躏……奉天城内的排日，已非笔墨所能形容，日人子弟上学，已经达到危险的程度……这种奉天军的排日，完全出自张作霖的主意，绝非民众之以日本为敌，张作霖的目的是，依靠欧美来赶走日本人……我认为，只要打倒张作霖一个人，所谓奉天派的诸将，便会四散。

河本大作写的杀死张作霖之起因，基本客观正确，张作霖对于河本大作这个用"武士道精神"武装起来的老牌特务来说，那就是急于消灭的军阀，日思夜想，也要干掉的对象，他绝对不会为张作霖擦脂抹粉，打扮张大帅的"光辉"形象。

河本接着描述为刺杀所作的准备工作：

（日本人准备杀掉张作霖）得知内情的我，遂对竹下参谋（日方派往华北准备杀掉张作霖的特使）说：不要多此一举，万一失败了怎么办？华北方面有没有敢干这种事的人，实在不无疑问，万一的时候，不要给军方或者国家负任何责任……所以有我干好了！

没多久，竹下参谋便来了密电，他说：张作霖已经决定逃往关外，回到奉天，并告诉我火车的预订行程……至于在奉天，哪个地点最适合，经过多方研究以后，得出满铁线和京奉线交叉地点皇姑屯最为安全的结论。

不怕贼偷，就怕贼惦记，张作霖被这帮不计后果的狠人惦记后，他的命真的是危在旦夕。

袭击火车？还是用炸药炸毁火车？只有这两种方法，如果用第一个方法，马上知道是日军干的，如果使用第二个方法，或能不留痕迹地达成目的。因而我们选择了第二个方法，但为预防爆炸失败，我们准备了第二道计划，即令火车出轨翻车的计划，这时，乘其混乱，使刺刀队冲上去杀。

根据第一手情报，6月1日不会来，2日，3日也没有动静，迨至4号。来了张作霖确坐上火车的情报。

通过交叉地点将是早晨六点钟左右，我们遂装上第一道和第二道爆炸装置，以便防止爆炸的失败。但要当场炸死张作霖，则需要很多的炸药，如果炸药量少，很可能达不到目的，如果多，效果当然较大，但会闹得很大……

根据资料可查，河本炸张作霖，当时是用了30麻袋黄色炸药，并在500米的瞭望台用电气机控制触发爆炸。

张作霖的京奉铁路在下，日本的满铁铁路在上，这两条铁路立体十字交叉点就是一座三孔桥。河本炸张作霖，是将炸药放置到自己家的满铁线的三孔桥上，利用炸药爆炸所产生的下座之力，将张作霖乘坐的花车拍扁！

为了准确掌握张作霖返奉时间，河本除派竹下去北京侦探外，还在京奉线沿途山海关、锦州、新民等地，派出石野芳男、神田泰之助、武田丈夫等密探，使用军用电话与关东军参谋部联络。为了混淆视听、嫁祸于人，河本还当了一把大导演，弄了一出"南方便衣队"转移目标的假戏。他通过宪兵队和特务机关，骗来三个中国游民，其中一人半路逃跑。其余两人带到"三洞桥"后，被日本兵刺死于地。然后在两具尸体的手中，各塞了一个俄国炸弹，衣袋中放入三封密信，目的是暗示"南方便衣队"杀死的张作霖。

一切准备就绪，河本静待张作霖闯入"必死之阵"。

最终刺杀的结果：

（担任刺杀任务的工兵队长东宫铁男大尉按下了电钮，河本当时坐镇指挥）随着轰燃的爆炸声，黑烟腾空飞起200米，我以为张作霖的骨头也飞上天了，这可怕的黑烟和爆裂声，令人毛骨悚然。

日方为了将水搅浑，进而达到销赃灭迹，掩盖谋杀一国之元首的罪行，竟然蛮横地玩起了幼稚园里小朋友们玩的小把戏。

首先，日方立刻抢修满铁被炸的铁路，毁灭证据，并试图造成炸药埋在京奉铁路之上，与我们的满铁一点关系都没有。

接着，找出一家洗浴中心的老板，让他指认那两名被杀的中国人，洗浴中心的老板，说我一看他们就是南方便衣。

最后，调动舆论，闭着眼睛说，这一切都与我们无关，我们也是受害者，南满铁路也同时被炸了！……

美国政府驻奉天的总领事与法国、意大利等国的领事，组成了一个核查团，经过调查，确认三孔桥附近，有一座临时搭建的瞭望塔，为实施爆炸的控制之处；爆炸时间控制之严密，充分显示了谋杀任务策划之周密，其情报工作，绝非南方便衣所能做到；三孔桥处在日方满铁的警戒区内，而安放炸药，至少需要四到五个小时，如非日本人，其他组织很难做到；日方在事发后，曾经逼迫中方在"中日联合调查报告"上签字，很显然，这是做贼心虚的表现。

至此，张作霖的人生，被日本人用240斤黄色炸药，画上了一个血红色的句号。

张大帅一生不爱寂寞，他即使是死，也死得如此惊天动地，不一样地震撼人心。

张作霖被炸身亡，立刻有一个日本人也惊愕得几乎晕倒，他就是是首相田中义一，他当时脸色苍白，只讲了一句话："一切都完了！"

田中要玩以张作霖为主角的满洲傀儡游戏，可是那帮任性胡为的少壮军官们根本就不买账，他们支持的河本，用炸药将田中手中的木偶（张作霖）炸得粉碎，让他的"傀儡戏"再也唱不成了。

张作霖被炸，也让田中义一内阁彻底倒台。河本大作真是干得太大了！

张作霖因伤重不治而去世后，为了不让日本关东军有可乘之机，也是为张学良赢得回奉天的时间，奉天兵工厂总办藏式毅和刘尚清经过商议，建议秘不发丧，对外只说，张作霖受了轻伤，正在府中养身体。

张作霖在某种情形之下，几乎成了镇鬼的钟馗，只要他还有一口气在，关东军你动动试试。

而张作霖一旦不在了，日方就会用全力对付张学良，或者扶持一个亲日的傀儡上台，东北的形势可就真的危险了。

中国历史上，最有名的"人死余威在"的案例便是"死诸葛吓走活司马"，而张作霖的一个替身，吓得日本关东军不敢轻举妄动的表演，可以排在"死诸葛吓走活司马"之后。

为了将这场戏演好，袁金铠等人特意叮嘱张作霖的替身，一定要将这出戏演真，为了混淆视听，他们还为替身拍成模糊的照片，刊登到奉天的各大报纸上，日方为了探听虚实，曾经派林久治郎到大帅府探听消息，林久治郎不等通报，他以百米冲刺的速度一头闯进了大帅府，可是隔着窗户，听到张作霖的替身在大声骂人，他吓得立刻灰溜溜地转身逃走了。

1928年6月19日上午10时，张学良扮做普通伙夫模样，他一路坐着运兵车终于回到了奉天。

张学良下车之后，直奔大帅府中的灵堂，他跪在灵柩前，痛哭道："父帅，学良不孝，没有保护好您，我一定要为您报仇啊！……"

张学良住在帅府东小院，身着白夏布大褂，臂缠黑纱。当时，张学良和满铁某理事会面，这位理事曾这样回忆张学良当时的形貌：他的头发很长，由颊到下巴，蓬乱得好像几天都没有梳过头，脸色苍白，眼睛凹下去，穿着白色孝衣，加以其孝衣，依戴孝之惯例不洗，所以脏得变成灰色，由于他平常爱漂亮，因此他这个样子显得特别可怜。

1928年6月21日正式发丧开吊。当时，负责招待外宾的是陶尚铭、周培炳等人，陪灵守孝的是张学铭、学曾、学思等，一般内务由五姨太即寿夫人主持。

大帅府在张作霖发丧期间，东辕门搭有黑白两色布扎的斗拱飞搪的牌坊，帅府正门搭的牌坊门楣上方，多了一块"中外同哀"的匾额，牌坊下面，站着八名哨兵。

张作霖的灵棚设在一进院的仪门处，此处共设有三道牌坊，上面的匾额是"星沉、英风宛在、兆民允怀"，灵座正中，摆放着是张作霖戎装的遗像。像前摆放着供果、供器，场面庄严肃穆，极尽哀荣。

当时，曹锟、李宗仁、段祺瑞、吴佩孚等均送来挽联，挽联总数为1421幅。

段祺瑞的挽联："薤露悲凉怀旧雨，云车缥缈黯灵旗。"

曹锟的挽联："开国旧功高千古英雄同涕泪，传家遗泽永一时金石见交情。"

张学良与学曾、学思合影

一个多月后，张作霖正式出殡，据当时曾经看过出殡的老年人回忆，首先开路的是用纸扎成的黑白无常，接着是引路的金童玉女，在往后是军乐队，诵经超度的僧道以及送殡的亲友。这行送葬的队伍一直走了两个多小时，都没有走完。

张作霖的棺椁，本想安葬在抚顺市区东38公里处的元帅林，可是因为九一八事变的缘故，后来只能安葬在锦县的驿马坊。

张学良子承父业，后任东三省保安总司令。他集国难家仇于一身，以文件被毁为由，拒绝履行张作霖生前草签的满蒙铁路条约，1928年12月29日，张学良通电全国，宣布：从即日起遵守三民主义，服从国民政府，改变旗帜（将北洋政府的五色旗换成国民政府的青天白日满地红旗）。此举标志着北洋政府的正式结束，国民政府完成统一，这也是遏制日本关东军侵略扩张的最强有力的一项措施。

九一八事变后，张学良遵守蒋介石的不抵抗的政策，率领东北军撤出东北，张少帅一时间成为国人舆论攻击的焦点；张少帅在1936年12月12日，发动了举世瞩目的西安事变，迫使蒋介石放弃了"攘外必先安内"的政策，西安事变成为国内战争走向抗日民族战争胜利的转折点。

生而为英，死而为雄，张作霖剽悍而倔强地走完了54年的岁月，终于可以在驿马坊这块土地上，鼾声如雷地睡一大觉了。

张作霖的一生，是从草根到陆海军大元帅的一生；是在胡匪泛滥、军阀倾轧、列强环视的野蛮丛林里，杀出条血路的一生；更是视武力为筋骨，视义气为血脉，视权势为生命的桀骜的一生。

张作霖，本意是化作春雨降人间。

可是他却偏偏愿做霜飞而不是沛雨甘霖。

我们确实无法理解他那颗视生命如草芥、崇权利如鼎鼐、视打仗如过年般的无比强大的内心。

张作霖在短短的54年中，做过"坏事"，他巴结讨好日本政府，不惜将东北的主权当交易的砝码；他又除弊兴利，干过促进东北经济大发展的好事，让奉吉黑成为闯关东的首选之地。

我们不知道，一百年前，那个身高五尺二寸，面黄肌瘦的小个子东北男人，为何会像巨人一样，有着将列强逼进死胡同的忒大勇气？也许我们将来，也要面对相当复杂的恶劣环境，到那时，但求我们的心中，可以保持一点他那无畏之心，无惧之胆，让我们明知有虎、偏向虎山，在人生的战场、世界的舞台，开拓进取，并永不言败。